［東華三院檔案資料彙編系列之二］

JPC
HK

施與受——從濟急到定期服務

何佩然 編著

總序

從一八七零年成立至今，東華三院已經有一百三十八年贈醫、施藥、殯儀、教育、社會服務的歷史。在香港，很少有機構擁有這麼長的歷史，也很少有機構在慈善事業上有這麼多貢獻。

東華三院的深厚歷史傳統，一字一句都記錄在東華的檔案之內。因為戰時破壞，香港政府檔案也沒有這般豐富。東華檔案，包括會議紀錄、通訊錄、誌事錄、徵信錄、醫療紀錄、圖片等，詳細記錄了東華歷年的活動。由於東華與香港社會關係緊密，東華檔案不只保存了東華的歷史，也保存了香港人的歷史。

近年來，香港人開始注重保存文化遺產。其中，大家對碩果僅存的古建築尤為重視。但是，建築的保存，只能夠保存一個外貌；檔案的保存，卻可保存事件的來龍去脈和歷史的內涵。可以說，檔案的保存，絕對不亞於古蹟。此套書的目的就是為了保存香港的文化遺產。其中，關於《東華三院檔案資料彙編》的可貴之處，起碼包括以下三個要點：

第一、東華三院是個非常獨特的機構。一方面它是個依據法律成立的社團，另一方面又保存了華人參與社會活動的傳統。所以，它的管治有着高度的透明度，它的活動也滲透着整個華人社會。一百多年來，東華三院在全球華人慈善界佔有一個領先的地位。東華三院的檔案，對有興趣慈善機構運作的研究者，簡直是個寶藏。

第二、東華三院的檔案，滲透了香港華人社會的歷史。它的主幹，是香港華人精英；它的支持者，是香港社會的普羅大眾；它所提供的服務，滿足着香港華人社會的需要。社會對慈善的要求，是在不斷變化的，所以東華三院的活動，也一直在變化中。從早年的殯儀活動，發展到醫療、教育、廟宇管理、安老、青少年、復康等社會活動，是個長時間的演變過程。這反映社會多方面的變化，從東華三院的檔案，可以看到一個多面的香港社會史。

第三、對「東華三院」的研究，已超越對華人慈善機構的研究。不同的社會，對慈善的服務及管理有不同的概念。要了解中國人對慈善的概念，需要把中國人的慈善事業放到一個跨國、跨文化的領域上考慮。要做到這一點，慈善事業的資料，必須超越檔案館。我們不可能要求所有研究者都到檔案館參閱檔案，我們必須把部分的檔案編輯成冊，以方便研究者在不同的地方及環境下，參閱和利用。把檔案推廣，我們才可以讓更多的研究者參與，讓香港人從比較的視野來了解香港的慈善事業。

我很高興香港中文大學歷史系能夠為開放東華三院檔案作出貢獻，也很感謝東華三院支持這個重要的檔案彙編的工作。我希望對東華三院歷史、對香港歷史、對慈善事業有興趣的人士，可以從資料彙編中感受到翻閱檔案的無窮樂趣。我們編輯檔案的人，只是一個媒介，真正在跟讀者說話的人，是歷史事實的參與者。能夠把當事人介紹給讀者就是我們的願望，希望大家在歷史道路上，多幾個相識。

香港中文大學歷史系教授科大衛

二零零八年十月

自序

何佩然

在傳統的中國社會，慈善組織的出現，與社會上貧困人口的增加和地方精英的崛起關係密切。在一八七零年代，香港逐漸成為一個華洋雜處，中西文化匯聚的地方。社會上的貧苦大眾以及擁有經濟實力而希望憑藉個人力量去改變社會的精英，也日漸增多[1]，他們身處的社會及政治環境與傳統中國或西方社會迥異，民間慈善組織的出現，展示了香港社會的結構轉變的特徵及其與殖民政府的關係。本書所選錄有關東華醫院的崛起及其演變的原始資料，對觀察中西文化如何從衝突中糅合，有一定的參考價值。

現存的東華醫院檔案資料[2]，以徵信錄的年代較久遠，數量也最多，自一八七三年開始刊行的徵信錄，涵蓋時段延伸至一九三四年。徵信錄是東華醫院的年報，內容包括醫院章程、規條、總理協理值事名單、捐助者名單、善款及捐助物品、醫院全年財政收支、資產與物業記錄、醫院病者及死者統計、資遣難民名單、殮葬先友名單及墓碑號等，巨細無遺地記錄了東華日常運作的情況。徵信錄的作用，一如其序言中指出「將進支實錄徵信　同仁敬佈此邊以昭成例」。因此，徵信錄可說是掌握東華醫院營運最直接及重要的史料。一九一一和一九二九年當廣華醫院及東華東院相繼成立後，也各自設有徵信錄。一九三一年三院合併後，雖謂事權統一，但各院的徵信錄仍分別出版。東華醫院的資料，曾經歷多次的大規模銷毀：一八八九年，政府以東華文件久存生蠹，以衛生為由下令焚毀，故此早期徵信錄散佚情況嚴重[3]，整個十九世紀留下的徵信錄僅有十五個年份，而且年份並不連貫，二十世紀初的徵信錄則相對較完整。

除徵信錄外，數量最為龐大的文獻是往來函件和董事局會議紀錄。函件類資料主要分華民政務司來函、外界來函、致政府函件和致外函件四種，現存函件以一八九九年的致外函件最早，其他三類函件則從一九一零年代開始；東華文獻亦收藏了不少專題信件，如難民信簿和職員信簿等。函件說明了東華醫院與政府的關係，及其在港與對外的社會網絡。此外，始自一九零四年的董事局會議紀錄，對了解東華醫院及香港社會的發展也極具參考價值。董事局平均每週開會一次，資料連貫性強，記錄也相當詳盡，如果說徵信錄交代醫院日常運作及財務狀況，董事局會議紀錄則說明了醫院各種政策的起草過程，以及新政策的推行與實施。廣華醫院在三院統一前也有該院的會議紀錄，而不少的重要事件如改建老院、義學管理亦設有獨立的會議紀錄。可惜的是，二十世紀的董事局會議紀錄，在一九二二及一九三零年曾遭大規模銷毀[4]。

由於十九世紀資料缺失情況嚴重，再考慮到東華資料只能反映董事局本身立場，為清楚了解史實，本書亦同時參考各種同時期的原始材料，如報章、政府年報、立法局會議紀錄等，務求引證東華醫院檔案的論據，釐清問題。

[1] 一八四一年，全港人口為七千四百五十人。一八六一年，全港人口為八萬六千三百三十八人。一八七一年，全港人口增至十二萬四千一百九十八人，其中女性二萬二千六百九十五人，男性七萬二千一百八十五人。維多利亞城（今中上環一帶）約有八萬九千九百二十五人。參閱 "Chinese Repository" in *Hong Kong Gazette*, Hong Kong Government Printer, 1841, vol. X; "Return of the Population, and the Marriage, Births and Deaths", *Hong Kong Blue Book*, Hong Kong, Government Printer, 1861; Government Notification No. 68, No. 1, 2 April 1871, 'Census of Hong Kong, including the Military and Naval Establishment', *Hong Kong Blue Book 1871*, Appendix.

[2] 東華、廣華、東院雖在一九三一年正式統一，內部文獻仍未有「東華三院」之名，直至一九四三年六月，才正式取用「東華三院」之名，見一九四三至四四年度六月九日董事局會議紀錄。

[3] 東華三院百年史略編纂委員會，《東華三院百年史略》（下冊），香港：香港東華三院庚戌年董事局，一九七零年，頁五一。

[4] 一九二二年六月，由於出現白蟻和死老鼠問題，董事局決定「將五年內總數部存下，其餘收條單據一律焚燒，免致堆積」，見一九二一至二二年度壬戌五月十六日董事局會議紀錄；一九三零年一月，董事局交接時決定「取銷」十項文件：一、大口環義山大地紙稿一張。二、醫院後便種樹紙一張。三、地契目錄兩張。四、東華東院天后廟前公文。五、東華醫院嘗業總部一本。六、文武廟等嘗業總部一本。七、集善醫社燕梳紙一張。八、集善醫社圖章兩個仄部一本。九、戊辰總理送東院十字車合同。十、東院鐵床合同，見一九二八至二九年度己巳年十二月十八日董事局會議紀錄，該場討論只說明「取銷」，文件是否被焚毀無法查證。

凡例

一、系列一及系列二輯錄資料包括東華三院歷史檔案、政府檔案、同時期報章及照片。檔案資料名稱、出處先按照原件實錄，再補充資料性質及西曆紀元。

二、每則資料多附上資料說明，純為作者綜合各資料的個人見解。

三、各圖表乃依據原始資料綜合而成。

四、文獻中的標點符號多為後加，以方便閱讀；格式、字體大小及分段均盡量按原文實錄。

五、資料內容及文字悉如原件。簡體字、通用字用原字；異體字、俗寫字、錯別字以括號標示；無法辨認的字體以□號表示。

六、原件數字多為花碼，為方便讀者閱讀，均轉換成中國數字，且加上*表示。

七、資料的排序、辨字、句讀、解讀，承蒙　羅炳綿教授賜教，謹此深表謝忱。資料蒐集與整理得張秀珍、梁劍儀、羅家輝多位竭力幫忙，在此一併衷心致謝。

目錄

第一章　濟急扶危

第二章　贈醫施藥

第四章　興辦義學

〔第一章〕

—濟急扶危—

前言

歷年賑災綜覽

作為第一所華人醫院，東華的慈善服務並不單只是贈醫施藥，賑災更是其中的主要社會服務之一。一八七四年九月[1]香港發生的強烈風暴，可說是促成東華開展賑災工作的起因，是次風災造成數千人傷亡，無數房屋被摧毀，船隻沉沒[2]。剛成立的東華醫院派人撿拾遺骸和安葬的海上死難者高達四百名。往後數十年，每逢香港出現災事，東華醫院均積極領導救災工作。戰前在港較大型的賑災工作包括一九零六年的風災、一九一八年的馬棚大火、一九三四年西環煤氣局爆炸事件及一九三七年的風災等。

東華醫院賑濟的對象，並沒有局限於本地，其賑災工作可按地區分為四大部份：香港、廣東省、外省和外埠。當中以協助廣東省同胞所投入的資源最多，甚至較本地多。香港和廣東省一衣帶水，兩者擁有共同地緣、語言和風俗習慣，居港的華人，祖籍多為廣東，與廣東省的連繫自然較其他省份緊密。由於地處亞熱帶，汛期雨量充沛，水道縱橫交錯，東、西、北三江貫穿全省，廣東省河水泛濫成災的情況相當普遍。東華向廣東省水災提供賑濟，可以說是順應香港社會民情。戰前較具代表性的賑濟有一九零八年、一九一五年的廣肇水災、一九二四年的甲子廣東水災和一九三一年廣東水災。東華總理有時會親自上省視察災情，督導救濟工作。民國以後，廣東政權時有更迭，戰禍連年，賑濟兵災的數量急增，主要事例包括一九二四年廣州商團事變和一九二八年海陸豐兵災。由於東華總理與省城商界過從甚密，賑災工作涉及盤根錯節的利害關係，通過這些涉及政治的救濟工作，總理也間接地參與了省城的政治活動。

東華對外省救濟工作所投放的資源雖不如廣東省，但隨着二十世紀二、三十年代各省的兵事頻仍，總理的注意力也從廣東延伸至外省，賑濟以兵災為主，投放資源較多的賑濟有一九二八年濟南兵災和一九三二年上海兵災，當中又以賑濟上海兵災為多，當年首總理陳廉伯不但實地視察災情，新舊總理更發動大規模的沿門勸捐，五天內籌款高達九萬六千元。

十九世紀中期，大量廣東人移居海外，所到之地散佈於美洲、澳洲及東南亞，故每當外地華埠出現災難，居港廣東僑民特別賣力賑濟華僑，與此同時，身在異鄉的僑胞，一旦知道家鄉發生災事，也會積極籌款救濟同鄉。東華醫院會就個別事件發動籌款，然後將善款轉交相關的救災機構。重要的向外賑濟有一九零六年舊金山地震和一九二三年日本關東地震。香港地理位置優越，是南來北往的交通樞紐，東華醫院對海外的華僑施賑，或傳遞海外華僑對故鄉的賑濟，均加強了東華成為聯繫外僑和內地同胞的橋樑角色。

賑濟方法和對象

十九世紀末東華醫院賑災工作以處理死難者身後事為主，以一八七四年風災為例，東華醫院服務主要是撿拾在海島附近的遺骸及安葬遇難者；一九零六年的風災，工作仍以安葬亡者，撫慰親屬為急務。相信宿命這個傳統一直維持至二十世紀初，在馬棚大火一役中，東華付出大量人力物力，先後於一九一八和一九二三年為死難者搭棚建醮，超渡亡靈，並長期跟進安葬事宜，可見妥善處理身後事，受當時社會高度重視，這種觀念主導了華人慈善團體的賑災工作。

一九二零年代，隨著新管理思維及西方醫療觀念的引入，東華醫院的賑濟觀念不斷因應外在環境演變，從早期的提供殮葬服務發展至拯救危難者。積極拯救危難者，祈求打破宿命，使救災服務的範圍得以擴闊。一九二零年代以後，當本地發生風災，東華會主動派船往外海拯救漁民；一九二五年普慶坊塌屋，醫院立刻派遣醫務人員提供救援，積極參與拯救行動。東華醫院對賑災工作的態度及其所提供服務的轉變，反映社會越來越進步，香港人面對天然災害，已從默然接受到勇於改變命運。

東華醫院的賑濟對象，逐漸從過往側重安葬死者提升至協助災後生還者。一九一零年代由東華主導的廣東水災賑濟工作，目的主要是濟急。一般當收到廣東省商會或同鄉會的求賑信，總理會安排運送米糧上省會，為災民提供生存基本需要；除米糧外，更派發餅食、飯皮、生薑、草包、藥物、衣物等，後期開始籌劃善後工作，如了解災民的處境，協助災民重建家園，協助興築秋瀾及修築堤圍，以便農民日後恢復農耕工作，在家園養息。一九二零年代起，東華為災民提供的撫恤，增至為災後無家可歸者提供棲身之所，分派難民撫恤金，讓災民自行重建家園。一些大型賑濟，如潮汕風災和上海兵災，東華更資助災區興建難民工藝傳習所，幫助災民就業，自力更生。

賑災機制

政府成立東華醫院的原意，是為居港華人提供免費的醫療服務，因此並沒有為賑濟服務作周詳考慮，從創院規條內容主要針對醫院的運作，未有提及賑災工作可引證此點。由於東華為社會所提供的賑濟善行，不但服務華人，且減輕政府的經濟負擔，故政府一直不加以干預。賑災工作既然並非創院時的主要任務，因此，醫院日常開支沒有賑濟預算，每次賑災都幾乎全靠臨時籌募捐款，如在本地或外埠發動勸捐和演戲籌款等，因此款項也只能用於特定災事。翻閱醫院現存有關十九世紀的徵信錄，並沒提及賑災款項的處理方法，故無法得知東華賑款的運作細節，從函件中得悉總理會把善款暫存於東華醫院賑房幾個月，專款早期也沒有另立賬項。

踏進二十世紀，經過三十年的發展，東華醫院在賑災中扮演連繫海內外同胞的角色愈來愈吃重，每當各地有災難時，都會收到來信求賑，而每次大型災難籌得善款數目亦相當龐大，如潮汕風災和上海兵災等。各總理意識到必須設立機制處理賑濟事務，以使有效運用賑款。經董事局會議詳細討論，決定將賑災善款與醫院的營運經費分開處理，以消弭坊間對於賑款處理不當的懷疑，並向公眾重申賑款會全部用於賑災。一般做法是立刻將籌得賑款散賑，並另設「賑災餘款」賬目，將餘下賑款儲存，以便下次辦賑無力勸捐時，動用餘款。就資料所見，賑災餘款有三項：一九零六年賑災餘款、一九二四年甲子廣東水災餘款以及北五省賑災餘款。

東華醫院的賑濟功能，由早期的臨時籌募，發展到二十世紀設立處理善款機制，處理賑款逐步機制化。另一方面，救濟災事的緩急先後，卻很大程度上取決於總理的立場，至於救濟方法、投放資源的多寡、災區實地視察，及賑災人手調配等，則無一定常規，主要是視乎當年董事局總理的人際網絡和魄力，以及東華日常院務的工作量，例如一九零四年日俄戰爭的賑濟工作，當年總理主動救助日本傷兵；一九二零年籌備建院五十週年期間，東華曾婉拒了不少救災訴求；一九三二年主席陳廉伯與廣肇公所聯繫緊密，故親自上滬辦賑等，均反映總理辦賑的立場與個人想法，直接影響醫院賑濟的方向。

[1] *China Mail*, Hong Kong, 21-25 September 1874.

[2] 何佩然，《風雲可測：香港天文台與社會的變遷》，香港，香港大學出版社，二零零三年，頁七五。

東華醫院賑災年表（一八七四至一九三七）

【資料說明】據檔案記載，十九世紀天災數量較多，民國時期兵災數量日增。

時間	災種	受災地點	合作團體或個人	賑濟方法	賑款來源	籌款總數（元）
1927 年 12 月	兵災	粵省廣州起義	華商總會，廣州總商會、李海東	總理上省調查災情，特別補助方便醫院 2000 元善後	施棺會各施棉衣會各捐 500 元	2000
1928 年 5 月	兵災	濟南	青島總商會、紅卍字會、山東同鄉會旅港籌辦處	總理強調各方急用錢，只允在賑災餘款中匯銀 3000 元散賑。後再登告白，再匯上 1300 餘元	賑災餘款內撥助、登告白勸捐、總理捐助	1910
1928 年 6 月	兵災	粵省海陸豐	華商總會	會同華總將義賑會來款購辦賑米；勸捐並匯災區	廣州總商會代上海華洋義賑會交來 13000 元辦賑	13000
1928 年 8 月	兵災	粵省瓊崖	旅港瓊崖商會	登報勸捐	登報勸捐蒙各善士捐助 105 元	未詳
1929 年 7 月	旱災	豫、陝、甘七省	豫陝甘賑災委員會、廣州總商會、全省籌賑總處、紅十字會及兩廣旱災救濟會	撥 3000 元往災區	賑災餘款撥銀、沿門勸捐	未詳
1929 年 8 月	爆炸	昆明火藥廠	旅滇兩廣同鄉會	北五省賑災餘款撥 1000 元賑濟	賑災餘款內撥助	未詳
1930 年 11 月	兵災	南寧	南寧慈善團	只由總理隨緣樂助	總理隨緣捐助	未詳
1931 年 10 月	水災	華北、長江	武漢廣東同鄉賑災會、上海救濟水災委員會	賑災餘款撥助 3 萬元，為歷來最多；再匯上捐款款 11 萬	賑災餘款內撥助	140000
1931 年 10 月	爆炸	澳門火藥局	顏成坤、西洋人會	匯上捐款 200 元	總理捐助	未詳
1931 年 6 月	水災	粵省	廣東賑濟水災會	總理親自購米散賑；派人上省沿河調查，並補助秋瀾	勸捐	10 萬餘元
1931 年 9 月及 11 月	颱風	香港	華商總會、華民政務司	與華商總會討論賑濟本港海面風災	未詳	未詳
1932 年 1 月	水災	華北	國民政府救濟水災委員會	轉送加炳埠僑務局匯款	外埠付來捐款	未詳
1932 年 3 月	兵災	上海	上海廣肇公所、廣東同鄉救濟會	匯捐款到滬；安置一二八事變後返粵難民	沿門勸捐、致電外埠	320000
1932 年 8 月	兵災	東北	廣肇公所及上海各善團	在港發起營業提成助賑	未詳	未詳
1934 年 5 月	爆炸	香港西環煤氣局	未詳	總理現場調查，設臨時棲留所派撫恤金	勸捐	4500
1934 年 8 月	水災	粵省台山	台山縣潮境繩武鄉鄉長	匯上捐款 300 元	總理捐助	300
1934 年 8 月	水災	粵省東莞	旅港東莞商會	匯上捐款 300 元	總理捐助	300
1934 年 9 月	水災	粵省惠陽	旅港惠陽商會	匯上捐款 100 元	總理捐助	100
1935 年 7 月	水災	粵省清遠	僑港清遠商會、鐘聲慈善社	匯上捐款 300 元	沿門勸捐	300
1935 年 9 月	水災	華北	上海籌募各省水災義賑會	代秘魯通惠局匯款購糧衣到災區	外埠付來衣物	未詳
1936 年 4 月	爆炸	澳門氹仔炮竹廠	澳門商會范潔明	匯上捐款 150 元	總理捐助	150
1936 年 8 月	颱風	香港	未詳	派撫恤金	總理、督憲、本港西人之捐款	未詳
1937 年 1 月	兵災	綏遠	華商總會	匯上捐款	勸捐	未詳
1937 年 6 月	旱災	九省	華洋義賑會	匯上捐款 8000 元	勸捐	8000
1937 年 9 月	颱風	香港	未詳	遣送難民，派撫恤金	政府撥款 1 萬元、賣花籌款得 4000 元	14000

時間	災種	受災地點	合作團體或個人	賑濟方法	賑款來源	籌款總數（元）
1919 年 7 月	糧荒	香港	省糧食救濟會	調查貧民戶口；港九各地設廠施粥；到省購辦米糧到港平糶	沿門勸捐	100,000
1919 年 9 月	颱風	香港	華民政務司	恩恤華民政務司轉送之受災船戶	急需項撥銀 1 萬元	未詳
1920 年 9 月	旱災	華北五省	梁士詒、葉恭綽、馮耿光	東華先借支 20,000 元，稍後再付上勸捐之總數	去電外埠勸捐、沿門勸捐	85,000
1920 年 11 月	兵災	粵省東、西江	籌賑東北兩江兵災慈善會	成立籌賑東北兩江兵災慈善會；運米上省	未詳	未詳
1921 年 2 月	失事	豐茂輪船	未詳	安葬失事死者，並招親屬領回遺物	未詳	未詳
1921 年 4 月	爆炸	香港油蔴地	未詳	東華籌款 2,000 餘元恩恤先友親屬	未詳	2,000 餘元
1921 年 7 月	兵災	廣西滕縣	梧州思達醫院美濟時醫生	購辦米糧西藥送災區	由去年東北江兵災捐款項撥出	未詳
1921 年 12 月	兵災	湖南醴陵	廣東銀行、華商總會	匯銀 500 元交廣東銀行匯送災區	賑災餘款內撥助	未詳
1922 年 1 月	水災	安徽	劉鑄伯	由賑災餘款撥銀 2,000 元匯往災區	賑災餘款內撥助	未詳
1922 年 4 月	水災	江蘇	江蘇督軍、江蘇省長	華商總會送上捐冊，匯上 1,000 元	賑災餘款內撥助	未詳
1922 年 8 月	颱風	粵省潮汕	華商總會、八邑商會	派三總理往災區考察購辦賑米付汕	外埠勸捐 沿門勸捐	157,475
1923 年 7 月	水災	粵省三江	內政部、九善堂院、各邑商會	購辦米糧送災區；前往各地戰區籌賑、東華與各邑商會各自賑濟	未詳	未詳
1923 年 8 月	颱風	香港油蔴地	黃屏蓀報告災情	每名受災艇家撥恤款 200 元	賑災餘款內撥助	未詳
1923 年 9 月	地震	日本關東	華商總會、保良局、神戶中華會館	撥捐五千元；接濟抵港僑胞	沿門勸捐	未詳
1924 年 7 月	水災	粵省三江	省城官廳總商團	與總商團搭賑；購辦賑米運上省；派值理上省會商賑務	沿門勸捐、致電外埠	170,000
1924 年 9 月	水災	京、湘、閩、桂	各地來電	撥北京 2 萬元，福建、湖南、廣西各 5,000 元	未詳	未詳
1925 年 1 月	水災	華北	華洋義賑會、紅十字會總會	應華司要求撥 1 萬元供華洋義賑會散賑	未詳	未詳
1925 年 3 月	兵災	粵省徐聞	徐聞縣長	無力兼顧，請華商總會辦理，總理捐款 160 元	總理捐助	未詳
1925 年 4 月	地震	雲南大理	雲南商會	轉交新加坡賑款	未詳	未詳
1925 年 5 月	旱災	川滇	雲南賑荒勸捐籌備處、漢口同善社總事務所駐漢籌賑川災協濟會	甲子年水災餘款撥兩省各 5,000 元、運米上川	賑災餘款內撥助	10,000
1925 年 7 月	蹋屋	香港	未詳	即時搶救災民	未詳	未詳
1926 年 12 月	火災	香港大澳	大澳街坊同人	派院伴二名調查災情	未詳	未詳
1927 年 11 月	搶劫	香港愛仁輪	未詳	送災民 45 名西環痘局治理後遣資回里	未詳	未詳

自八月十四日起至二十八日止統計共檢得大小男女遺骸三百三十四名

計開

男二百五十一名

女五十四名

小女九名

小男十四名

番男六名

計開分葬各處列

油蔴地十名　仰船洲五十八名

長洲平洲各海島十名　蝦洲[1]二十名

大角頭[2]十一名　花平[3]三名

汲水門外十二名　谷朱石青龍頭五名

磨刀坑二名　大欖涌三名

青衣十八名　青洲六名

洲仔十二名　南洲仔二名

可姑皮[4]六名　交椅山[5]十名

柴九排[6]十三名　掃捍灣二名

排欄[7]二名

擸捶環義山壹百二十九名　擸捶環已用棺葬妥塚六十三名

為差推入大塚者六十六名

九月續檢遺骸數列

初八日　青洲男二名

同治甲戌十三年徵信錄（一八七四東華醫院徵信錄——撿拾風災骸骨數目）

【資料說明】 香港地處沿海，所發生的天災，以風災為主。東華醫院成立第二年，香港就發生嚴重的風災，溺斃者無數。從東華徵信錄中可見到單是東華撿獲安葬的遺骸就已達四百人，其中小孩五十名，外國人十二名。

八月十二日風颶後日，逐檢各海島遺骸數列

十四日	男四名				
十五日	男三十一名	女二名			
十六日	男三十六名	女六名	小男四名		
十七日	男五十二名	女十名	小男一名	小女一名	
十八日	男十八名	女十名	小男三名	小女二名	
十九日	男十七名	女二名	番男二名	小男一名	小女一名
二十日	男二十四名	女五名	番男三名	小女一名	
廿一日	男四名	女四名	小男二名		
廿二日	男十八名	女四名	小女一名		
廿三日	男十名	女二名	番男一名	小女一名	
廿四日	男十五名	女四名	小男二名		
廿五日	男三名	小女二名			
廿七日	男十四名	女三名	小男一名		
廿八日	男五名	女二名			

表 II-1-1　東華醫院歷年賑災大事回顧（1874-1937）

時間	災種	受災地點	合作團體或個人	賑濟方法	賑款來源	籌款總數（元）
1874 年 9 月	颱風	香港	未詳	撿拾及安葬死難者	未詳	未詳
1899 年 12 月	糧荒	粵省	廣濟善堂	辦米平糶	未詳	未詳
1900 年 6 月	水災	福建省	善後總局	滙上捐款 3,000 元	未詳	未詳
1900 年 8 月	糧荒	北京	上海廣肇公所	滙上捐款 9,000 元	勸捐、院內撥助	9,000
1904 年 3 月	兵災	東三省	日本欽差	撥款賑濟日俄戰爭日方傷兵家屬	登告白勸捐	未詳
1904 年 9 月	水災	福建漳州	大願公局王像儀	撥銀 500 元匯災區救濟	院內撥款	未詳
1906 年 4 月	地震	美國舊金山	舊金山梁欽使、省廣仁善堂	滙款 13,770 元交梁欽使散賑	平糶款、借款、院內撥款、坊眾捐簽	至少 23,770
1906 年 8 月	颱風	香港	未詳	撿拾及安葬死難者	清廷恩恤款 3 萬両、本地勸捐	183,820
1906 年 9 月	水災	粵西	省廣濟醫院、廣仁善堂	撥銀 2,000 元上省再滙災區	院內撥助	未詳
1906 年 12 月	水災	上海	省善後局、滬廣肇公所、廣仁堂	撥銀 1,300 両匯滬廣肇公所	院內撥助	未詳
1907 年	糧荒	粵省廣州	合辦平糶總公所	運米上省	勸捐	至少 50,000
1908 年 6 月	水災	粵省廣肇	救災公所	新舊總理 32 人分 5 組輪流到災區考察、撥款賑災	沿門勸捐	424,000（餘款為 157,476 元）
1908 年 11 月	水災	閩省漳州	福建公記	在廣肇水災項內撥款	未詳	未詳
1909 年 12 月	水災	江北（未有指明確實地點）	未詳	廣肇水災餘款撥 5,000 元散賑	賑災餘款內撥助	未詳
1910 年 6 月	旱災	粵省各縣	救災公所	協助救災公所人員來港辦米，提供場地與公所開會	救災公所決定撥銀 20 萬両，東華在港勸捐，並發徵信錄到外埠善堂勸捐	未詳
1911 年 5 月	水災	江皖	兩江張制憲（張人駿）	派總理匯款 36 鎊致張制憲轉匯江皖災區	外埠付來賑款	未詳
1911 年 9 月	水災	粵省潮汕三屬	未詳	函知報界公社、轉交賑款 8,000 元	外埠付來賑款	8,000
1911 年 12 月	兵災	武漢	華人總商團	廣肇水災餘款撥 18,000 元散賑	賑災餘款內撥助	未詳
1912 年 7 月	水災	粵省三江	省九善堂、救災公所等	運米上省、給秋欄費	沿門勸捐及外埠勸捐	未詳
1912 年 11 月	水災	江浙	上海廣肇公所	水災餘款撥銀 5,000 元散賑	賑災餘款內撥助	未詳
1913 年 8 月	水災	粵省西北江	救災公所	先撥銀 5,000，後再撥 18,000 元	登告白勸捐、賑災餘款內撥助、外埠來款	18,000
1915 年 6 月	水災	粵省廣肇	救災公所	運賑米上省、設施粥廠、善後工作	外埠勸捐、本地勸捐	521,369
1917 年 10 月	水災	天津	九善堂	撥救災存款撥銀 5,000 元	賑災餘款內撥助	
1918 年 2 月	火災	香港馬棚	華商總會、保良局	安葬死難者並建醮超渡	總理捐助	6,000
1918 年 2 月	地震	粵省潮梅	潮梅鎮守使、汕頭救災公所	水災餘款撥銀 1,000 元	賑災餘款內撥助、登告白勸捐、外埠來款	未詳
1918 年 6 月	水災	粵省東西江	東莞工商總會、三水商會、增城商會、東莞商會、要明會寧商會	水災餘款撥銀 160,000 元散賑；購辦賑米	賑災餘款內撥助	未詳

初九日　青洲男二名
十二日　索古環男六名　女二名　小女一名
又　州仔男二名
又　汲水門男三名　女二名
十三日　白角灣男七名　女二名　小男一名
白角東灣男八名　女一名　小男二名
十四日　白角北灣男二名　女二名
十五日　島雲洲男二名　女一名
又　大白男五名　女二名
又　二白男二名
十六日　石古灣男四名
車公門男三名
廿三日　得忌厘士埔頭男一名
續檢大小男女遺骸六十五名俱（具）就地安葬
連上共計檢得大小男女遺骸三百九十九名

[1] 地名待考。
[2] 大角頭位於蒲台島，在香港最南面。
[3] 為花坪，即大嶼山東北角的花坪灣。
[4] 地名待考。
[5] 交椅山，為交椅洲，是一島嶼，位於坪洲以東，喜靈洲、周公島以北。
[6] 地名待考。
[7] 地名待考。

東華醫院函件［東華致外函件］一九零六年

（東華致外函件一九零六年十月廿一日）

【資料說明】 現存東華醫院資料，有關本地災難的詳細紀錄，最早見於一八七四年東華醫院徵信錄，而較詳細的災情紀錄，要到一九零六年才出現。此兩封東華致外信件，分別寄給督憲及捐款善士，同時記述了一九零六年風災的受災程度，碼頭受損船隻數以千計，溺斃者多達數千人。

宮保督憲大人[8]鈞鑒：敬稟者本月初一日午前九點鐘，香港海面陡起颶風，至午間十一點半鐘，風威稍息。紳董商等趨赴海岸周歷查對，但見洪濤巨浪之中，人物浮沉，慘難言狀。綜核沉損大小兵商各輪三十餘艘，民船漁艇約以千計，輪船碼頭十存一二，華民沉溺逾數千。曰此次風災不過三小時，而耗損中外商民財產已千萬有奇。洵開埠六十年來未有之浩劫，正擬將被災情節覼縷上陳。……

東華醫院紳商墨 □□

列位善長大人□□敬啟者：本（港）於八月初一日午前九點鐘陡起颶風，沉損大小兵商各輪三十餘艘，民船漁艇約以千計，溺斃人口已逾數千。不料葬死恤生尚未就緒，乃於初二日及十一夜忽又狂風疊（起），災情慘重，聞見傷心；更不料廿六晚漢口輪船抵港甫十分鐘被焚，又斃去百餘人口。一月數驚，洵開埠六十年未有之浩劫……

東華醫院同人頓

丙九月初四日

（一九零六年十月廿一日）

[8] 宮保督憲大人，一九零六年香港督憲為彌敦爵士（Sir Matthew Nathan，一八六二—一九三九），任期為一九零四年七月二十九日至一九零七年七月二十九日。

外界來函一九二二年（東華醫院外界來函一九二二年八月，日期不詳）

【資料說明】 現存的東華醫院檔案，以二十世紀前半期較為完整，除徵信錄外，還有會議紀錄和各類信件。根據資料顯示，在二十世紀前半期中國發生的風災，以潮汕風災最為嚴重，除風災、海嘯外，還包括災後的火災。

敬啟者：本月二日晚，潮汕地方，颶風為災，同時海潮橫捲平地，擁浪丈餘，屋宇倒塌，災民多被狂潮捲去。且電杆毀折，漏電延（燃）燒。無數災黎，不死於水者，輒死於火。現據報告汕頭市被禍死者已數千人，合沿海各縣約在數萬人以上。房屋傾毀不計其數。此項調查，雖未能即為確實之統計，然災情之重，實為敝屬前古所未有。敝會據報經即開會集議籌賑辦法，當經先提銀壹萬元，採辦米食及滙汕搶救外，并即組勸捐團，分途勸募，惟災區廣濶，災情嚴重，匪得鉅款，無補艱難。

香港東華醫院

諸位總理先生台鑒

旅港潮州八邑商會同人

（一九二二年八月）

外界來函一九二九至三二年

（東華醫院外界來函一九三一年八月，日期不詳）

【資料說明】 內地發生的天災，以水災最為頻仍，與香港關係最密切的是廣東省，東華醫院幾乎每年都收到廣東省送來的求賑水災信件。其中，一九三一年廣東水災賑濟會的來信，詳細記述了當年三江的災情。

廣東水災賑濟會辦理東西北三江賑務啟事

逕啟者：吾粵頻年水患，乙卯[9]之後，當以本年為最慘，迭據南海、番禺、三水、四會、清遠、英德、花縣、連縣、增城、高要、高明等屬。各圍董報告，兩江潦水，同時暴發，瞬息丈餘，頓成澤國，冲崩基圍、倒塌房屋、交通斷絕、粒食維艱、哀鴻遍野、露宿風餐、嗷嗷待哺，籲求拯救。披閱災報，良用惻然，當即召集商善各團體會議，僉以此次災情重大，尤甚乙卯，若不設法急賑，不死於水者，亦必死於飢餓。當經眾議首先由各善堂墊借欵項，購備米石餅乾，派員分赴各屬灾區，施放急賑，暫救目前。旋據出發義務員回會報稱，查此次慘被水患者十餘縣，當以英德、清遠及連州、七拱、通儒等屬為最劇。連州等處蛟洪暴發，地陷山崩。英德一屬，塌屋逾萬；無依難民，流離失所；無家可歸者，不可勝數。且地瘠民貧，猝遭浩劫，其悽慘竭蹶情況，筆難盡述。南海、三水、四會、高要、高明等屬，冲崩基圍百餘處，其決口或百餘丈或數十丈不等。淹浸禾稻，漂沒牲畜，廬舍為墟，損失之距，難以數計；應請妥籌善後，以惠災黎等語。現當潦水漸退，播種及時，正宜趕築秋欄，以護秋耕。俟晚造收獲後，再行派員勘丈決圍，籌議修復，但此項工程浩大，需欵至鉅，非有大宗欵項，不易舉行。現經募捐股提議組織募捐門九十三

大隊，由各行商同業公會担任，定期本月十五日起，分隊出發沿門勸捐，以冀集腋成裘，辦理災區善後。所望

仁人義士，痌瘝在抱，饑饉關懷，慷慨捐輸，藉資籌辦。想諸君子樂善不倦，見義勇為，哀此孑遺，定必有以慰灾民之望。謹陳小啟，併代灾黎請命，伏乞

垂察，統希

慈鑒

廣東水災賑濟會謹啟

董事

廣州市商會代表李卓如　志德嬰院代表龐澤霖
廣州銀業公會代表馮暉臨　四廟善堂代表歐陽盤伯
方便醫院代表陳惠普　愛育善堂代表黃載堂
廣州市社會局代表李秀傑　惠行善院代表溫道明
總政訓練處代表黃玉麟　廣濟醫院代表羅鑑泉
廣東省黨部代表陳寂　女界聯合會代表□智梅
廣東民政廳代表曾乃楨　八和戲劇工會代表譚鑑泉
省會公安局代表陳宏智　遵聖善堂代表林立
海外同志社代表趙漢一　米糠公會代表黃詠雩
新聞記者公會代表梁雨川　機器總公會代表張澤
崇正善堂代表簡月朋　廻春善堂代表伍賫子
航業公會

[9] 乙卯年即一九一五年。有關該年水災的資料，現存的會議紀錄及東華致外界函件稍有提及，但在外界來函檔案中，卻找不到相關函件，故無法從中得知當年災情。

外界來函一九二五年（東華醫院外界來函一九二五年，日期不詳）

【資料說明】 以受災範圍之廣及程度之深而言，最觸動人心者當以旱災為最。東華資料顯示，戰前內地發生了四次大規模旱災，以下為一九二五年的四川旱災的川人求賑信，信內提及川北三年無雨，餓死者眾，而旱災造成孤兒數以十萬，受影響的縣達二十一個之多。

川人乞命書

嗚呼！川人何不幸而遭此浩劫耶！痛念民國以來兵匪交閧，自相殘殺，死亡枕藉，十室九空，加以水旱頻仍，流離滿目，昔之所謂天府四川者久已變為悲慘地獄矣！近復有不忍言者，川人自殺未已，繼以天災流行。川北一帶三年無雨，民失所天，草根樹皮剝食俱盡，老者早死於溝壑，壯者悉逃之四方，甚至全家餓死無人掩埋。又有婦人失夫携帶兒女，沿途乞食，有人給食，即與為妻；糧盡婦逃，拋兒棄女，無知小孩死喪滿路。內中災情較重之地，如達縣、東鄉、太平城口、渠縣、三滙、通江、南江、巴州、儀龍、劍州、昭化、廣元、蒼溪、蓬安、營山、南充、西充南部、閬中、滎縣、綦江、南川等縣，久無收穫，尤為慘不忍言。又值本省戰事方殷，無暇賑撫，四方慈善遠不濟急，約計流亡小孩不下數十餘萬，幼穉何辜遭此慘刼。言之酸鼻，聞之摧心。重慶地方，雖有同善社派人收養各地小孩，就食川東。然川東民食仰給西南，現在川西大旱、川南稱兵，本省糧源斷絕，重慶地方已有自顧不暇之虞。近聞該地米價每升制錢漲至二千文之多，所恃外省糧食源源接濟，乃有生機。萬一外援遲滯，誠有不堪設想者。惟有仰求△中外仁人同深矜憫，大發慈悲，垂念川中災黎，既遭人禍，復罹天災，慨解義囊，救茲餘命，爭先急賑，善後徐圖，不獨災民戴△德，即全川七千萬人皆啣感靡涯矣！

旅漢川人謹啟

（一九二五年）

外界來函一九二九年（東華醫院外界來函一九二九年九月，日期不詳）

【資料說明】 一九二九年九省旱災的受災範圍更廣、更甚。以下資料主要言及陝西甘肅的災情嚴重到擄人而食、易子而食、米貴如金的境況。

〇泣告富翁

陝甘連年大旱

餓死五十餘萬人

草木樹根食盡

易子而食…… 食及死屍

每担米值六、七百元

人類死去十份之一

十份之九在待斃之中

陝西甘肅天災之大，古今中外所無。久旱不雨，幾及三年；粮食久絕，物產全無；所有草木樹根無不食盡，以至擄人而食，易子而食。每担米沽至六、七百元，仍無可買。因飢餓盜賊多，交通難之故也。可知貧者、老者、弱者，早已死乎溝壑，尸骸為強餓者所食。即富者、強者、壯者亦相繼餓死。以數百萬人之省，今則死去五十餘萬，已死十份之一，雖欲賣子女，亦無承受者。嗚呼！如此慘狀，稍具仁心，能不下淚？但死者已矣，尚存十份之九，現在呻吟困苦，顛連飢餓，待死之中。若不急起籌賑，設法救援，恐再返三五月，兩省數百萬之眾，將無噍類矣。

……

慈善使者公司□憂世人謹啟

己巳九月吉日

外界來函一九二八至二九年（東華醫院外界來函一九二九年十二月二日）

【**資料說明**】上引信函由匿名人所寫，而此函件的發信人為國民政府的豫陝甘賑災委員會，收信人為周壽臣[10]，再由周壽臣轉寄予東華，可見周壽臣在國內的關係網絡甚廣。雖然信件甚簡短，然資料提及受災地域牽連甚廣。

逕啟者：本歲豫陝甘三省，旱魃為虐，民不聊生。我國民政府關心民瘼物，特設豫陝甘賑災委員會……三省災況達二百餘縣，地廣二百一十五萬二千方里，災民二千八百萬。現在已屆冬令，啼餓號寒，待賑（茲）殷。曾於日前開第二次委員會，議決國內募捐應由本會之員分頭負責，聯絡各地商會。各慈善團體、各公團設法勸募，特別注意滬、漢、廣州、天津、東三省等。

……

此致

周壽臣先生

豫陝甘賑災委員會啟

（一九二九年）十二月二日

[10] 周壽臣（一八六一－一九五九年），香港島黃竹坑新圍人，當時為華人代表及東華顧問總理。

外界來函一九一八年（東華醫院外界來函一九一八年二月廿五日）

【資料說明】歷年天災中，地震較少出現，然其破壞力卻很大。資料所見，以一九一八年的潮梅地震最為嚴重，地震導致各建築盡成瓦礫，壓斃無數災民，更甚者為災後老幼露宿街頭，四處尋找親人。

逕啟者：舊歷（曆）元月初三日未刻（按：下午一時至三時）地震，災變非常，潮梅[11]各縣城鄉屋宇坍塌，傷斃人命，不可勝計。被災鉅者，以南澳縣為最。闔城屋宇變為瓦礫之場，僅遺康家祠一間，巋然獨存。其次則為潮汕，家家舖屋損壞，倒塌極多，死傷亦眾。郡城大街石牌坊數十處，歷今千數百年不等，亦多為震倒。被壓斃者，身體糜爛，血肉飛濺。韓江南北堤及下游沿河堤岸或裂或斷。湘子橋傾頹，並無一處完全。實為向來未有之奇灾。各處灾民住屋倒壞，無家可歸，扶老携幼，露宿風餐，號子哭夫，哀聲遍野，慘悽情形，不忍聞見。當經官紳各界立即捐資，購辦食物、藥料、棺木，分赴各處，殮死醫傷，酌放急賑。惟灾區既廣，來日方長，且堤岸斷裂，春漲在即，若非趕募巨資修築堤岸，分別賑濟，誠恐轉瞬春雨連綿，河水泛濫，難免不再演出辛亥年堤岸崩決之慘劇也。茲由官紳商學、慈善報界假座汕頭六邑會館，開會籌議公同議決，即借六邑會館地方設立救灾公所，以救濟此次地震灾區，并籌善後辦法為宗旨。……肅此，祇請

台安諸維

慈鑒不一

汕頭救災公所謹啟

二月廿五號

[11] 潮梅地震又稱南澳地震或汕頭大地震，震央位於南澳島東北岸海底，強度七點五級，除潮汕一帶受災嚴重外，遠離震央的廣州和贛州也有受波及的記載，有感範圍包括浙江、台灣、江蘇、安徽、湖南、江西、廣西等省。

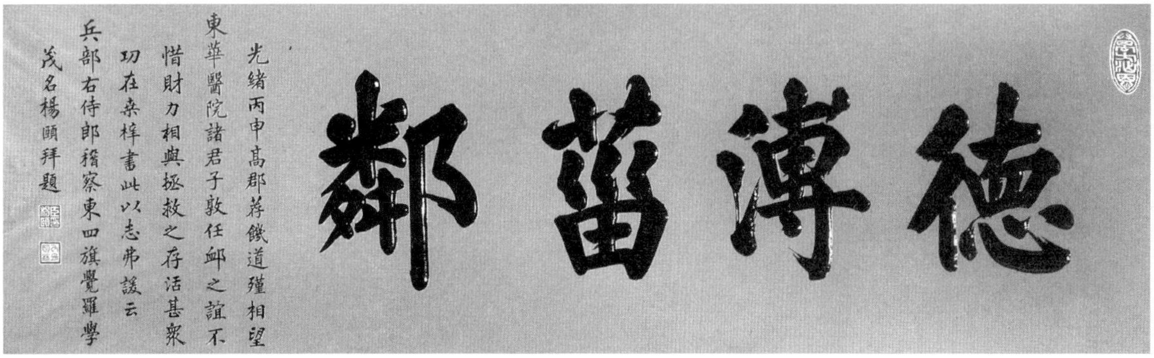
德溥菑鄰
光緒丙申高郡荐饑道殣相望
東華醫院諸君子敦任卹之誼不
惜財力相與拯救之存活甚衆
功在桑梓書此以志弗諼云
兵部右侍郎稽察東四旗覺羅學
茂名楊頤拜題

「德溥菑鄰」牌匾

外界來函一九二四至二五年（東華醫院外界來函一九二五年二月十三日）

【資料說明】中國內地除天災外，人禍也頻仍，其中以兵災最普遍。由二十年代開始，東華醫院不斷收到廣東省各地來信求賑兵災。以下信件為粵中徐聞縣陳述該縣慘受兵燹的情況。

香港華商總會、東華醫院、循環報、華字報、明星報鑒：徐聞[12]，粵中之一縣也。周圍六百餘里，人口數十萬；士者士，農者農，工者工，商者商，生息蕃衍，共安厥業。邇因省局多故，盜賊乘機肆起，焚掠擄殺，無所不至其極。計全邑男女被擄發賣者，不下三萬人，被其屠戮者六萬餘人，四鄉村市之商店、民房焚燒殆盡，耕牛、財物洗掠無遺，演成士賣書、農賣鋤，工無器具，商不懋遷，折骨易骸之慘劇。統計各界男女病死餓死者當在十餘萬，流離異地者二、三萬計。環粵中九十四縣，匪禍之酷烈，未有徐邑若是之甚者，誠不知徐人何罪罹此鞠凶。仁者為心豈忍坐視，然被擄、被殺、與其病餓而死者往矣！獨是刦後灾黎，無家可歸，無業可執，妻不足賣，子不足鬻。一般餓莩道左哀嗷，殘喘苟延，觸目皆是……

中華民國十四年二月十三日

徐聞縣商會會長翁梁煥、劉國材
賑濟局總辦岑崇峰
保衛國總（局）岑燿熙、趙□璜仝叩□印

[12] 徐聞縣今屬廣東省湛江市，地處雷州半島南端，為廣東省最南部的縣。

外界來函一九二零至二一年（東華醫院外界來函一九二零年九月廿一日）

［資料說明］ 求賑信還包括在港同鄉來信。一九二零年八月，粵桂兩軍交戰，在港五十多家商店聯名寫信，希望東華能救助家鄉的災民。

東華醫院列位總理先生暨

榮光主席先生鈞鑒：衷啟在此次東江慘受兵燹，無家可歸，嗷嗷待哺者，不下數十萬人，同人等同屬桑梓，覩茲慘象不忍坐視，迫得撥情陳訴於

貴院諸善長之前，伏懇本己溺己飢之懷，迅祈悲天憫人之舉，從速開議妥籌施賑以濟災黎，不禁屏營待命之至矣，此上并頌。

善安

葉彤賓
曾國琮
廖奕祥
□衍基
庚九月廿一日

（在港五十多家商店印章）

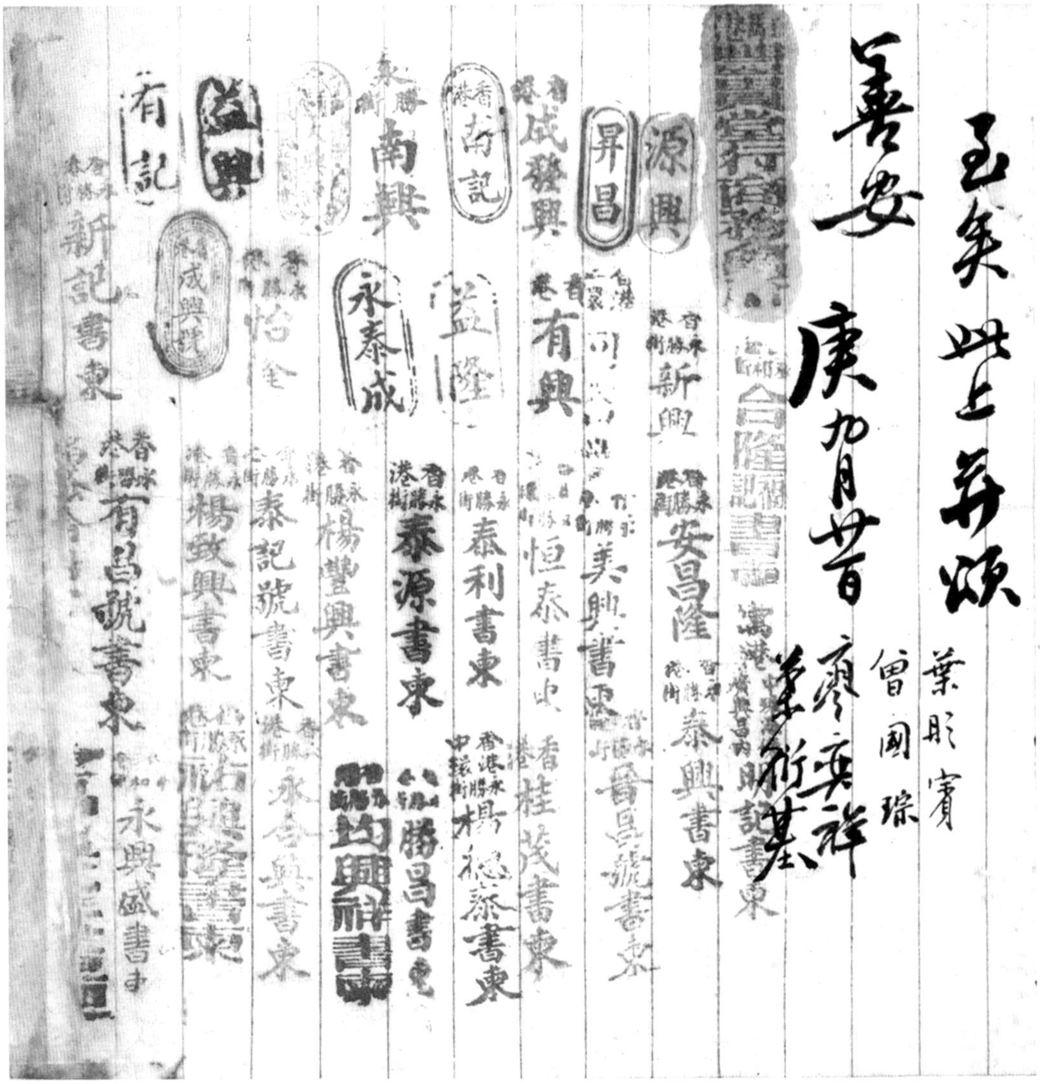
善安
葉彤賓
曾國琛
源興
昇昌
成發興
南興
有興
永泰成
新興
安昌隆
泰興書柬
美興書柬
恒泰書柬
泰利書柬
泰源書柬
楊豐興書柬
泰記號書柬
楊致興書柬
有昌號書柬
新記書柬
桂茂書柬
勝昌書柬
永興盛書柬

在港五十多家商店印章原件圖

外界來函一九二三至二四年（東華醫院外界來函一九二四年十月廿四日）

【資料說明】 廣東兵燹最觸目者為廣州的「商團事變」。以下所選資料為事變十日後，東華總理黎民偉於廣州市所見所聞：災後危牆林立，民心不安。

為佈告事

竊民偉承東華醫院，雁湘承華商總會派為代表，會同旅港各邑商會聯合會代表謝君樹富、李君儀林於本月廿四日附夜輪上省，携帶書函，親踵廣濟醫院投遞，商議此次廣州兵災[13]應如何賑恤難民事宜。抵步後，即往源昌十三行、登龍、故衣裝、帽槳欄、第八、第七、第六、第五、第四等甫各街巡視被災區域。但見火後危牆林立，繁盛市場都成瓦礫，慘目傷心，不堪言狀。附近災區，商場舖戶亦有開門，狀似營業，而心仍惴惴若慮有意外旋生者。朝晚市擺賣牛羊猪魚肉菜蔬者，依然攘往熙來，無異前狀。全市不見有軍隊駐紮，祇見有武裝警察守衛秩序。似甚安寧。早攸前同赴廣濟醫院，向當事人請其通知院董，本日早刻召集開會集議…… 隨商議目下當急賑者祇屬少數人，現該院經已施粥，惟須購棉衣施捨，以為禦寒而已。惟米市未開，人心惶惶，非得□商力助賑恤，運米上省平糶，則恐陷於米荒危險…… 並云現在廣州各善堂院與各機關人員，多數離省避地，人材缺乏，還求港澳各團體，多舉代表贊襄義務。此屬事關省會安危，萬望肩任以救桑梓云云……

黎民偉

譚雁湘　仝佈告

甲子九月廿六日
（一九二四年十月廿四日）

[13] 商團原為廣州商人自衛組織，一九一一年底成立，初名「粵省商團」。一九一七年，陳廉伯為廣州商團團長。一九二四年八月十日，商團向英商購置的一批槍支彈藥被孫中山領導的廣東革命政府扣留。十月十日下午，商團軍與軍政府發生衝突，商團軍在西關構築街壘，封鎖市區，張貼「孫文下野」、「打倒孫政府」等標語。十月十五日淩晨，商團武裝被廣東革命軍擊潰，詳見邱捷「廣州商團與商團事變」，《歷史研究》，二零零二年，第二期。

外界來函一九二三至二四年（東華醫院外界來函一九二四年十月）

［資料說明］ 廣州兵燹，不止是對廣州市造成破壞，周遭城鎮亦受到波及，資料所見為西樵各鄉因兵燹被封鎖，有米荒之危，而致函東華醫院求救。

香港東華醫院暨列位先生公鑒：敝屬西樵[14]各鄉，現因政府收繳商鄉團槍械，由福軍[15]調拔大兵到境，將西樵一帶水陸交通要道一概扼守封鎖，並砲轟鄉村。所有居民、糧食均不准通過。房屋被燬，糧食已盡，老弱相扶，無可逃避，饑寒交逼，慘不忍見。查西樵各鄉，糧食均靠由省運濟，此次殃及池魚，糧無隔宿，交通既斷，終成餓殍。安分良民無辜待斃，情狀慘痛，莫可形容，設不趕辦米石運回接濟，以拯災民，將靡有子遺。貴院為慈善機關，義聲久著。著懇請趕辦米石，專船運賑以救饑民。除派由程省三君代表到港面懇希

賜接洽外，謹郵電呼籲尚請

鑒察

西樵三鄉公局及數十鄉災民等叩禡

[14] 西樵，即西樵山一帶，位於廣東省佛山市，距廣州市六十八公里。

[15] 商團事變時，福軍為「大元帥府」親軍，李福林為總司令。一九二五年國民革命軍成立，福軍編為第五軍，仍以李福林為軍長。

外界來函一九二三至二四年（東華醫院外界來函一九二四年十二月九日）

［資料說明］ 人禍還包括火災。外省的火災當以梧州大火最受東華關注。以以下所選資料描述了大火造成的損失及其災後情況。

敬啟者：前月三十日，敝市北門外居民不戒於火，延燒屋宇一千二百餘家，計共一千六百餘戶，損失財產，當在數千萬以外。災情浩大，歷古所無。當其火烈具揚，東北風作，互相煽動，為勢益凶。被災之家，逃生命而不遑，豈取携之能便，一絲半粟，亦付焚如；災後固無以為家，衣食亦無所靠。焦頭爛額之狀，目不忍覩，啼飢號寒之聲，耳不忍聞，精華市場遽變瓦礫，心腸鐵石亦動慈悲。嗟我梧州兵禍連年，元氣喪失，瘡痍滿目，民不聊生，今夏水患纔平，近又遭此火警，哀此有眾，其不至盡填溝壑者幾希。敝會同人目覩顛連，心難恝置，發起梧州火災善後委員會，散放急賑，暫濟燃眉。一面建築新區俾資安集，一面籌辦消防各件，以備將來，務使現目災黎得以生全，以後火災從茲減少……

梧州火灾善後委員會

中華民國十三年十二月九日

香港工商日報（一九三四年五月十五日）

【資料說明】 在香港發生的人為災難，以一九一八年的馬棚大火及一九三四年西環煤氣局爆炸最為嚴重。東華現存資料並沒有相關的描述，而當時報紙詳細報導了西環煤氣局爆炸一事。

馬棚火災案以來最大之慘劇

煤井爆炸可憐焦土

昨晨西區煤汽局之爆炸，焚燒屋宇數十間，傷斃人命亦達百數十人，自馬棚大火而後，此誠一幕最大慘劇也……

查煤汽為瓦斯之一種，人中其氣者無不窒息而死。煤井自爆炸後，煤汽即突出向加倫街侵襲，蓋其爆炸處正向加倫街方面也。該街居民突聞爆炸之聲，正驚疑問，而煤汽已風捲而至，各人驟中惡氣，不禁氣逆頭暈，同時煤氣發火，四處焚燒，以致欲逃無路。聞某號住客十九人，其幸而逃出者，只有七人，且俱被火灼傷皮膚，其餘失踪，生死未卜，想已葬身火窟矣！

中央滅火局聆警後，即下令全局各機總動員，然當抵達火場時，則只見白煙迷漫，滿天火焰，正不知火之主力何在也！故只得開喉向有白煙處灌射。同時男婦老幼之呼叫救命聲，震耳欲聾，非常慘厲！益令救火人員忙於應付，記者目擊某號樓有少婦一人，一絲不掛，撲出街中，倒地斃命。斯時各救傷隊人員均到場救護，當向其詢問受傷人數多寡，均含淚致答，則當時之慘厲情形，可想而知，又有一作女傭裝者，急欲撲向火場之中，為警察所阻止，乃滾地大哭，謂其父居於該處某號樓中，正未知其生死。而一十三四歲之女童，方挾破衣數襲，哭呼其母也！尤慘者，該街有陸姓居民，方於是日為其子完婚，乃當賀客臨門之際，突遭此難，新郎新婦及嘉賓數人失踪，至下午三時餘猶未見踪跡。想亦凶多吉少！

查被煤汽及火燄灼傷者，其受傷之重，哀叫之慘，恐獲救者無幾人。其他能及時逃出街外，幸未受傷者，則多在街頭號哭，或訴說失去兒女，或訴說不見爹娘，一種悲慘情形，見之令人酸鼻！至未能逃出之居民，遭難者亦不知其數。災禍之來，實非彼等夢想之所及！聞昨日由救火隊挖掘出之尸體有小童有女孩，有白髮之老人，有青春之少女，更有身懷六甲之孕婦，莫不焦頭爛額，手足攣曲，令人目不忍睹！

離火場稍遠之希路道居民，因怵於煤汽與火之風勢，亦多有挈兒背母，匆匆逃出，以圖安全者，其情景亦極狼狽。警耗傳出後，遠道居民有戚屬寓居附近火區者，莫不急奔前往，沿途尚向人詢問該處之火勢如何，至聲淚俱下，惶急情形，有非筆墨所能形容者……

一九一七至一八年度董事局會議紀錄
（東華醫院董事局一九一八年三月十六日會議紀錄）

【資料說明】 一九一八年馬棚大火，東華主要的工作是為遇害死者建醮。以下資料顯示建醮目的是為了撫慰各死者親屬，這種災後的善後工作，不但讓死難者得以安息，同時也平撫了社會上的不安情緒。

戊午二月初四禮拜六會議事宜列左（一九一八年三月十六日）

唐溢川翁曰：此次敘會係因馬棚浩劫之事，各死者親屬多欲在該處建醮超渡。每向　華民政務司處稟求。敝院于前月廿七接到華民廿九號函，着敝院代眾人建醮故預登告白，請各位貴院磋商。……

溢川翁曰：今日首先研究者係建醮之事，應否照行，如以為可行則請一位倡議。

何棣生翁曰：余以為應照行，以順輿情，并釋各死者親屬之心。

何萼樓君和議，眾贊成。

東華醫院函件［東華致外函件］一九零六年（東華醫院致外函件一九零六年九月廿日）

【資料說明】香港為彈丸之地，發生的災難多為突發性，東華醫院工作以善後為主。從資料可見，一九零六年的風災，東華甚重視風災後撿拾死難者屍體，並專程請省城的廣濟醫院幫忙。

廣濟醫院

列位善長大人鈞鑒：敬啟者，本港於是月初一日八點鐘，猝然風颶大作，灾情重極，為近年所罕見。海面大小船隻，溺斃人口，不可勝計，傷心慘目，不堪言狀。敝院即僱小輪拖帶杉排小艇，沿海拯救，并撿執尸骸，（暎）相以便親屬認領。茲以海面遼遠，飄（流）無定。聞說蓮花山、虎門及大嶼山等處水面，均有尸骸浮出。奈□次風災，大小輪船多被沉沒，敝院每以不能遍巡撿執為憾。茲特肅函奉達懇貴堂即僱小輪拖帶杉排小艇，駛往蓮花山、虎門及大嶼山等處沿海撿執尸骸，并即（暎）相以便親屬認領，實為德便之至。專此，并請

善安

東華醫院同人頓　八月初三日

（一九零六年九月廿日）

一九三三至三五年度董事局會議紀錄
（東華醫院董事局一九三四年四月十五日會議紀錄）

［資料說明］ 爆炸亦是突發性的災難，西環煤氣爆炸後，東華亦參與救助工作。因爆炸已過，故東華的工作著重於現場調查，及安頓生還者。

甲戌四月初三日禮拜二特別會議事宜列（一九三四年四月十五日）

主席劉平齋翁曰：昨日煤汽局爆炸成災，傷斃居民，為空前未有之巨劫。現由兄弟與幸玉銘君、謝耀湘君等親往災區調查。被難者多屬無家可歸，情殊可憫。即日設立臨時招待難民栖留所，供給食宿，俾得暫時安集……

一九一八至一九一九年度董事局會議紀錄（東華醫院董事局一九一九年七月二十九日、八月三十一日會議紀錄）

【資料說明】　除了暫時性的受災難民，東華的賑濟對象還包括一般香港民眾。一九一九年，香港發生米荒，米價昂貴，東華醫院為了安撫社會，進行施粥及平糶。

己未七月初三晚會議事宜列左（一九一九年七月二十九日）

主席世光翁曰：近因米價日昂，民食維艱。弟於此兩月內屢到華民政務司處，懇求維持，並託華人領袖劉、何二君向政府請求急速進行。現已蒙政府開捐平糶。今又因連日風雨不停，貧民更難覓食，故昨日再向華民政務司磋商施粥，今蒙批准地點九處。

己未閏七月初七日會議事宜列左（一九一九年八月三十一日）

世光翁曰：本港民食維艱，故敝院即於前月初六日，開辦施粥，以救眉急，但施粥不能為持久計，故仍以辦平糶為普及……　此事已由鄙人向政府及我華人兩代表伸說，均蒙贊許。鄙意提倡停办施粥，將捐款全數改办平糶，則貧民受惠更深，諸君意見為何，請為指教。

葆葵翁曰：近日之米價為本港四十年以來所未經，今日東華醫院發起办平糶，亦獲我心。鄙人極端贊成。

世光翁倡議，將施粥之捐欵改辦平糶，四端翁和議眾贊成。

一九零七至零八年度董事局會議紀錄（東華醫院董事局一九零八年六月二十三日會議紀錄）

【資料說明】東華賑濟的對象，除了本港外，還包括鄰近的廣東。廣東發生的各類災難數量遠多於香港，而香港居民大多數是由廣東南移，因此兩地常互相幫助。以下例子為一九零八年的廣肇水災，東華總理劉鑄伯言及粵港之間的桑梓之情。

戊申五月廿五日晚會議（一九零八年六月二十三日）

一、議省九善堂來電，詳述西北江水暴漲，廣肇崩基廿餘處，飢民百萬，求合办籌賑。請為卓奪。

劉鑄伯翁曰：此電未接，弟看西報已有所聞。年來本港遇災，省中官紳、善堂等俱有協助，無分畛域，此為我旅港商民所共覩者。今因西北江水暴漲之故，基圍相繼崩決，民不聊生。弟已倡議聯集同志廣為勸捐，將捐欵託省善堂，遞往灾區散賑。今既有電發來，便是公事，請由醫院舉行。

一九一四至一五年度董事局會議紀錄（東華醫院董事局一九一五年六月十三日會議紀錄）

【資料說明】粵港兩地情誼深厚，就算在特殊情況，如經濟不景氣等，東華醫院依然會盡力幫助廣東災民。

乙卯年六月初二禮拜二日會議事宜列左（一九一五年六月十三日）

主席羅長肇翁起言謂，本院接到救災公所及內地各屬函電，所述水災情形比上年尤甚，今（省）城救災公所及各屬紛來函電，請設法籌賑。但以今日港（中商務）之凋殘，已成强弩之末，然情關桑梓，□不忍恝然置之，是又不得不勉力設法，以稍盡一分之力。

一九一四至一九一五年度董事局會議紀錄（東華醫院董事局一九一五年八月八日會議紀錄）

【資料說明】東華參與廣東的救災工作，性質與本港不同。廣東的災難歷時長，受災範圍廣。以一九一五年六月初的水災為例，發生二十多日後，廣東某些地方的災民仍然受水災所困。

乙卯六月廿八禮拜會議事宜列左（一九一五年八月八日）

二、……據交救災公所之函略謂，大塱圍[16]災情深重，現有徐□一、徐煒堂到來，再請發賑。惟日間本公所未有米石前赴該處附近，而又未便專人前往，特函知分所就近酌（量分）發以拯災黎等語。來人又稱此次之江水漲受災，以三水為最。然三水之中尤以大塱圍為最慘。因該圍形如鑊底，即如目下各處水退，然該圍仍無少減，露宿荒崗，無從求食者，當有七八仟人之多。

[16] 大塱圍即大塱凋，地處北江下游西南涌左岸的斷陷盆地內，為北江、西江、綏江三江交匯處。

一九二一至二二年度董事局會議紀錄
（東華醫院董事局一九二二年八月廿八日會議紀錄）

【資料說明】 潮汕風災一個月後，總理親往潮汕視察風災災情，目睹當地災情仍未舒緩，災民情況悽慘，而受災範圍大，牽連的事後工作甚多，如修堤安置災民、關注災後衛生環境等。

壬戌七月初六禮拜一晚會議事列左（一九二二年八月廿八日）

二、何君華堂曰：弟與李子松先生於七月初一早八點鐘到汕賑災處，各善長親到船格外歡迎。弟等旋到鎮邦街基督教普益社處，因此地係旅港潮州八邑商會暫假為賑災地點者。……弟於初二早七點半鐘起程，由陸路到官埭、內砂、外砂等處災區調查。所見倒塌屋宇觸目皆是，災民遍地棲止無所，狀甚慘劇。至初三日，又由水路往近海一帶調查，有如上述一片悽涼景象，足令人心酸淚落者，誠空前未有之奇災也。又美領事派代表欲專在澄海處幫助補築基堤，至於外砂五姓堤頭及謝厝外圍一帶堤基，已由存心善堂[17]與紳耆妥商協力修築決口。大堤之中，有五香溪決口約五十餘丈，由美國紅十字會担任修築，旅港潮州八邑商會補助修築蘇南區東畔公堤及外砂王謝兩姓公堤。弟在汕敘會時曾提議，請各團體急赴上河處購辦竹料，給與漁民盖搭蓬寮，免致居民露宿；又提議採買煤油渣佈散各處，免致蚊蠅飛宿食物致碍衛生。以上係弟與李君子松赴汕經過情形也。

[17] 存心善堂，位於汕頭市，建於清光緒二十五年（一八九九年）。

一九零七至零八年度董事局會議紀錄（東華醫院董事局一九零八年七月七日、七月十六日、七月廿四日、七月三十一日、八月廿二日會議紀錄）

〔資料說明〕 廣東的災難歷時長，東華醫院的賑濟時期亦因而相應拉長。以一九零八年的廣肇水災為例，在水災發生後兩個月內，東華持續派遣了六批值理上省商討救災事宜。

（六月）初九晚會議（一九零八年七月七日）

一、議廣肇水災，經于禮拜日推舉卅二位輪班上省，到救災公所處會同辦理。昨接得救災所來函，請本院迅舉人員到省商同办理。……

定期由十二晚起。

六月十八晚會議（一九零八年七月十六日）

主席譚鶴坡翁曰：是晚請列翁到議賑濟水災事宜。因頭幫值理經於十二晚上省，到救災公所處會同办理，并往各處災區察看。昨晚返港，請列翁商酌，輪派第二幫上省，如何之處，請為卓奪。……

譚鶴坡翁請第二幫值理定期，鄧志昂翁、潘寅存翁、李右泉翁、黃兆棠翁定二十早上省，陳綽卿翁、謝詩屏翁定期廿一晚上省。

六月廿六晚會議（一九零八年七月廿四日）

陳洛川翁曰：是晚請列翁到議賑濟水災事宜。第二幫值理經于式十日上省，到救災公所處會同辦理，廿五日返港，請到列翁商酌，輪派第三幫上省，如何之處，請為卓奪。……

陳洛川翁請第三幫值理定期，伍漢墀翁、陳瓊雲翁、陳雲翹翁、洪子良翁、佘達才翁定於廿九日上省，約同胡著雲翁於初一日到救灾公所會議。

七月十七晚會議（一九零八年七月三十一日）

主席陳洛川翁曰：是晚請列翁到議賑濟水災事宜。因第四幫值理經于初十日上省，到救災公所處會同办理，十六日返港，請　列翁商酌，輪派第五幫值理上省，如何之處，請為卓奪。……

陳洛川翁請第五幫值理定期，周少岐翁、胡海籌翁、陳培階翁、李耀堂翁、吳秀生翁、謝明祈翁定於十九及式十晚上省到救灾公所會議。

七月廿六晚會議（一九零八年八月廿二日）

伍漢墀翁曰：是晚請列翁到議賑濟水災事宜。因第五幫值理經于廿日上省，到救災公所處會同办理，昨日返港，請列翁商酌。如何之處，請為卓奪。……

公議此次救灾公所既有特電到請，理應以前月初九日議案三十二位週而復始，再輪派第一幫值理上省聚會，即行信通知。第一幫值理六位准于廿七晚由夜船上省。

一九二八至二九年度董事局會議紀錄（東華醫院董事局一九二九年二月十四日會議紀錄）

【資料說明】　東華醫院為華人心目中的大慈善機構，其他省份發生災難，亦會向東華求助。東華醫院會因應能力，盡同胞之責，盡力幫忙。如一九二九年豫陝甘三省旱災，東華即匯上三千元。

己巳元月初五日禮拜四會議事宜列（一九二九年二月十四日）

羅文錦翁曰：今日請各位到院敘會，為關於豫陝甘北三省旱災及兩粵災情事。因本院為香港唯一慈善機關，對於此次災情應如何辦法，請各位討論，並請羅旭和博士將災情宣佈。……

羅文錦翁曰：弟接任後已着意進行，又適值年關。查本港近年商業凋零，似難沿門勸捐，但此次災情重大，以急籌賑濟為先。弟查日前北五省賑災尚有存款，可否由此戶口撥助，請公定。

李葆葵翁倡議：由北五省賑災餘款撥三千元*，滙往豫陝甘三省賑濟災民之用。

鄧肇堅翁和議，眾贊成通過。

一九二七至二八年度董事局會議紀錄（東華醫院董事局一九二八年八月十七日會議紀錄）

【資料說明】　一九二八年濟南災情嚴重，適逢本港多事之秋，有先近後遠之考慮，東華對外省來的求賑，只能略盡棉力。濟南事件，適值東華醫院籌建東華東院及香港大學中文學院，故不能代為勸捐。

戊辰七月初三禮拜五特別會議事宜列（一九二八年八月十七日）

（世界紅（卍）字會濟南青島兩分會代表將濟南災情實況宣佈）

鄧肇堅翁曰：據兩代表所述災情之慘，實令聞者傷心，今各種災情影片亦目不忍覩。本院前月自接旅港山東同鄉會來函詳述災情後，即代為登報勸捐。本院乃港中慈善機関（關）之一，無論如何仍勉力代為籌賑。惟是年港地商業凋零且捐募頻仍，現值籌建東華東院及漢文大學[18]尚未結束，而海陸豊琼崖兩處呼籲，仍未能兼顧代為沿門勸捐，只同登告白籌賑而已，所謂愛莫能助。日前廣州共黨擾亂，本院亦未表示籌賑。今兩代表不遠千里而來，本院亦略表微意，弟提議由賑災餘款撥助三千元，滙解濟南災區散賑，明知杯水車薪，無濟於事，不過藉表濟港兩地之感情矣。

[18] 即香港大學中文學院。

一九三一至三二年度董事局會議紀錄

（東華醫院董事局一九三二年二月十日會議紀錄）

【**資料說明**】 每發生重大災難，牽連的地區定必廣泛，而遇到國家生死存亡相關之災事，即使遠在外省，東華醫院亦義不容辭地幫忙。上海「一二八事變」，日本看準中國人於年晚疏於防守，轟炸上海，釀成死傷甚眾，東華即主動發起勸捐。由於受災機構包括永安紗廠及眾多廣東同胞，響應賑災者眾，東華在短短的數週內，籌得善款三十二萬元。

壬申元月初五禮拜三會議籌賑上海難民事（一九三二年二月十日）

主席陳廉伯翁起言曰：今日請各位到來敘會，因係發起籌賑上海被難人民。近日據各處報告，上海一帶，難民無家可歸，饑寒交迫者，不可以數計。況值此天時寒冷，及遇此奇災，當然慘不可言。同人等亟欲發起籌欵賑濟……

主席陳廉伯翁倡議舉辦籌賑上海難民，羅旭和博士和議，眾贊成通過。

一九三六至三七年度董事局會議紀錄（東華醫院董事局一九三六年十二月二日會議紀錄）

【資料說明】綏遠兵災，東華總理亦盡力救助。總理劉景清力陳國家面臨生死存亡，東華醫院亦難幸免於危難，故積極鼓勵各同人負起關懷國家之責，拯救災民。

丙子十月十九日禮拜三會議事宜列（一九三六年十二月二日）

六、盧主席曰：關于援救綏省難民[19]事，日前兄弟與李星衢先生，往見華民討取人情後，現華商總會開幹事會決議，請由本院主办；該會除舉全体幹事、值理會同辦理外，并由各行頭派員參加云。本院乃慈善機關，對于應辦之慈善事業，實義不容辭，但綏遠災情如何及將來籌得之欵，應滙交何機關接收，此應考慮也。

劉景清翁曰：各位總理先生，日來社會對於綏遠一事，群起提倡賑濟，咸有悲壯之言論，熱烈之表示，良以狐悲兔死，應有同情。吾儕遠寄香江，關懷祖國。今次對於綏省災禍豈能袖手旁觀，自應本救災卹鄰之心，拯溺扶危之責，急謀賑濟。況本院為我華僑最大機關，自應與華商總會負起提挈責任，以盡我們天職…… 本席以為丁此時期，本院亟應採積極行為，與華商總會切實聯絡作有力的救助，應廣作宣傳，請全港有職業僑胞，每月提出一日收入以為賑濟綏省難民之用。如此辦法，每月可得十萬元，繼續行之至戰事完結為止，在捐欵者輕而易舉，而罹難者存活已多。此一善法也，尤有進者，本席以為賑欵能早達一日，即可減少一分死亡率。

[19] 綏省即綏遠，民國時期塞北四省之一，今在內蒙古自治區中部。

一九零五至零六年董事局會議紀錄（東華醫院董事局一九零六年四月廿三日會議紀錄）

【資料說明】 東華醫院的網絡除了中國內地外，更遠及海外各地。當各地發生重大災難時，東華醫院亦會盡力籌款捐助。以一九零六年美國舊金山地震為例，東華醫院亦撥鉅款救助。

三月三十晚（一九零六年四月廿三日）

三月三十早，接舊山　梁欽使來電，并省廣仁善堂致來　督電詳述舊山地震，灾情慘甚。於即晚公議，先將醫院現存賑濟平糶款二千七百元*，華安公司借來艮七千元*，并暫借醫院存款約一萬一千元*左右，先滙往　梁欽使賑濟，即協力同往街坊捐簽，填還各欵。此誌。

一九二三年至二四年度董事局會議紀錄（東華醫院董事局一九二四年八月廿六日會議紀錄）

【資料說明】 一九二零年代另一場為人所熟悉的海外災難，為關東大地震，東華醫院亦有支援。日本鄰近中國，不少華僑移居於此，日本華僑向有捐助東華及中國內地災事，故當關東發生大地震，東華及各總理亦設法救助。

癸亥七月廿六禮拜四晚會議事宜列左（一九廿四年八月廿六日）

一、陳殿臣翁曰：今晚請各位到敘商議籌賑日本慘災。救災恤鄰，古有明訓。我國人多在日本留學經商，此次災情，應要籌賑，請在座諸君各舒偉論，並請羅君旭和宣佈西商會敘會情形。

羅旭和翁曰：昨日下午西商會司理到弟處，當時周君少岐亦在座。據稱欲由西商、華商聯合籌賑日本慘災。華商舉代表四位至六位，西商舉代表七位，協同辦賑。華商六位，已舉定周君少岐[20]、李君葆葵[21]、黃君屏蓀[22]、何君世光[23]、陳君殿臣[24]及弟。西商會開議後，即由亞洲皇后趕付賑米五百噸，前往災區散賑。今日兩點鐘定例局敘會，政府撥欵廿五萬元，又滙豐銀行捐五萬元為賑濟日本之用。又接神戶總領事電求，至要付肉食一船前去賑濟。計此次災情重大，死傷數十萬人，所最重要急賑者醫藥、醫生。如醫生有欲前赴災區調治災民者，請通知周少岐先生可也。各位有何辦法，請舒高論。

再三討論，由何世光翁，倡議請西商會先滙五千元，往神戶中華會館以應華僑急需，黎海山翁和議，眾贊成。

葉蘭泉翁倡議沿門勸捐，盧頌舉翁和議，眾贊成。公議推舉東華醫院總、協理，保良局總理、華商總會值理數位，為沿門勸捐值理。

李右泉翁曰：頃聞何世光先生欲請西商會先匯五千元一層，不若由東華醫院自行滙去之為愈。

周君少岐亦謂，東華醫院存有施粥賑災餘欵，可由東華醫院撥出滙去，甚贊成。李君右泉之議通過，何君世光將前議收回，於是即席擬出電文往神戶中華會館滙欵五千元，並問華僑受災情形如何及急賑需何品物，着即電覆，以便着手進行。遂散會。

[20] 周少岐為一九零二 — 零三及一九一三 — 一四年度東華首總理。

[21] 李葆葵為一九零三 — 零四年度東華總理。

[22] 黃屏蓀為一九二二 — 二三年度東華首總理。

[23] 何世光為一九一八 — 一九年度東華首總理。

[24] 陳殿臣為一九二二 — 二三年度東華首總理。

一九二一至二二年度董事局會議紀錄

（東華醫院董事局一九二二年七月廿日、八月廿八日會議紀錄）

【資料說明】 東華與外埠的聯繫，除體現於東華救助海外災事外，同時也反映外埠對中國內地的災事甚為關注。在潮汕風災中，來自外埠的捐助共有三萬八千餘元，尤以東南亞捐款為最多。

壬戌六月廿八禮拜晚會議事宜列左（一九二二年七月廿日）

一、盧頌舉翁曰：敝院連日接到各埠電報，滙來潮汕風災賑欵共有八九處之多。吉隆坡廣肇會館滙來五百元*，堤岸穗城會館滙來一千元*，檀香山中華會館滙來二千元*，小呂宋由本港裕南隆交來一百元*，小呂宋賑災會滙來一萬五千元*，小呂宋廣東會館滙來二千元*，巴拿孖同善堂滙來一千二百八十二元七毫六仙*，共約二萬三千餘元。

壬戌七月初六禮拜一晚會議事宜列左（一九二二年八月廿八日）

五、盧君頌舉曰：前接各埠滙來賑欵二萬三千餘元，日前敘會經已宣佈。茲又接到威令頓中華會館滙來英金一百二十磅，伸港艮九百二十一元六毫*；又庇魯通惠總局滙來英金一千磅，伸港艮七千六百八十元*；吉隆坡滙來四千五百元；小呂宋中華會館黃君秀生滙來一千元；美國羅省地利埠中華會館滙來一千元。連上日各埠滙來合共三萬八千餘元。

外界來函一九一八至一九一九年（東華醫院外界來函一九一八年十一月廿日）

【資料說明】華僑長期在外，對故鄉有深厚感情，當接到內地求賑要求時，即努力勸捐，並將賑款經東華醫院轉交內地。以一九一八年湖南兵災、廣東水災為例，爪哇地區的中華總商會收到中國領事求賑信時，即開始募捐，後賑款經東華醫院分賑湖南、廣東災民。

巴達維亞中華總商會[25]公函　商字第三百二十七號

敬啟者：前接駐巴歐陽總領事來函，據稱湖南人民既遭兵燹，復被水災，祈向各善士勸募，以資賑濟等語。又查廣東亦有水災，自應一同提捐賑濟。經由敝會於九月廿一日開會議決，并舉定各勸捐員，分途勸募。茲據第一次捐來銀肆仟弍佰叁拾柒盾，除將半數弍仟壹佰壹拾捌盾伍紡，交由駐巴歐陽總領事轉滙湖南災區外，仍得半數弍仟壹佰壹拾捌盾伍紡，伸銀壹仟壹佰肆拾伍元，相應託交巴城潤彰公司轉滙。

貴醫院查收。希即轉交廣東水災公所，以便分撥賑濟，是為感盼之至。仍乞將收到銀數日期，先行函覆，并一面將廣東水災公所收條，便中寄回敝會為荷。專此。即請

東華醫院
執事列先生公鑒

會長□簽發
七年十一月廿日
（一九一八年十一月廿日）

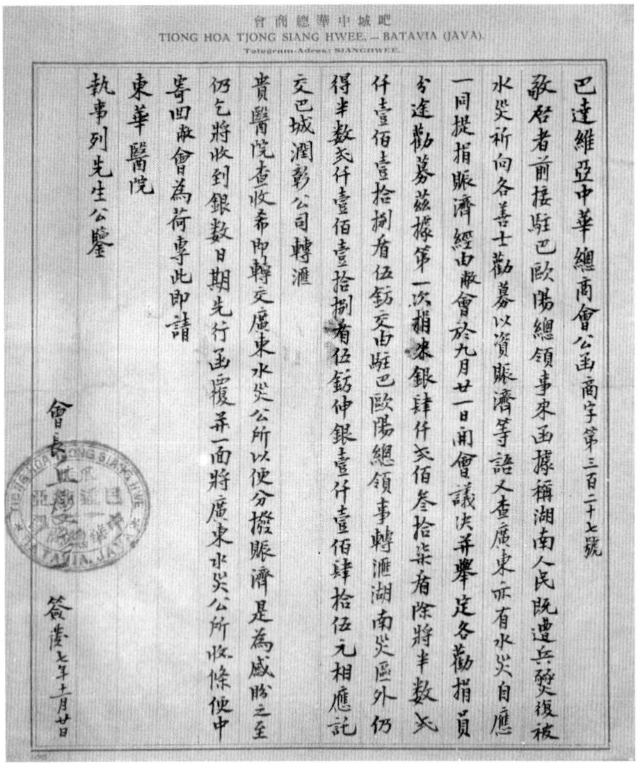
吧城中華總商會
TIONG HOA TJONG SIANG HWEE. — BATAVIA (JAVA).
Telegram-Adres: SIANGHWEE.

巴達維亞中華總商會公函商字第三百二十七號
敬啟者前接駐巴歐陽總領事來函據稱湖南人民既遭兵燹復被
水災祈向各善士勸募以資賑濟等語又查廣東亦有水災自應
一同提捐賑濟經由敝會於九月廿一日開會議決并舉定各勸捐員
分途勸募茲據第一次捐來銀肆仟叁佰叁拾柒盾除將半數叁
仟壹佰壹拾捌盾伍錢交由駐巴歐陽總領事轉滙湖南災區外仍
得半數叁仟壹佰壹拾捌盾伍錢伸銀壹仟壹佰肆拾伍元相應託
交巴城潤彰公司轉滙
貴醫院查收希即轉交廣東水災公所以便分撥賑濟是為感盼之至
仍乞將收到銀數日期先行函覆并一面將廣東水災公所收條使中
寄回敝會為荷專此即請
東華醫院
執事列先生公鑒
會長　簽發
七年十一月廿日

一九一八年十一月二十日巴達維亞中華總商會將所籌得捐款分贈與湖南及廣東災民

[25] 為 Tiong Hoa Tjong Siang Hwee, -Batavia (Java)，即今印尼首都雅加達。在荷蘭統治時，改名為「巴達維亞」(Batavia)。

外界來函一九二八至二九年（東華醫院外界來函一九二九年三月廿日）

【資料說明】 一九二九年中國九省旱災，內地哀鴻遍野，災民多達數千萬。東南亞華僑遂紛紛捐款。馬六甲華僑設立了籌賑會為九省旱災籌捐，此一資料為馬六甲籌賑會成立的宣言，文中流露出外地華僑，對中國災情的關注，而其成立的籌賑會規模完備，來自各地代表達三十多人，並由專人負責籌賑，十分嚴格。

嗎六呷[26]華僑籌賑會宣言

我國近年數年來，兵禍不息，匪患時聞，人民已無寧日，而各省水旱災荒又紛紛告警。昊天不弔，叠降浩劫，嗟我人民，罔知所屆。受災最甚之區，以去歲論，為豫陜甘晉翼察綏粵桂等九省。或旱魃為虐，田疇如焚，或飛蝗蔽天，晨產蟲嚙，以致赤地數千里，飢民數千萬。草根樹皮咀嚼幾罄，冰天雪地凍餒交攻。自冬徂春，農田不能播種，生機可云已絕。於是老弱轉乎溝壑，少壯委于道途；每日死亡數以千計，餓殍遍野，目不忍覩。一種流離顛沛飢餓悲慘之狀，即鄭俠流民之圖，恐猶未能盡其萬一焉。本會叠接豫陜甘晉冀察綏及粵桂等省，先後來函乞賑。經于本月十九日下午三時，在武牙拿也總商會會所，開本埠各社團代表聯席會議，討論籌賑事宜。是日各社團之代表到會者，計有三十餘人，全場一致議決組織本會，為大規模之勸募，以賑九省災黎，並公舉下列各職員，擔任籌賑事務，俾專責成。因思此次災區之廣，與災情之重，為我國歷來所未有，欲存溝瘠於須臾，亟應早施拯救，欲謀流亡之安集，更宜大捨慈悲。我海外僑胞義聲遠播，對此嗷嗷待斃之災民，諒能慷慨解囊，集成巨款，本好施樂善之懷，為義粟仁漿之助，庶九省子遺，咸有更生之望矣。謹此宣言。伏祈重鑒。

▲本會各組織職員表

▲主席團　曾江水　熊舉賢　郭巨川　鄭成快　羅金水

▲財政員　曾國頂　王業珍

▲查數員　周卿昌　劉漢屏

▲文牘員　趙頌周　柳其杰

▲勸捐員（大坡區）

王德義（第一段主任）顏鴻祜（第二段主任）　陳禎祥　陳季和　許水滿

雷文贊　林先純　陳公紀　李展程　宋傳麟

沈少深　李隆甫　張鼎君　顏華聞

▲勸捐員（小坡區）

陳文潭（第一段主任）林大典（第二段主任）陳期運　李月池　曾有美

梁桂庭　蔡世諳　吳禮庭　林光平　胡步雲

張候森　陳文源　黃福清　梁達明

▲辦事處武牙拿也中華總商會內

▲附啟　本會所收捐欵一概滙交中央賑災委會，平均分配各省。又各大善長芳名不論捐助多少，一併由報章表揚鳴謝。

嗎六呷華僑籌賑會公啟

民國十八年三月廿日

[26] 即馬六甲（Malacca），今屬馬來西亞。

東華的慈善救濟活動不單在香港，更遠及中國內地乃至世界各地華人聚居處。

同治甲戌十三年徵信錄（一八七四年東華醫院徵信錄序）

【資料說明】 東華醫院成立第二年，香港就發生重大風災。當年僅存的資料只有一八七四年徵信錄。序文提到當年風災的賑濟工作，主要是安葬死難者，內更列有在八、九月撿拾到屍體的數量及安葬地方（見甲部份一）。

東華醫院徵信錄序

竊以拯災救厄，固仁者之用心，濟困扶危，是吾人之分事……抑又山邱白骨、潮汐遺骸，即如甲戌八月風災之慘、沿海撈屍、就地安葬。

東華醫院函件［東華致外函件］（東華醫院致外函件一九零六年九月廿一日）

【資料說明】 早期東華醫院的賑濟工作，注重「安葬死難者」這點，同時體現在一九零六年風災的救濟工作上。一九零六年的風災比一八七四年的風災更為嚴重，東華現存的資料顯示，風災發生後，東華即派小艇撿執屍骸，有些屍骸飄出外海，需找廣濟醫院幫忙撿拾（見甲部二）。由於死者眾多，棺木不敷應用，東華再去信方便醫院，請其代運木板，並代僱木匠、土工來港協助。

方便醫院

列位善長大人電鑒敬啟者：初四晚由郵政局奉上蕪函，欲求　貴院代售八分板，并請木匠一節。茲恐郵遞延遲，特再修函專人呈上，懇

貴院在省即代售八分厚板約三百，（占約造）四方箱四、五百付，即僱船用小輪，速拖來港。代僱做棺木匠十名，另請土工式十名，即由省輪到港可也。諸□自勞。專此。并請

善安

東華醫院同人頓

八月初四日

（一九零六年九月廿一日）

東華醫院函件［東華致外界函件］一九二六至二九年

（東華醫院致外函件一九二六年十月二日）

［資料說明］ 早期東華賑災工作，着重安葬死者，這一觀念，到了二十世紀二十年代，有所改變。一九二六年的資料顯示，風災後，東華醫院不單只派人在海上撿拾屍骸，而是僱船前往拯救，甚至主動要求與政府合作，救助漁民。可見東華的賑濟觀念逐漸轉向拯救危難者。

船政廳

憲台大人鈞鑒敬啟者：現因廿一日風颶，聞說港外尚有許多漁船飄流海面。現敝院僱得東發小輪駛

往拯救，求

貴廳恩准放行，實為德便之至。

再者，現蒙　政府派救星船駛往海外拯救被風溺難民。茲敝院派出梁木根、梁大□、周北帶、馮有等四名，欲搭救星一同前往。求為　俯允，因此四人頗熟識情形之故，希為

諒察是荷，專此。敬請

勛安

東華醫院謹啟

丙寅　八　廿六（一九二六年十月二日）

一八七四年颱風過後死難者的屍骸

一九一七至一八年度董事局會議紀錄（東華醫院董事局一九一八年四月三日會議紀錄）

【資料說明】重死這一觀念，還體現在東華醫院超渡亡者的工作上。一九一八年二月二十六日，香港馬棚大火，死者甚多。現存的外界來函、政府公函、會議記錄了東華是次災難的賑濟工作。會議紀錄顯示，東華醫院應家屬的要求，於三月初五在愉園為馬棚大火建醮，超渡亡魂。

戊午二月廿二禮拜三晚會議事宜列左（一九一八年四月三日）

陸君蓬山倡議，請在愉園[27]地點建醮，黃君蘭生和議，眾贊成通過。并公議值理，每位捐助式拾元，倘不敷用再由值理等均派支給。……

又推舉何君棣生、何君萼樓、陸君蓬山、蔡君季梧四位，往鼎湖山[28]聘請高僧，定期三月初五啟壇建醮。

[27] 愉園即快樂谷或跑馬地之舊稱，因後者番名為 Happy Valley，故有此稱。

[28] 鼎湖山位於廣東肇慶，為「嶺南四大名山」，原為頂湖，以山頂有湖而得名。此地以寺廟高僧而聞名。

華字日報（東華醫院啟事一九一八年三月二日）

【資料說明】安撫死者的方法還包括興建墳場，安葬死者。馬棚火災後，東華總理即與政府商議設立墳場，以慰孤魂。災後四日，東華向各界勸捐，積極籌建墳場。

東華醫院啟事

啟者：拾六日馬棚失慎慘被焚斃者，不下千百類，皆肢體不完，無從辨認。凡有血氣莫不傷心，況為之親戚朋友者，將不欲有以善其後乎？董等本惻隱之心，任慈善之責，擬稟求 政府建立墳場永留祭祀，列名刊石用奠孤魂。其進行手續，刻已協商，然茲事體大，惟集眾力，艱巨斯舉用。敢告我仁人君子及為之親戚朋友者，其推胞與之情，行樂善之實，慨然解橐，踴躍捐輸。事克有成，則杳杳遊魂同安地下，而熒熒燐火皆感恩光矣。至列名刊石壹節，本院已備名冊招人投報。其有親戚朋友確知是日在馬棚遭劫者，望即來本院詳報姓名、籍貫，以備連同立石也。此佈

東華醫院啟

戊午年正月式拾日

（一九一八年三月二日）

致政府書函一九二二至二三年

（東華醫院致政府書函一九二二年八月廿四日）

【資料說明】 東華致政府書函，顯示馬棚墳場圖則，墳場在四年後，即一九二二年八月正式興工建造。

第一百廿五號

夏大人鈞鑒：敬稟者前奉四十七號

鈞諭，遞來咖啡園馬棚遇災墳場[29]最後之圖則二張，各節拜悉一切。敝院旋將付來之馬棚墳場圖則，交與何道謙則師察閱，並由何道謙則師取妥人情，經已興工建築矣。特此奉覆，希為

荃察是荷，並請

勛安

東華醫院董事等頓

壬七月初二日

西（一九二二年）八月廿四日

[29] 火燒馬棚紀念墳場（Race Course Fire Memorial and Cemetery）位於掃桿埔香港大球場附近，安葬馬棚大火死者六百名。

一九二二至二三年度董事局會議紀錄（東華醫院董事局一九二三年三月十一日、三月廿日會議紀錄）

［資料說明］ 馬棚墳場建成後，東華再舉行建醮，資料顯示東華建醮之目的，旨在超度亡魂，希望死難者得到安息。

癸亥正月廿三禮拜六日會議事宜列左（一九二三年三月十一日）

一、黃屏蓀翁曰：馬棚遇難先友墳場原議去年九月重陽建醮，後因工程未曾完竣，遂改本年正月十六，又因石碑未到，是以阻遲至今。茲欲定清明前後舉行建醮。

癸亥二月初四禮拜二晚會議事宜列左（一九二三年三月廿日）

三、霍桂兆翁曰：建醮一事志在超度亡魂，能聘請高僧，於心便是無愧。因鼎湖和尚為廣東之至著名者，若多用數百元，亦不宜慳吝。弟之本心上，志在聘請高僧，多燒衣紙，事求寔濟，其餘各樣佈置不過形式上之裝璜而已。

位於掃桿埔香港大球場附近，紀念馬棚大火遇難者墳場，建於一九二二年，安葬死難者達六百名。

東華醫院函件［東華致外界函件］一九二四至二六年（東華醫院致外函件一九二五年七月十九日）

［資料說明］ 東華醫院本地的賑濟，多為突發性的災難提供支援。以下資料為上環寶慶坊倒蹋後二天，東華發予報紙的新聞稿，詳細記述了東華派出醫生及僱工拯救生還者。

晉明先生台鑒敬啟者：

請將下列事寔作新聞資料，照原文分登各報，俾眾週知，是荷。諸費清神不勝感之。專此。並請

台安

東華醫院謹啟

乙丑年五月廿九日

（一九二五年七月十九日）

五月廿七日上午九點二十分鐘，寶慶坊[30]一連塌屋數間。東華醫院當事人，即飭工伴六十餘名，冒雨前赴遇事地點，拯救人命。適值滅火局職員到步，會同拯救。最先救出者為周君少岐[31]，入院未久，旋即斃命。後聞周埈年[32]君呼救聲，遂與警局人員竭力施救，拯出埈年君，入院調治，幸無重傷。是日周宅加僱咕呢數十名，幫理搬運瓦碑。有謂咕呢專注重周宅，不知該咕呢係周宅所僱也。查廿七日救出入東華醫院就醫者共十四名，廿八晚救出女子孔氏妹一名，廿七至廿九挖出

尸骸入院借殮者有四十七名，另由警局人員救出，車往國家醫院者七名。此次東華醫院，中西醫生、男女工伴連日夜在遇事地點辦事，異常忙碌。又聞東華醫院于廿七日偃咕呢六十名，分上下兩更通宵搬移磚瓦木石。至廿八日再加偃咕呢七十名，共一百三十名，仍舊分上下兩更，輪流繼續辦理。廿九日又再加偃担坭婦七十名，分三班日夜輪值担運坭沙。該院當年總理，連日夜在院內籌劃拯救善法，及在普慶坊處監理一切，又連日購便確（罐）頭、食品、汽水等陳設院內，招待各辦事人，及日夜煮粥、烚茶以供各工人之用云。

[30] 寶慶坊位於上環，原名街市街，一九零一年改名寶慶坊，現稱普慶坊。

[31] 周少岐，即周文輝，任職萬安公司華商燕梳行，一九零三及一九一四年兩度出任首總理。

[32] 周埈年為一九二四—二五年東華總理，任職全安公司華商燕梳行，亦為華人代表之一，一九三一年起出任東華醫院永遠顧問。

一九一四至一五年度董事局會議紀錄（東華醫院董事局一九一五年七月十三日會議紀錄[33]）

【資料說明】 乙卯（一九一五年）水災為廣東歷年來最大水災，此次東華醫院的賑濟方法，與前次不同，由總理親自上省散賑。以下資料顯示東華接到省城的求賑信，即商討如何救賑，並決定先運賑米二千包上省。一包米有一百八十斤，假設每人每日食米六兩四錢，二千包米足夠十萬災民九天的食糧。

乙卯六月初二禮拜二日會議事宜列左（一九一五年七月十三日）

主席羅長肇翁起言謂：……以目下情形急切，宜先行墊支買米弍千包，及草包雜糧等物付省，以救燃眉之急。……

唐君（溢川）起言：……弟以為草包或有譚督辦辦理，則本院似可稍寬其責任，而置辦米糧等物，則不宜於災民，蓋如餅干之類，災民領去，則多不忍自食，寧抵飢以喂其兒女，不若米之可以煮粥，以飽其全家。蓋弟於去年辦理賑災時，已悉此等情況。弟主張祇以米散賑也。至欲以弟晉省辦理賑務各節，弟雖駑鈍敢不勉力從命。

於是公決託陳大為君辦米弍千包，趕速付上，以備急賑。

[33] 該年會議紀錄被蟲蛀，不少文字不能辨認，然而某些有關該年救災的會議可在《東華醫院九十週年紀念》一書見到，故有關是次賑災以兩方面的資料互補。

一九一四至一五年度董事局會議紀錄

（東華醫院董事局一九一五年七月廿五日會議紀錄）

【資料說明】一九一五年廣東水災的賑濟是由東華與華商總會合辦的，而急賑的方法為每日運米三百包上省，從所需糧食推算，當時災民應有十餘萬人。後因災情愈趨嚴重，故東華派專員親自到省辦理運米散賑事宜。

乙卯六月十四禮拜日會議事宜列左（一九一五年七月廿五日）

電詢救災公所每日能起卸多少，隨於初三接覆電云：每日祇能卸米叁佰包，故於是晚，即搭播寶船付米叁佰包上省。自此，則無日不付米付省也。後見災情深重，即由華商總會敘會，加派專員往肇慶、三水兩處，現在每處均有專員，并押賑人員二三十位，如此辦理，迅速周到，斷不能謂為遲悞（誤）也。

東華醫院函件［東華致外界函件］一九一五年

（東華醫院致外函件一九一五年七月，日期不詳）

【資料說明】一九一五年廣東災後省城治安不靖，運米上省極為危險。為確保運米各總理安全，故東華首總理劉鑄伯寫信與省軍閥及官員，請派軍警沿途保護賑米及押運人員。

龍將軍[34]、李巡按使[35]鈞鑒：本港中西人士捐助急賑應由東華醫院統其成，以免淆亂，并杜弊端，故本港政府恩給五萬元，并准移用餘款六萬八千元，亦交東華辦理，連日由僑商捐得已有十餘萬元，現決議專運米糧赴省，并各屬災區散賑，惟沿途軍警保護及各屬轉運之船隻，應請執事安為籌設，俾利進行。

劉鑄伯巧

（一九一五年七月）

[34] 即龍濟光，雲南蒙自人，彝族人，清末民初軍閥，一九一三年被袁世凱任命為廣東宣撫使。

[35] 疑為廣東巡按使李國筠。

一九一四至一五年度董事局會議紀錄（東華醫院董事局一九一五年九月十九日、十月三日會議紀錄）

【資料說明】 急賑方法，除派米外，還有施粥，總以解決糧食問題為首要工作。水災後，接着為晚秋亢旱，農作物失收。以下例子為東華總理運米往肇慶施粥廠，交由當地官員施粥。總理詳細報告了肇慶城設施粥廠的位置，及貧民領粥情況。

乙卯八月十一禮拜日本院會議事宜列左（一九一五年九月十九日）

六、主席羅長肇翁曰：前由西富輪付米弍佰包往肇，託潘伯華知事設廠施粥。茲接到羅遜卿君等來函謂，於初四先派代表譚祥雲君赴肇，即見縣知事，道達來意，該知事備極歡迎，感激不已。據云初五夕，西富輪到肇，經由賴區長將賑米弍佰包如數照收，隨由代表與潘知事，會同賴區長妥商，由肇城分設四廠，一設於天寧寺內，由李警長監察；一設於舊大營，由梁警長監察。一設於西門街，由廖警長監察。至於大灣一處，據縣知事所論，謂該處鄉落過疏，似難辦理週到，俟代表與知事再行商酌，于大灣範圍内地，擇其灾情之至慘者設一小粥廠，務求辦到目的，以拯救災民。

乙卯八月廿五禮拜日本院會議事宜列左（一九一五年十月三日）

四、羅遜卿翁來函謂：肇慶近情，因晚秋亢旱，各處農民失收，多數急辦賑粥。據縣知事及鎮守使謂，此舉對於貧黎，均已實受其益。查各施粥廠，多則七、八百人，少則四、五十人之數，類皆菜色，在施粥之前一點鐘，早已到齊等候。可見賑粥之舉，最為目前需要……肇地所設粥廠四處，全得警界助力，其辦法甚有秩序，所有工役人等，由警局派罪犯苦工充當職守，其工銀可以豁免，或將來打賞些少。容後回港與各位商量也。

一九一四至一五年度董事局會議紀錄（東華醫院董事局一九一五年十月十日會議紀錄）

【資料說明】急賑後，即為善後工作。以下善後工作集中於修築基圍，總共計劃撥出一百二十萬元修築基圍，東華負責捐助廿萬元。

乙卯年九月初二禮拜日本院會議事宜列左（一九一五年十月十日）

一、主席羅長肇翁曰：昨初一早，弟與葉蘭泉君，李右泉君，由早車上省，到賑務善後局處商議水災善後事宜。到敘者有財政廳長蔣繼伊、及鄭道尹，與撫慰凌潤台君，李守一君，並救災總公所岑伯著，全西嚴君等各位。據蔣財政廳長謂：此次水災籌賑善後，張巡按使現有飭文，擬由政府担任捌拾萬元，救災公所担任貳拾萬元，本院担任貳拾萬元，為助築冬基之用。先合而為一，然後分行担任辦事。所謂統籌分辦，即時當眾推舉凌潤台君、李右泉君為督辦，岑伯著君、全西嚴君為協辦，並由救災公所、東華醫院、派代表員出為助理。眾贊成。

一九一四至一五年度董事局會議紀錄
（東華醫院董事局一九一五年十二月十二日會議紀錄）

【**資料說明**】以下資料紀錄修築冬基的詳情，省城圍基重要地點為高要的景福圍，故東華總理葉蘭泉親往勘察景福圍情形，修圍一事，主要仍需依靠當地的知縣、紳鄉協助，東華只能提供金錢支援。是次東華為修補景福圍，撥助十五萬元。

乙卯十一月初六禮拜日本院會議事宜列左（一九一五年十二月十二日）

二、葉蘭泉翁曰：前月廿六，承鄧瑤光約弟往肇慶，覆勘景福圍[36]，以便再定補助……弟以事關公益，迫得勉為其難，遂于廿七日偕同何華堂先生上省，廿八日轉搭輪渡往羅隱涌。與鄧瑤光，賴卓如各位商量後，隨往晉謁高要縣知事潘伯華先生，及當地紳耆十餘人討論善後辦法，及加高基圍等，共需款肆拾餘萬元，方可舉辦，除救災公所幫助外，本地斷難籌此巨款。若除去加高基圍一層之款，尚要弍十餘萬元之數方足。倘照此法修築，則此基可稱堅固，諒能一勞永逸。至于籌款之法，議由救災公所與本院撥助十萬元，由凌專使另設法指定撥助五萬元，又由該圍各人籌十萬元，方能足此數。但該圍紳董力言無力，弟勗以大義，如圍董仍無決定辦法，遂與何華堂約同各圍董，于三十早六點，前往景福圍各決口查勘，覆度各決口，照來呈報告所差無幾，並踏勘其取泥之處。并囑圍董將現卸下之石檢回，以便興工，默計此等，亦約值萬元之譜。但於我等行後，未知他等有照辦否也。三十日十點鐘，弟由肇慶用警察第六號火船駛回羅隱涌，適凌專使與鄧瑤光在鼎湖慶雲寺未返，弟遂乘肩輿往鼎湖見他兩位，將會商情形向其面述。據凌鄧兩位答應于三十日到肇慶與各圍董極力商量籌此十萬元之數。弟遂于翌早由鼎湖與何華堂復搭警察第六號小輪往河口，搭車回省，即轉哈德安夜船返港，此弟當日承命覆勘景福圍之情形，茲將修築景福圍之預算表呈上請列位查閱。

[36] 該圍居廣東省四大圍之一，下及南海三水，遠連省會。

一九三零至三一年度董事局會議紀錄（東華醫院董事局一九三一年七月七日、八月七日會議紀錄）

【資料說明】一九三一年廣東水災，東華獨自派總理上省散賑。東華現存的資料，詳細記述總理們上省散賑的經歷。總理上省散賑共五次，其中最為踴躍者為譚杰生[37]總理。董事局會議紀錄，附有當時譚杰生總理的日記，詳細記錄第一、二、三次散賑的經過。以下節錄了第二次散賑，由羊城，經蘆苞、清遠到英德散賑的艱苦過程，讓聞者傷心，見者流淚。

辛未年五月廿二日禮拜二會議撥款賑濟水災事宜（一九三一年七月七日）

顏成坤翁曰：對於此次急賑應否自行舉辦，抑聯同廣州合辦，請公定。

李右泉翁倡議：應由本院自行舉辦急賑，李葆葵翁和議，眾贊成通過。

顏成坤翁曰：既議決自行舉辦急賑，應否與華商總會聯同進行，請公定。

李右泉翁曰：必須聯同華商總會合辦為合，遂議決致函商會，請派代表同赴災區散賑，眾贊成通過。

辛未六月廿四日禮拜五會議事宜列（一九三一年八月七日）

三、顏成坤翁曰：此次本院舉行急賑水災，計出發五次，蒙各位散賑員非常致力，尤以譚杰生[37]君不畏艱險、奮勇進前，務達到災區為止，不特災民實受其惠，而弟亦代表同事萬分感謝。

高亮清翁曰：弟與各位上省辦第三次急賑時，初覺異常艱苦。但與杰生君晤面後，蒙其慨然担任第三次，出發花縣、清遠一帶。繼而再行第四次，出發高明、三水一帶，辦法非常縝密，又調查南海、大圃、銀峰等災區，應要散賑者，經已在省購辦米石一萬三千斤*，舉行第五次急賑，向大圃、銀峰、湖馬、百鑑圍等災區散賑，以竟全功。

出發散賑記

七月十八號（新曆，舊歷（曆）為六月初四日）早八時五十分，在羊城啟碇，用廣福小輪拖帶民船二低艙，一運載賑米四百三十五包*，及藥物等項，隨船出發者共八人，由杰生領隊。下午三點舟經石灣，六時十五分過小塘，八時抵西南，沿途所經，各處水流湍急，岸邊舖戶被潦淹浸深約三尺。原擬在西南寄水，後以該處不便灣泊，乃直上河口。抵埗時，已九時矣，水緊夜深，下碇不易，小輪竟與米船發生誤會，米船之舵部被毀……十九號早即覓木匠修理米船……（著）木匠立刻略為修理，以該船蔥能開駛為度，至十時此事便告解決矣。惟小輪由省至河口，船上煤炭將罄…… 小輪乃往西南爛炮台落煤。至十一時四十五分，然後駛回河口，低艙與米船乃起碇，就小輪拖帶。不意風雨驟至，勢頗劇烈，加以水流湍急，米船載重尚穩定，可支低艙身高為風所阻，不能向小輪泊近，小輪食水深，又不能駛近照顧，低艙隨水飄流，極為危險，下錨一架，無效，後再下一錨而船乃定，幸而風亦旋息。當時舟人極其擾攘呼號，同人等亦飽受一驚矣。至十二時乃離河口，三時，舟次蘆苞即行下碇，乃到該屬商會查詢一切。據云，此次該處水患多屬西江水，而非北江水，現在已退，居民多返舍住宿，似此蘆苞一帶無施賑之必要，將來注重秋瀾工作可矣。又據商會人云，清遠以上盜賊披猖，航行不易。又適有軍用小輪由英德開來，帶水人云過大廟峽時，上落俱被賊槍擊。所云如此，英德或不能到達，俟抵清遠時，體察情形，方能再定行止也。

七月廿號早六時，由蘆苞起程，沿途水勢已退，七、八、九時舟經出（米）洞，有鄉人駕艇欄截呼號請賑，糾纏不去，乃給米一包以遣之。是日，天氣清朗，舟行順適，下午一時安抵清遠。寄碇後，即遞函縣政府，請飭軍警保護，并到商會查詢清遠上各區被災之輕重及英德屬治安如何。當時該主席林實初、縣署科長胡敦五均在座，據云，此次災情除清遠外，以英德為慘，塌屋在千數百之譜，且各屬施賑者，對于英德治安多為疑慮，故皆裹足不敢前。水雖已退，想該處災民尚嗷嗷待哺也，醫院散賑事屬慈善，諒盜亦有道，或無意外。胡科長並允派縣兵數名隨船保護。吾輩以為亦屬無濟於事，婉却之，乃由清遠縣，電英德縣妥為照應。復向別方面調查，則空氣頗惡，低艙及小輪船主均不願去，事關身家性命亦無怪其然。惟弟以職責所在，若不達目的地，則心頗不安，乃向各同事徵求意見，如不欲冒險前進者，聽各同事均以不達目的不便折回，乃勸各船主勉為其難，遂決定無論如何，明晨必向英德出發矣。

七月廿一號，侵晨啟碇，八時過清遠峽，而飛來寺、藏霞洞、虎頭山、大廟峽各處形勢險阻，俱為盜賊淵藪。沿途雖觀覺風景，而時有戒心。下午一時，舟至黎洞，正當午膳，忽舟人稱有一小艇攔截，着小輪停駛，驟聽之下，無不面面相覷。但弟已具決心，反無疑懼，思察其來勢而應付之，即向來舟問話。詎知事有出人意料之外者，原粵漢路由琶江口至黎洞一段被潦水沖壞不能通車，乃用小輪三利號接駁，惟現在北水已退，河道淤淺，三利食水過深，不能行駛，路局著小艇向余輩借廣福應用，并允派車運送賑米及余輩到英德。弟以事關交通，義無可却，乃允請米船及低艙寄泊黎洞，舍舟而陸。深夜十時，車抵英德，但由車站至英城相隔尚遠，平時用小車頭轉駁搭客。是晚車頭適壞，不得不步行數里。住宿舟車跋涉，且天氣炎熱，誠苦事也。幸蒙劉段長先電英德站長，預僱客艇二艘以為住宿之所，否則臨時不勝狼狽夫。

廿二號早，即往商會查詢一切。據云此次北江山水暴發，山坭隨即傾滔田園，廬墓盡為山坭覆蓋，水之深度約增六丈餘，塌屋無數，尤以黃岡、犀牛一帶村落為最慘。惜災區離縣城頗遠，故未親臨察視，但觀縣城各處，潦痕已不寒而慄矣，即將米四百包及藥品，點交該處籌賑會，託其酌量支配。隨往謁縣長官其蘭，適縣長出發剿共，偶嬰感冒，派秘書接見，是晚設筵欵待吾輩，屢辭弗獲。縣長挾病招呼，極其週到，絕無官場習氣，誠難得也。

廿三日早，余輩搭車南下，縣長復到站歡送拍照以留紀念，并派一隊長率縣兵十名隨車保護。十一時返抵黎洞，二時至琶江。該處商會到船接洽，引赴災區察視一切，堅留晚膳，吾等力辭乃已。隨將米卅四包交其分發，而余輩之任務告畢矣。原擬即日遄返，不料為路局所誤，乏輪拖帶，是以不果。

廿四號，路局尚無辦法，仍不能啟行，後幾經函電交涉。至是晚七時，始將廣福交回。在琶逗留二天，幸蒙當地商會派警保護，澈夜梭巡，否則危險實甚，現決於明天放船下駛。此次出發諸多窒礙，諺云不如意事，十常八九信然。

廿五號早，由琶江口啟碇，以為一帆風順，直抵羊城，不意出清遠峽後，小輪復被擱淺。遷延半日後，由追月電輪拖救，始獲出險抵清城，時已三時半矣，即寄泊一宵。廿六號晚到，寄泊於西南。廿七早九時半，即安抵羊城，而此行之公務遂畢。

[37] 譚杰生，為一九三零至三一年東華三院統一後首屆總理，其為九龍益醫園東主。

一九三零至三一年度董事局會議紀錄

（東華醫院董事局一九三一年十月十六日、十一月十三日會議紀錄）

【資料說明】一九三一年的水災賑濟，東華負責善後工作，主要是撥秋欄費共十七萬元與受災各縣，其中清遠縣受災最為嚴重，所獲撥助賑款也最多，有四萬元。會議紀錄列明了東華對各縣秋欄捐助。費用需由該縣商會領取，並需由殷實人家擔保。

辛未九月初六日禮拜五會議事宜列（一九三一年十月十六日）

（二）、顏成坤翁倡議，補助粵省水災秋欄交款辦法，如本港有該縣商會，則由本港該縣商會負責人到院領欵，並由本港殷商或殷實商店盖章担保，如本港無該縣商會設立，則由省城該縣商會或該當地縣商會負責人到院領款，該担保須照本港商會領欵办法，以昭慎重。

黃禹侯翁和議。眾贊成通過。

辛未十月初四日禮拜五會議事宜列（一九三一年十一月十三日）

（四）、顏成坤翁曰：查粵省水災捐欵統計共籌得約二十萬元*，除支急賑及電報什用二萬六千餘元*外，尚存捐欵約十七萬元*，前經議決撥助各縣秋欄費七萬五仟元*在案。現既存欵共有十餘萬元之多，似應將補助各縣秋欄費擴大，至如何支配，請公定。

陳廉伯翁曰：日前大敘會經通過所籌之款，除办急賑外，盡撥助秋欄之用。現存之欵，應照大會所通過之案執行。

劉平齋翁倡議，照前定七萬五千元*，再加九萬五千元*，共十七萬元*分撥各縣，數目列下：清遠四萬元*、三水三萬元*、四會二萬元*、英德一萬六千元*、高明一萬四千元*、東莞八千元*、高要七千元*、南海七千元*、博羅七千元*、增城七千元*、花縣七千元*、陽山七千元*。至交欵办法，照前案執行。

黃文洲翁和議。眾贊成通過。

高明散賑記（三）

總理黃文洲 黃錦培 述

十八日晨將散賑米石。。兩民船四艘儀安。分兩隊出發。。一隊由譚君傑生率領散賑員及兩米船前赴小北江清遠及清遠以上各災區散賑。。本隊各員。。則乘兩米船由業安輪拖帶前赴高明縣各災區散賑。。是晨兩隊。。本定七時由省一同啟行。。後因本隊對於高明各災區情形。。未十分熟識。。爲求不誤路程及敏於辦妥散賑事宜起見。。乃由遠東社洗江君介紹到高明商會會長譚仲翔君。。藉作嚮導。。并派廖少植洗滌武兩君一同前往。。以便沿途攝影。。各事畢。。乃啟碇向高明縣進發。。時已十時三十分。。而譚傑生君之船。。因無事阻。。早已依期出發矣。。沿海而上。。見水度較前漲尺餘。。故水勢異常湍急。。船行極緩。。下午四時三十分。。始抵達順德縣之容奇墟。。初意本欲駛至九江寄碇。。但由容奇至九江。。非四五小時不能到達。。時天色將暗。。黑夜行船。。又頗覺危險。。乃決定在容奇墟寄碇。。是晚船泊該處河面。。翌晨（十九）五時起碇開行時。。天仍未十分光亮。。沿途所經。。爲東馬寧。西馬寧。。鷹哥咀。。九江。。鶴山。。等地。。下午三時。。已到高明縣之三洲墟。。該處爲高明最精華之地。。亦爲各災區散賑最適宜之處。。譚仲翔君飭輪停泊。。此處基圍對開之河面。。乃親赴該處之警察第二區署接洽。。旋由該

三洲圍上之難民乞賑情形

一九三一年廣東亦出現水災，部份東華總理親臨災區，並記錄了所見所聞。

一九零七至零八年度董事局會議紀錄（東華醫院董事局一九零八年七月廿四日會議紀錄——籌款總數）

【資料說明】　廣東發生的災難以水災最為嚴重。一九零八年廣肇水災，東華醫院與省城救災公所合作賑災，首先為急賑，即派米與災民。在救災公所的進支帳目，可見其主要的支出是用來購買賑米，多達十萬元。

六月廿六晚會議（一九零八年七月廿四日）

潘寅存翁曰：……　於弍十日上省經到救灾公所會同办理一切，并將進支各數察核：

進款計開

進香港捐欵，七萬叁千八百五十元

進澳門捐欵，九千叁百元

進本所收入捐欵，壹拾七萬八千三百元。另進艮帋約六千四百餘元。

以上共進銀弍拾六萬七千八百五十元。另有已題未交之捐欵，壹萬元未計入內。

支數計開

支賑米項，共銀壹拾萬零弍千弍百餘元。

支什用煤炭船租餅干等項，約共銀壹萬六千七百餘元。

以上共支艮費拾壹萬八千九百元，另託東華代買之餅干項未計入內。

進支比對，約計除支，應存銀拾四萬八千餘元。

一九零七至零八年度董事局會議紀錄

（東華醫院董事局一九零八年七月廿四日會議紀錄——購米平糶）

【資料說明】 派發賑米可解燃眉之急，然災後糧食不足，米價昂貴，平糶亦甚重要。此次水災的平糶方法，由各鄉代表自行購米平糶。此外，善後工作還包括助築秋欄及修築堤圍。

六月廿六晚會議（一九零八年七月廿四日）

所議撥助之欵，均按冊報貧戶丁口多寡，并按該地方受災輕重酌給，但災重地廣需欵甚鉅，昨經分賑災區。助築秋欄[38]所費不貲，須知現擬酌給之欵，係發起各屬辦災糶以為之倡。各鄉局、紳富諸公，自當續籌欵項，以為之總庶易集事而資持久。查被災各鄉日禾早被淹浸，就令妥築秋欄，秋耕有望為日正長。災糶之舉應同办，至何月止截為宜，請其自行酌奪。購办回鄉散糶米石，或赴省港為宜，或就近買為合，均請自行因時審度，相機而行，悉聽其便，眾贊成。至於撥助修圍欵項，俟各調查員列冊回報，即當通籌按計各屬圍基缺口工程，務須就地科抽畝捐，亟行修築。此外，官欵可以撥助若干，各善圍可以資助若干，到時然後核定。

[38] 南方耕作期有兩造，一春一秋。七月的水災過後，正值秋造時期，避免洪澇復發，影響農作收成，故此賑濟工作包括修建圍欄防洪，這種秋天修建造的圍欄名「秋欄」。

一九零七至零八年度董事局會議紀錄

（東華醫院董事局一九零八年九月三日、十一月七日會議紀錄）

【資料說明】 以下資料總結了水災賑濟的四程序：賑濟、築秋欄、災糶、築圍基。其中災糶需銀十萬元，修基需銀三十萬元。

八月初八日會議（一九零八年九月三日）

陳洛川翁曰：廿八日弟與譚鶴坡翁、陳殿臣翁到救灾公所會議，陳廣府在場，計所議之事：一賑濟，二築秋欄，三灾糶，四築圍基。至於賑濟及秋欄經已妥办，今所議係灾糶事，計各灾區所報戶口約有八十萬，大約需艮拾萬元至拾萬両，方足办灾糶之用。若築圍基一事，要調查員返省方能定寔。

十月十四日晚會議（一九零八年十一月七日）

計目下現存救灾公所捐欵，連東華醫院未滙省者約壹拾四萬餘元，合共約八拾萬餘元，公議港中酌量撥助前三江水灾決圍築基艮約三拾萬元。餘者悉作災糶之用。

一九零七至零八年度董事局會議紀錄（東華醫院董事局一九零八年十一月十七日會議紀錄）

［資料說明］ 在廣肇水災中，東華的角色雖為輔助，如派值理上省參與救災會議，實際的救災工作則由救災公所負責，然東華救濟貢獻並不少，共撥上省捐款約二十七萬元。

十月廿四晚會議（一九零八年十一月十七日）

主席譚鶴坡翁曰：弟等定於本月廿九日交代，計水災捐欵共進銀四十二萬四千□□元*，除滙省及支數外，尚存艮一十五萬七千四百七十五元五毫一仙*。如何之處，請為卓奪。

公議交與新任總理管理。

一九二三至二四年度董事局會議紀錄（東華醫院董事局一九二四年七月廿三日會議紀錄）

【資料說明】一九二四年的甲子廣東水災，適值商團事變，與東華接洽的省城救災機關為「省城商團總會」。以下資料列明了東華、華商總會與省城商團總會合辦賑災的辦法。其中第七點最為重要，因為此項規定，甲子廣東水災餘款由東華全權處理。此次水災餘款多達十多萬元，為日後各場災難救濟工作提供充足的儲備金。

甲子六月廿二禮拜三晚會議事宜列左（一九二四年七月廿三日）

（一）、易紀儔翁曰：前蒙各位推弟同李右泉君等上省與總商團接洽。承商團諸君備極歡迎，現商團已發第四帮出賑。今請李右泉君宣佈一切。

李右泉翁曰：現下賑濟水災比往日更為难办。查廣州商團共有八十團勇，办理極為妥善，如不聯合商團，斷無善法可以着手散賑。據謂此次災情比之乙卯尤為慘劇。今因兵燹之後湊加之以水災，且東江水漲河滘年淺一年，故水患有加無已也。

李葆葵翁曰：前舉出數位上省，荷蒙商團欢待，今又蒙派代表來港接洽，尤為感激。查此次水災倘無商團办理，恐難達其目的。素仰商團軍最著信用，而办理又極妥善，今日除附搭商團散賑办理，餘無別法也。

……

羅君旭和隨倡議香港賑濟三江水災，以東華醫院、華商總會名義與省城商團總會合辦，其辦法如下：

（一）、凡有由香港運往災區之糧食，由粵商團派足團友押送保護担任，妥為散濟。

（二）、香港東華醫院、華商總會有權派代表駐商團總會，協商購買糧食，並參酌各項办法事宜，又可派代表同往各災區散賑。

（三）、每帮賑品無論在船或到災區，須樹有旗幟，列明香港東華醫院、華商總會賑濟。

（四）、粵省商團墊出之欵由商團自籌抵還。香港東華醫院、華商總會墊出之欵，由該醫院、商會自籌抵還。

（五）、香港東華醫院、華商總會將所收得之捐欵，除抵還先墊出之項外，用以办賑，其餘概不負責。

（六）、香港東華醫院、華商總會有權在本港或別處購辦賑品。

（七）、如災情逐漸消滅，而由香港收入所得之捐欵，尚有餘存，須留存香港撥入賑災餘欵項下。周君少岐和議。全體贊成通過。

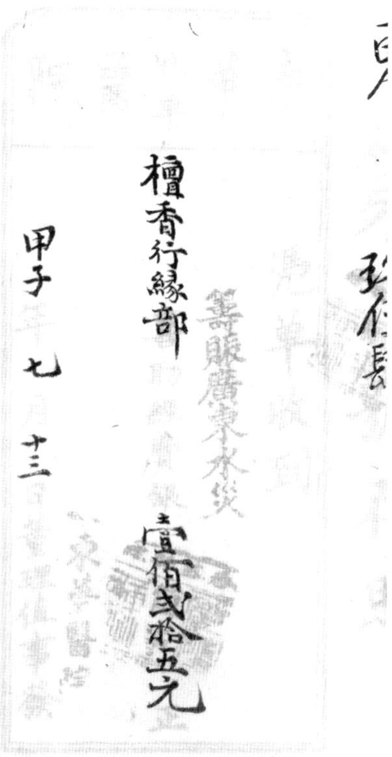

一九二四年東華醫院籌賑廣東水災捐款收據

一九二三至二四年度董事局會議紀錄（東華醫院董事局一九二四年十二月十二日會議紀錄）

【資料說明】 東華賑災對象還包括外省，而其賑濟的方法和省城賑災不同。因為地區較遠，故以金錢支援為主。如廣西梧州大火，即由賑災餘款中，撥四萬元，匯與當地團體救災。

甲子十一月十四禮拜三日會議事宜列左（一九二四年十二月十二日）

（一）、……李葆葵翁曰：籌賑梧州在鄙見亦以為應之事，但銀両如何着手辦理，如何慎重，此為要着也。

羅旭和翁曰：請問主席先生水灾欵項用去若干，留為助築冬基若干，存若干。

馬持隆翁曰：水灾急賑用去約十一萬元，擬留回冬基費用叁拾萬元，所存約十萬元左右。

遂由羅旭和翁倡議，今年內地疊次灾患，勸捐不下數次之多。此次梧州灾情諒難再為勸募，可由粵省三江水灾餘欵撥出四萬元為梧州急賑之用。如急賑後尚有盈餘，用以建回貧民木屋，皆在此四萬元內支出，未知各位賛成否。

何世光翁和議，眾賛成通過。

馬持隆翁曰：此四萬元交某機關担任辦理，請再討論。

公議決定交梧州兩粵廣仁善堂、粵東會館、總商會三團體完全負責，經手辦賑。

林覺民翁曰：如貴院致函三團體，如須聲明三團體担負責任，如官廳將該欵移動，弟輩可以照信行事也。眾賛成。

一九二七至二八年度董事局會議紀錄（東華醫院董事局一九二八年九月二日會議紀錄）

【資料說明】 如遇災難發生日期東華本身事忙，財力有限時，東華只能為外省災事登報勸募。如山東濟南事件，東華忙於為東華東院及香港大學中文學院籌款，故只是在報紙上刊登告白勸捐，此次共募得善款一千三百多元。

戊辰七月廿九日禮拜三會議事宜列（一九二八年九月二日）

（三）、鄧肇堅翁曰：本院日為濟南災情代登報勸募，現山東同鄉會籌賑處已結束，俟、蔣兩代表亦已離港。可否將本院代收之捐款，彙交山東同鄉會籌賑處滙往災區散賑，如何請公定。伍耀廷翁倡議，將本院代收各善士捐助濟南賑款一千三百八十五元八毛*交山東同鄉會籌賑處收，代滙災區散賑。李耀祥翁和議，眾贊成通過。

一九三零至三一年度董事局會議紀錄（東華醫院董事局一九三一年九月四日、十月廿三日、十二月廿五日會議紀錄）

【資料說明】 當遇到外省重大災難，東華會盡全力勸捐。如一九三一年長江大水，受災人口多達二千多萬人，沿岸城市皆受災。此次東華首先在賑災餘款中，撥助三萬元，後再為賑災籌款達十六、七萬元，撥與五個水災相關地區賑濟機構分賑。

辛未七月廿二日禮拜五會議撥欵賑華北水灾事（一九三一年九月四日）

羅旭和翁曰：關於提撥賑灾餘欵問題，弟等三人經與本院首總理再三討論，若撥出過多，誠恐將來有意外發生，則束手無策；若撥過少以灾情奇重，亦無濟于事。經磋商後，擬撥出三萬元此為歷次撥款之最鉅。若各位以為過少者，請從細討論。回憶前次粵灾曾撥壹萬五仟元，有謂以其數過少者，亦有主張將賑災餘欵盡行撥助者，果如其然，則此次華北長江水灾吾人已無商量之可能矣。現弟倡議由甲子水灾餘欵提撥三萬元為急賑華北長江水灾之用，林卓明和議，眾贊成通過。

辛未九月十三日禮拜五晚會議事宜列（一九三一年十月廿三日）左

（四）、顏成坤翁曰：查此次籌賑華北水災捐欵約有十六、七萬元左右。除前滙三大團體合办之聯合賑災會二萬元*、華洋義賑會[39]二萬元*、湖北水災急賑會一萬元*、朱慶瀾賑災機關二萬元*，共七萬元*外，尚存約十萬元*。現據周壽臣先生謂，日前接上海救濟水災委員會宋子文來電，請在港設分會籌賑一節，經即電復該會謂已由東華主持不必另設分會等語。當時既如此電復該會，而該會亦一大規模之團體，似此應由賑災欵電滙大洋五萬元與該會云云。

顏成坤翁倡議，電滙大洋五萬元往上海救濟水災委員會宋委員長子文先生，為办散賑華北長江各省災民之用。林卓明翁和議，眾贊成通過。

劉平齋翁曰：現計除滙上海救濟水災委員會外，尚有四、五萬元存欵，似應再滙各團體散賑如何？請公定。區子韶翁倡議，再電滙二萬元往漢口華洋義賑會，請分賑各省。劉平齋翁和議，眾贊成通過。

辛未十一月十七日禮拜五會議事宜列（一九三一年十二月廿五日）

（二）、顏成坤翁曰：現計籌賑華北水災欵尚存六萬餘元，應再撥若干前往散賑。如何請公定。陳鑑坡翁倡議除九月十三敘會通過撥滙華洋義賑會二萬元*外，茲再撥二萬元*連前共四萬元*，滙往漢口華洋義賑會湖北分會收。又撥滙二萬元*往朱慶瀾先生收，統為施棉衣藥食之用。黃禹侯翁和議。眾贊成通過。

[39] 華洋義賑會：全名為中國華洋義賑救災總會（China International Famine Relief Commission），創立於二十世紀二十年代，以中外合營的國際性救災、防災的非政府組織。

一九三一至三二年度董事局會議紀錄（東華醫院董事局一九三二年二月廿六日、三月六日、四月廿二日、八月五日會議紀錄）

【資料說明】 一九三二年上海的兵災，是東華歷來捐助外省災事之最大宗。東華除資助赴滬救傷隊醫藥外，還照料經港回粵之難民，捐助成立災後的工藝傳習所。東華前後至少撥助三十六萬元，此次捐助的對象以居滬的粵省難民為主，故東華的捐款全部撥與上海廣肇公所。

壬申元月十四日禮拜五會議事宜列（一九三二年二月十九日）

（三）、……

一月十三日臨時會議（一九三二年二月十八日）

（二）、宣佈廣肇公所來電稱定皓日租瓊州船由滬載難民千餘回粵，如過港時，希為照料等情。陳廉伯翁曰：為該難民過港時應妥為照料，並派總理前往慰問，即席公推夏從周翁、曾寶琦翁、陳大球翁三位屆時前往慰問難民，以盡職責，眾贊成通過。

（三）、公議將來上海有難民到港須資遣回籍者，該費用由賑上海難民欵項支理。眾贊成通過。

壬申元月廿一日禮拜五會議事宜列（一九三二年二月廿六日）

（五）、宣佈聖約翰救傷隊摩厘士先生來函稱：擬派員赴滬救傷，請求資助藥品費用事。陳廉伯翁曰：此事經前期敘會，議決恐關於賑款用途有抵觸，須與顧問磋商一節。現與顧問商決一办法，由本院託其購办藥品及儀器，帶滬交廣肇公所轉與救傷隊之用，經周羅兩顧問極表贊同，各位以為如何，請公定。林蔭泉翁倡議：由是次賑灾款項撥五千元*，交摩厘士先生代購藥品及儀器帶滬交廣肇公所收，代交救傷隊應用。黃錫祺翁和議。眾贊成通過。

壬申三月十七日禮拜五會議事宜列（一九三二年四月廿二日）

（七）、宣佈上海廣肇公所來函報告，前後共收到本院賑欵計卅萬元，除支出撥救傷慰勞諸費共十五萬元*，支出救濟難民者約六萬元，尚存賑款約九萬元，應如何支配等情。林蔭泉翁提議：以目前大局未定，未來之情勢亦難預期，則將來難民之救濟仍不容忽視。先函復該所，請其體察情形如何，或先行將滬存款酌撥為救傷醫院之用。夏從周翁和議。眾贊成通過。

壬申七月初四禮拜五會議事宜列（一九三二年八月五日）

（九）、陳廉伯翁曰：現接上海廣肇公所來函稱：經本院所修改工藝傳習所簡章，各點均甚適當，極端贊成。除將原本留存備查外，請將款早日滙來以便作速進行等情。林蔭泉翁倡議應即由振濟上海難民項下撥滙大洋六萬元，交上海廣肇公所收。此項指定為開辦工藝傳習所之用，請其從速進行。夏從周翁和議，眾贊成通過。

一九三五至三六年度董事局會議紀錄（東華醫院董事局一九三六年十二月廿八日會議紀錄）

［資料說明］ 綏省兵災為日本入侵中國所造成。因香港處於中立地位，東華醫院不能公開全力救助，故是次賑災以東華醫院名義匯上捐款及物資。

丙子十一月十五日禮拜一常務委員會議事列（一九三六年十二月廿八日）

（一）、李星衢翁曰：昨商會敍會據張瀾洲先生謂，曾親到綏省視察一切。昨在商會報告，該處現在最缺乏藥料，無法購辦云。經即議決將日前獻機會存款七千餘元及由商會墊轉二千餘元共一萬元*交託胡惠德、蔣法賢兩醫生代購藥料，寄往災區施賑。今又據張瀾洲先生謂該地非常寒凍，倘在港購辦棉衣寄去似不適用。宜託當地機關代辦，較為妥善云。李星衢翁倡議：將東華近日所收得之捐款撥五千六百元*，直滙往綏省交傳主席代購棉衣及麵粉散賑，並請將該貨單寄還存據。劉景清翁和議。眾贊成通過，遂散會。

一九一八至一九年度董事局會議紀錄（東華醫院董事局一九一九年七月三十日會議紀錄）

【資料說明】 為了安撫社會，東華在米糧短缺時，舉行施粥。以下資料詳細說明了施粥廠的運作方法及地點。其範圍甚廣，遍佈香港及九龍人口稠密的地區，如上環、灣仔、銅鑼灣、西灣河、香港仔、紅磡、油蔴地、旺角、深水埗及長洲等。當時東華總理計劃每廠每次施粥用米兩包，購入的二千包賑米足以應付十三間施粥廠兩個多月施粥之用，估計每個施粥點每天可賑濟災民一千名以上。

己未七月初四晚會議事宜列左（一九一九年七月三十日）

世光翁曰：前託曾君燿廷買下米碎六元八毛冠，五百包，恐不敷所用。茲欲再託曾君燿廷再買一千五百包*，以資接濟。擬由東華醫院墊出壹萬五千元，由賑灾欵墊出壹萬元應用。主席（何世光）倡議，右泉翁和議。

世光翁曰：今日察看地點，因第一、二、三街處無地可用，改往些刺堪前，灣仔二號差館改往灣仔街市，西灣河處設廠開辦，就借他地點託他辦理，并改定晨早由八點起，晚由四點起。每廠僱使工人十名，水桶預備廿担，碗五百個。

唐溢川翁倡議，請每廠每次施粥用米弍包，右泉翁和議。

灣仔及燈籠洲處，所用大柴及用物，請福基翁、晴軒翁就近購買應用。

工人薪金每名約由四毛*至五毛*。

燈籠洲處交泗合號搭廠，些刺堪前交順和號搭廠，大笪地交順合搭廠，灣仔交托晴軒翁招人搭棚。

茲將各廠地位列左

一在大笪地

一在文武廟公所前

一在西營盤些剌堪前

一在灣仔街市側

一在燈籠洲街市側

一在西灣河街市側

一在九龍城龍津橋

一在紅磡森茂介木房前

一在油蔴地天后廟

一在旺角街市側

一在深水埗街市側

一在長洲

一在香港仔

一九一八至一九一九年度董事局會議紀錄（東華醫院董事局一九一九年八月九日、八月廿三日、九月五日、九月九日會議紀錄）

【資料說明】因為米價久未回復正常，東華決定將施粥改為平糶。平糶米向省城陳廉伯洽購，東華派總理上省接收蕪湖米後，即請各街坊調查各地區貧民人數，以便準備，以下資料詳列了賣米的方法。每人每三日可以二毫購入米三斤。

己未七月十四日會議事宜列左（一九一九年八月九日）

世光翁曰：前派兩代表上省接收蕪湖米，今兩代表業經返港，請宣佈當日接收各情。

謝家寶翁曰：十一晚弟承主席命赴夜輪上省為接收蕪湖米[40]事，但抵省時尚早，乃先到米埠，試看蕪湖米如何。見得雖不及暹羅米之佳，然乃屬過得去，只有些少塵糠氣味而已。後乃聯隊往沙面，見陳廉伯先生接洽一切，後復到廣同興米埠托友人黃顯芝君，代為付米來港。經蒙黃君首肯，但米有一萬担之多，往返川資須費千餘金。故返港後，復親到省港澳輪船公司力求免費代運來港，業蒙面許代運五千担，不收水腳，廣東、廣西夜輪亦蒙允許代運三千五百担。尚有一千五百担，弟到和發公司，欲商求海生輪船分任此義務，奈司理人不遇，今寫一正式公函前往求之，諒必能邀其俞允也。

世光翁曰：可否請曾君燿廷派伴上省將米帶下，曾君首肯且願借出貨倉為貯米之用。

世光翁曰：既不日可到，但將來用途若何，可否照前次提議將此一萬担蕪湖米作辦貧民平糶。至賣平糶地點，弟以為不若在各粥廠，托各分任值理為之。每人每日限購二毫，每日以兩句鐘為率，由十二點至兩點以賣盡一萬担為止，其辦法須先購平糶票，然後換米地點。如左

大笪地　些剌堪　灣仔　筲箕灣

香港仔　九龍　紅磡　油蔴地

深水埗　長州　以上係暫時限定之地點。眾贊成通過

己未七月廿八禮拜六日會議事宜列左（一九一九年八月廿三日）

一、前托各街坊調查貧民戶口，茲據報告：西約大小丁共二萬四千名*，中約一萬六千一百二十七名*。旺角一萬零三百九十名*，九龍四約六千四百三十二名*，九龍外一千四百三十二名*，油蔴地二千一百五十四名*，鴨利洲一千六百零五名*，筲箕灣六千三百二十名*，至灣仔一處，公議再函請其從速調查以便核算。

己未閏七月初八晚會議事宜列左（一九一九年九月五日）

周揚倡議每人憑票買米二毫，岑耀和議。

馮壁生倡議，請工人用長工六人，散工四人，每人每月工銀十二元*，劉日庵和議。

賣米時間每日由上午十點至下午四點止。

己未閏七月十二晚會議事宜列左（一九一九年九月九日）

公議每人買米二毫有米三斤，儘足三日之用，則既買之後，須經三日後方得再買，并議加設一斤半升，眾贊成。[41]

[40] 蕪湖米來自蕪湖，位於中國安徽省東南部，是舊時中國四大米市之首。

[41] 一萬擔蕪米在閏七月廿四日全部沽罄。

政府公函［華民政務司來函］一九三四年（政府致東華醫院書信一九三四年，日期不詳）

［**資料說明**］東華在本港賑災中扮演重要角色。凡香港有重大的災難發生時，東華均有主動參與救助，其賑濟地位得到政府的認同。一九三四年西環煤氣局爆炸一事，政府特寫信與東華，嘉許其對香港賑災上的貢獻。

各位總理：敬啟者茲奉

督憲復本年五月十四日煤氣局爆炸後，蒙

貴院鼎力救濟，措置得（宜），政府深為感謝，囑為特致等因相應函達，即希

此候

日安

香港華民政務司

第二百六十三號　第一頁　一九三四年五月□□日

致政府書函一九三七年（東華醫院致政府書函一九三七年十一月十六日）

［**資料說明**］本港的災難救助，多由政府恩恤補助，其賑濟工作則主要由東華醫院領導。以一九三七年風災的救助工作為例，東華負責收留、遣送災民，呼籲各災民到東華投報，東華總理亦主動調查損失，向政府報告並提出恩恤的方法。

第一百三十八號

那大人[42]鈞鑒敬稟者：日前接奉第二八四號*及三零三號*

鈞諭關於救濟此次風災難民事，着討論該賑款應用何方法分派，并將現存此次籌賑風災款項之實在總數，及對於所詢三項逐款開列答復，各節拜悉一切。查此次籌賑風灾叨蒙中外人士捐助者共銀四千餘元*，賣花籌欵計得銀四千餘元*，合共銀八千餘元*，除支用外，現實存銀□□元，至所列詢三項答復如下：

（一）、風灾難民伙食費用計至西歷十一月十五日止共銀六百餘元*

（二）、遣發風灾難民回籍費用共銀一百餘元*

（三）、未有補置風灾難民損失，又對於補助難民之預算及需款若干，董等未敢定奪，因現在所捐得之款太少，又未知　政府將來撥給款項若干，而各難民投報損失者，計由長洲街坊值理代報者共□□元*，損失□□元*，自行來院投報者九名，損失□□元*，又干諾道西四十二號*至□□號*，屋宇因風火灾難民來院投報者六十四宗，計共一百五十四名*，內有九十一名*來院就食，損失壹萬壹仟柒佰肆拾壹元陸毛*，由長洲街坊值理所報，經董等親到該地調查并向長洲值理鄺業先生、保長陳有昌先生詢問，據謂經向各難民切實查詢，所報係屬實情，以此情形是以不能計劃恩恤之詳細支配及預算方法，而僅能獻議恩恤之原則，茲謹開列于後，以供參考：

（一）、難民之補恤似宜就投報人之年齡默察有無偽報，并分別老年中年幼年酌量給恤。

（二）、遺族之補恤宜分別老幼有無依倚

（三）、財產之補恤須分別所損失之船艇大小，在長洲值理主張則以為損失大者已有資本復業，所慘者祇係損失小之輩，無力恢復謀生，似應額外恩恤云。

以上僅就管見所及，稍貢一得之愚，是否有當，敬祈
大人與華人代表會商酌定，支配一切為荷，專此奉復，敬請
勛安
東華醫院董事周兆五等頓
一九三七年*十一月十六號
丁丑十月十四日

[42] 即華民政務司 NORTH, Roland Arthur Charles，任期為一九三六至四一年。

一九一四至一五年度董事局會議紀錄（東華醫院董事局一九一五年七月十八日會議紀錄）

【資料說明】 粵省的水災賑濟工作，東華也扮演了領導的角色。一九一五年乙卯水災，東華自行設立救災機關，在省設三個東華附屬機關，由分任值理和當地官員管理，而總機關在港，由東華遙控省城的賑濟工作。

乙卯六月初七禮拜日會議事宜列左（一九一五年七月十八日）

一、…… 鄧君崑山言：救災公所今年辦事人比去年少其大半，因今年受災者眾，各自顧其家至不遑也。每日祇能起米叁佰包，確係不足用，力辦不到。經與上將軍商妥，擬設救濟三所，一在三水，兼管理北江一帶，一在肇慶，兼管西江一帶；一在省城，辦理東江一帶。眾贊成，

並公議：以港為總機關，以省、三水、肇慶為分機關，每處分任值事駐紮接運，會同地方文武官吏，體察情形，分別散賑。並公議，無論同人及街坊，願當義務者，由敝院協同華商總會選舉分發。

眾贊成。

一九一四至一九一五年度董事局會議紀錄

（東華醫院董事局一九一五年八月八日會議紀錄）

【資料說明】以下急賑例子恰好說明東華在此次救賑工作的領導角色。東華的總理視察災區時，發現由於賑米分配不均，大塱圍一帶賑米不足。即回東華報告，東華會議決定再撥賑米前往災區。

乙卯六月廿八禮拜日會議事宜列左（一九一五年八月八日）

二、⋯⋯斯時，與各專員檢查冊籍各處求賑之函件，老鴉洲等不入區份，日前曾來求賑，而未去賑過者⋯⋯至於大塱圍八十包，大塘村朁目院占叁拾包，南三交界小塘占四十包，逐一寫明，並囑其米到即行照此分發。又約定一俟日間各專員收齊各處收條，如尚未交到，囑其寄港，即行扎數，盡月內撤銷。此分所各人，須返港覆命，無甚要事不用久留河口。於廿六日早三點鐘搭輪返港，至下午三點鐘平安抵埗。

公議函知譚督辦，將本院付省之米撥出臺百伍拾包，趕緊寄付河口，交辦賑專員，照交大塱圍米八拾包，大塘村瞽目院米三十包，南三交界小塘米四十包，分行散賑，即將三水河口處機關撤銷。

東華醫院函件［東華致外界函件］一九一五年（東華醫院致外函件一九一五年七月十九日）

［**資料說明**］　最能體現東華賑濟的領導角色，是在籌募捐款方面。以一九一五年的廣東水災為例，當年香港為水災籌款的工作，得到政府承認，由東華主導。所有的賑款都交由東華轉寄往災區。以下信函由東華寫予灣仔籌賑三江水災會所，希望其能將捐款交予東華統一賑濟。

下環灣仔籌賑三江水災會所

列位先生台鑒：昨奉

大函敬悉一是。

貴會所諸君具大熱誠，籌賑災民，深為感佩。（弟）敝院昨在總商會聚會，已組織一急賑總機關，以祈統一，并派出專員十六位駐省办理一切，總期災民實惠均沾而已。

諸君熱心籌助，最好將捐款交到敝院，彙滙省總機關，分往賑濟庶災民，免受惠不均之慮，否則祈自向華民政務司處討取人情，方可專此奉覆，并候

時祺　　（一九一五年）七月十九號

一九三一至三二年度董事局會議紀錄（東華醫院董事局一九三二年二月十二日會議紀錄）

【資料說明】 東華醫院是本港最大的慈善機關，其總理大都來自商界，加上人脈廣，故每逢內地有災難，都是通過東華在港勸捐。最突出的例子，即為上海兵災，當年以東華醫院名義向各界勸捐，透過登報、致電外埠，及沿門勸捐籌募捐款。

壬申元月初七日禮拜五會議事宜列（一九三二年二月十二日）

（九）、……（3）、公議分發緣部往當年總協理、顧問總理、歷任首總理、各行頭、各團體，並在港聞欄聲明，恐有遺派，請向當年總協理索取，並望各界人士踴躍捐輸。……（6）、陳廉伯翁倡議通電外埠華僑各團體，請捐欵賑濟上海難民，馬文輝翁和議，眾贊成通過。……（8）、公議定期初九禮拜日下午兩點請當年總協理到本院齊集，舉行沿門勸捐，並推舉鄧肇堅翁、梁弼予翁、譚煥堂翁、何世光翁、伍華翁各位加入協同勸捐，眾贊成通過。

一九三二年南強日報（東華沿門勸捐賑籌表）

【資料說明】 上海兵災勸捐成績甚佳。單單在本港，八日內即籌得捐款二十萬元。在捐款名單上，可見主要的捐款人，都和東華有關，包括當年總理、南北行行商、各大洋行、東華前總理、永遠顧問等，而五日的沿門勸捐也是由總理出面向各商家勸捐，可見東華總理在本港的號召力甚大。

表 II-1-2　一九三二年上海兵災籌款詳情

西曆	舊曆	勸捐時間	勸捐人	捐款名單	是日籌得	資料來源
2 月 10 日	1 月初 5	上午十一時在東華大堂開會	總理及各殷戶	梁弼予（5,000 元）、陳廉伯（10,000 元）、各總理（合 17,500 元）、順德商務局（13,700 元）	約 5 萬元	《南強日報》1932 年 2 月 11 日
2 月 11 日	1 月初 6		總理及各殷戶	抱道堂（5,000 元）、林裘謀（2,000 元）、天堂主人、岑伯銘（各 1,000 元）、何世耀、北京鞋廠（各 200 元）、東亞商業公司（500 元）、裕利源、有利銀行辦房（各 100 元）	約 1 萬餘元	《南強日報》1932 年 2 月 12 日
2 月 14 日	1 月初 9	下午二時	總理及各殷戶	南洋煙草公司（2 萬餘元），外加周壽臣及其女公子等	至少 2 萬餘元	《南強日報》1932 年 2 月 15 日
三日籌款總數					十萬餘元	
2 月 15 日	1 月初 10	上午十一時起至下午五時餘	譚煥堂、顏成坤、鄧肇堅、潘曉初、梁弼予及現任總理十七人	陳瑞祺（5,000）、李祥興（5,000）、永安公司（3,000）、廣茂泰（2,000）、四維公司（2,000）、源豐行、梁廣源、乾泰隆、振盛行、昌盛金（各 1,000 元）、馬敘朝、郭少流、鄧肇堅、董安行、鄧鏡波、郭幼庭、郭泉（各 500 元）、黃屏蓀、劉筠、周克彬、劉平齋、盧頌舉（各 100 元），一百以下多起，加林蔭泉個人捐生利建造廠（2,000 元）、陳初記（200 元）。	約 2.9 萬元	《南強日報》1932 年 2 月 16 日
2 月 16 日	1 月初 10	上午十一時起至下午五時餘	現總理十三人，及前任總理六人	簡達才（2,000 元）、李香谷（2,000 元）、馮博□、楊福蔭、甄鐵如、范華臣、周雨亭、李耀祥（各 1,000 元）、胡禧堂、同安公司、簡期初、寶壽堂、建昌、陳□樑、貧民、永豐源、李右泉、三和興（500 元）、乾昌和、永興行、恆興行（300 元）、陳鑑波、裕和隆、聯豐昌、乾阜（各 200 元）、廣安和、裕得盛、英利行、其生押、全興押、陳□銘、宜安保險（100 元），一百以下多起。	約 2 萬元	《南強日報》1932 年 2 月 17 日
2 月 17 日	1 月初 11		前任總理譚煥堂及總理十六人	廣州酒家（十一晚營業額二千餘元）、南海商會、簡宏業堂、先施公司（各 3,000 元）、東亞銀行、大新公司（各 2,000 元）、兆豐行、彭啟鴻、明記、華記、元安、成記、曾泰霖、義和堂、渣甸辦房（各 500 元）、大通銀行辦房、新沙宣辦房、蔡流（各 300 元）、王國□、嘉華銀行、卓恩高、梁猷康、梁薰初、何貴奇、澤成、好市洋行、詠雅、丘炳芳（各 200 元）、安和（各 150 元）、貧民、羅錦星、德隆、劉如、好市洋行辦房、太平洋酒店等 16 名（各 100 元）、一百以下多起。	約 2.6 萬元	《南強日報》1932 年 2 月 18 日
2 月 18 日	1 月初 12	上午十一時出發勸捐	陳廉伯等總理十一人	馮平山（2,000 元）、懷德公司、老宏興、傅翼鵬（各 1,000 元）、香港油麻地小輪有限公司、怡和、恒生、鄧昌業堂、林培生、德祥、湯信（各 500 元）、祐興隆（400元）、東興隆（300 元）、兆和、隆素行、元昌行、昇和元、郭芳霞（各 200 元）、張聲鴻等 3 名（各 100 元）、亞力山打餐店（150 元），一百元以下多起。	約 1.1 萬元	《南強日報》1932 年 2 月 19 日
2 月 19 日	1 月初 13	上午十一時出發勸捐	現任總理十六人	伍鴻南（2,000 元）、順泰行、利源長、馮伯樂、□筍（各 1,000 元）、同享裕、廣恒興、美國銀行辦房、聯益燕梳公司（各 500 元）、義泰行、聯盛、羅文錦（各 300 元）、旗昌洋行（250 元）、贊成號、伍華、羅文惠、先施人壽公司（各 200 元）、潮安公司莫達煊、永年和、安安昌、中國銀行、光一公司、新中和洋行、旗昌辦房、廣祐堂、德信（各 100 元），一百元以下多起。	約 1 萬餘元	《南強日報》1932 年 2 月 20 日
五日籌款總數					約 9.6 萬餘元	

圖為一九三二年一月二十八日夜發生的「一二八事變」地點——上海北四川路。

外界來函一九二二至二三年（東華醫院外界來函一九二二年十二月八日）

【資料說明】 除了自辦賑濟外，東華還與其他機構聯手賑災，如一九二二年的潮汕風災，主賑機關為旅港潮州八邑商會，而此次東華扮演中介者的角色，代其在港及海外籌款。以下資料顯示，是次風災，共收賑款陸拾萬元，用以賑濟各種災難。

逕啟者：月之五日奉上寸緘計荷

鑑及，茲將聯合四團體辦賑經過情形，撮要報告如左：

四團體收入賑欵共陸拾萬元之左，辦賑撥出者已達五拾陸萬餘元，計開：

施米約銀十萬五千元*

修隄撥銀二十二萬二千四百元*

助修屋舍校舍銀六千四百元*

棉被撥銀一萬五千四百元*

施衣服撥銀二萬六千五百元*

竹篷撥銀二萬一千元*

木船撥銀四萬元*

農具撥銀一萬元*

施草（輔棉被之不及）撥銀三千元*

棉袋（輔棉被之不及）撥銀七千一百元*

衛生（自辦的）撥銀二千八百元*

捐助各善團代辦衛生收埋種種賑務共撥銀六千八百元*

竹排（捕魚具）撥銀五千元*

滙交汕頭賑災善後處代辦急賑銀五千元*

交汕頭存心善堂代辦賑務銀一萬八千元*

襍費支用銀七千四百元*

耕牛預撥助買共銀三萬元*

修隄正在酌辦者約銀三萬元*

合計上述各項用欵，共銀五拾陸萬元有奇。就所有銀項抵去此數，衹存數萬元。查賑務範圍以內各事雖未能作至完滿，經斟酌自己力量逐漸推廣，稍算普及。現在待辦之件，惟賑恤孤寡、助修屋舍、盖建防災屋數端，擬與各善團聯絡辦理。明知合各善團之力仍屬不足，擬向北京賑務處請撥鉅欵，應用俟酌，有辦法當為報聞

此致

東華醫院主席盧暨

列位執事先生均鑒

旅港潮州八邑商會賑灾團啟

總代表王少瑜

中華民國十一年十二月八日

致政府書函一九二二至二三年（東華醫院致政府書函一九二二年九月廿一日）

【資料說明】旅港潮州八邑商會所籌得的六十多萬元賑款中，東華至少代籌了十五萬元，為總賑款的四分之一。而早在賑濟結束前兩個月，東華應華司夏利佛（HALLFAX）要求，報告此次潮汕風災募捐所得。

第一百四拾號

夏大人鈞鑒：敬稟者接奉一百廿八號

鈞諭拜悉一切。潮汕風災敝院共捐得銀壹拾六萬五千七百五拾弍元一毫七仙。現時計收淂現銀壹拾五萬七千六百四十七元七毫，共支銀六萬六千九百零一元七毫四仙。接此奉及希為

荃蔡是荷，並請

勛安

東華醫院董事等頓　壬八月初一日

西九月廿一號

一九零三至零四年度董事局會議紀錄（東華醫院董事局會議紀錄，一九零四年，日期不詳）

【資料說明】東華的中介角色還體現在日俄戰爭中。總理賑濟受傷的日軍，賑款直接交由日本欽差，並未通過駐日英使。

主席曰：俄日開仗[43]，茲議開捐助恤受傷軍士。如眾意開捐者，請舉手，遂各舉手，不欲開捐者亦請舉手，各不舉手。

主席曰：茲眾意開捐，該項如何用處，助恤某國為合宜？

李瑞廷倡議助日本，胡海籌翁和議。吳理卿翁改議不分畛域，交日本欽差撫恤兩國受傷兵軍，李紀堂翁和之。

馮君華川曰：西人之意，彙寄英國駐日欽差與倡議和議，頗見參差。

劉鑄伯翁倡議：如捐之欵項，□西人合办。馮壽珊翁和之，何棣生翁從議，捐欵專與日本水陸軍士受傷之家屬。源雲翹翁和之。

何澤生翁曰：西人或肯將就，華人亦未可料。以西人之意調理，經有□言□□營無過，加以培補肉食之物，以期速效耳。

主席曰：何棣生翁倡議，專助日本充水陸兵士戰傷之家人。源雲翹翁和議，如合者，請為舉手，遂舉手者十五人，兩國並助，不分畛域者，請舉手，遂舉手者七人，專助俄國者亦請舉手，無人舉手。

主席即擬西字信，將何君棣生所倡議撫恤日本受傷水陸兵軍家屬遍誦。再請舉手合者十四人，不合者一人。

劉鑄伯翁倡議：馮壽珊翁和議，該欵項與西人合辦，舉手者六人，不合十二人，於是照何君之議而行，再議開捐。

[43] 此為發生於一九零四至零五年的日俄戰爭，戰場在中國東北地區。

一九三一至三二年度董事局會議紀錄
（東華醫院董事局一九三二年三月十一日會議紀錄）

【資料說明】 因為香港政府標榜政治中立，故政府不能公開支持中國抗日。一九三零年代，東華扮演了代表政府的中介角色，管理社會上的勸捐活動。以下資料為上海「一二八事件」後，東華代政府傳達警司命令，其中見到所有勸捐必須先得到東華及華民政務司的批准。

壬申二月初五日禮拜五會議事宜列（一九三二年三月十一日）

六、宣佈華民政務司第七十七號*來函稱關於勸捐賑濟滬災一事，警察司已頒發命令等情。本院接函後已將警司所頒之命令，登諸報章，俾眾週知。茲將警司命令錄下：

一九三二年第五號特別錄

勸捐上海災款者，須由華民政務司及東華醫院允准者，方得進行。經允准之勸捐員，須有正式徽章及所携帶之捐冊，亦須給有東華醫院印章者。勸捐員祇准沿門勸捐，不得貯放捐款銀箱於街道上。

鐘聲慈善社亦經允予沿門勸捐。該社勸捐員均佩有紅藍色紙製鐘形徽章，并章後印有該社印章者。

警察人員不准錄為勸捐員。

未有正式允准之勸捐員，若經發覺則送華民署究治。

東華醫院函件［東華致外界函件］一九三三至三八年
（東華醫院致外界函件一九三七年八月十六日）

【資料說明】 當中日兩國正式宣戰，香港政治中立的角色更為明顯。一九三七年，因為東華醫院受政府補助，故不能為綏省難民勸捐。於是東華總理利用折衷的辦法，另外成立「香港華人賑災會」，而不用東華之名義賑災。然而此機構實質仍由東華醫院各總理管理。當年十月十四日致外埠的信中，附有「香港華人賑災會」的辦事地址設於東華醫院內，可引證此推論。

上海廣肇公所

少川、欽甫、炳謙鄉先生均鑒：敬啟者接讀
貴公所寒電，及廣東旅滬同鄉會救濟難民委員會刪電，祇悉一切，滬戰爆發，難民塞途蕩析，
流離，至堪悽惻。敝院奉電後，經即轉請旅港各社團，發起籌振，庶收羣策羣力之效；但募集需
時，誠恐緩不濟急，謹即先滙港幣壹萬元由滬生大信托公司轉交。電請
貴公所提領急賑，以解倒懸，并煩
轉致廣東同鄉會救濟難民委員會知照。該電料邀
荃察提款發賑矣。溯當平津戰事發生之初，敝院便即動議籌賑，請求香港政府准許舉行募捐，俾
資救濟。但港府以國際關係，本港處中立地位，雖對於籌款賑灾表示同情，惟不能由政府補助之
機關辦理，庶符中立之旨。兆五見港府之表示如此，則本院年受港府津貼，即為半補助機關，自不
能邀獲准許。爰會同何君甘棠[44]、李君星衢[45]聯銜發起成立香港華人賑灾會，專理籌賑兵燹事務，

作長期之勸募，以資持久。刻正從速進行開捐，一俟善款收集，自可陸續滙賑。此後關於兵災事項請

貴公所逕函該會辦理以歸專一。倘有函電致交該會，可由敝院代轉，謹此佈達，希為

察照。近日情況，如何尚祈

詳細見示，為盼此請

公安

香港東華醫院主席周兆五

廿六　八　十六

附各籌賑機關名稱及辦事地址列

香港華人賑災會　香港普仁街十二號即東華醫院內

香港中華醫學會救傷籌賑會　香港養和醫院轉交

香港中國婦女兵災籌賑會　香港華人行二樓

香港難民救濟會　香港女青年會內

香港中國婦女慰勞會　香港廣東銀行樓上

香港華商總會籌賑會　香港華商總會內

廣東省新運婦女工作委員會駐港辦事處

香港國際籌賑會

中華救護隊

香港大學學生會中華醫藥賑災會　香港大學會

[44] 何甘棠（一八六六—一九五零），何東之弟，怡和洋行買辦。

[45] 李星衢曾任一九二零—二一年東華首總理。

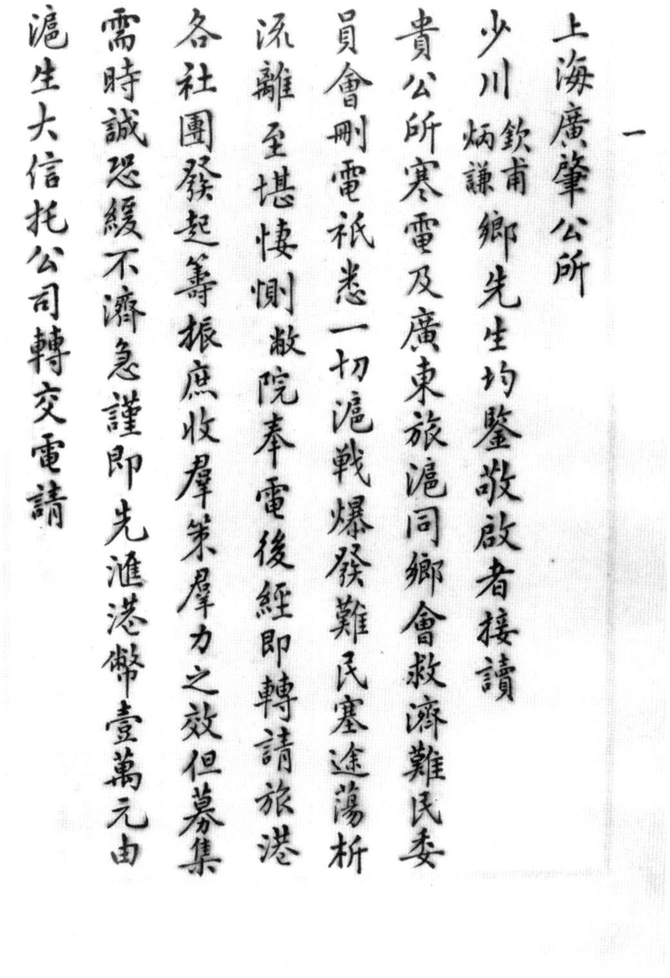

一

上海廣肇公所

少川欽甫炳謙鄉先生均鑒敬啟者接讀

貴公所寒電及廣東旅滬同鄉會救濟難民委員會刪電祇悉一切滬戰爆發難民塞途蕩析流離至堪悽惻敝院奉電後經即轉請旅港各社團發起籌振庶收羣策羣力之效但募集需時誠恐緩不濟急謹即先滙港幣壹萬元由滬生大信托公司轉交電請

信函原件圖

附各籌賑機關名稱及辦事地址列

香港華人賑災會　香港普仁街十二號即東華醫院內

香港中華醫學會救傷籌賑會　香港養和醫院轉交

香港中國婦女兵災籌賑會　香港華人行二樓

香港難民救濟會　香港女青年會內

香港中國婦女慰勞會　香港廣東銀行樓上

香港華商總會籌賑會　香港華商總會內

廣東省新運婦女工作委員會駐港辦事處

香港國際籌賑會

中華救護隊

香港大學學生會中華醫藥賑災會　香港大學會

海外各屬華僑品物籌賑會

香港華人賑災會實為東華醫院附屬機構，從該會致上海廣肇公所函件內記載地址可證此點。

東華醫院函件［東華致外界函件］一九一零至一一年

（東華醫院致外界函件一九一一年二月十一日）

［資料說明］ 東華另一角色，即是轉介外埠匯款給中國內地。一九一一年，江皖水災，檀香山中華會館匯來賑款四千元，要求東華轉交江西總督。以下資料收錄了三方的電文回覆，可見東華為海外與內地之間的溝通橋樑，早在中華民國成立前已建立。

檀香山埠

中華會館

列位善長大人鈞鑒：敬啟者，廿四日接奉　尊電，并電匯來賑濟江皖銀四千元。仰見

貴埠諸君軫念時艱，不分畛域，曷勝銘佩。敝院經于廿六日將該款轉電　兩江督憲，轉濟江皖散

賑。廿七日已復接到江督電覆。請紓

綺註也。專此。奉復，并請

善安

東華醫院同人頓　辛元月十三日

謹將來往電文列左

貴埠來電　東華醫院鑒，電上銀四千元，乞電濟江皖中華會館叩

致江督電　兩江張制台鑒，代檀香山中華會館電上銀四千元，乞發交善堂濟江皖災。香港東華醫

院叩宥

江督覆電　東華醫院宥電悉，檀香山中華會館，捐助江皖賑款四千元，具見康濟情殷良深感。荷俟款到，即解交查賑大臣馮中丞分撥各災區散放，希轉電知照。江督張感。

外界來函一九二五至二九年（東華醫院外界來函一九二八年九月廿一日——千里達中華會館自發捐助濟南災事）

【**資料說明**】部份外埠捐款，並非受東華號召而捐助，而是自發捐款。濟南事件中，東華捐助不多，而千里達中華會館自行勸捐，將籌得的款付交與東華轉付國內，可見東華在外埠華人心中的中介地位。以下資料附有山東同鄉會旅港臨時籌賑處發予的收據。

東華醫院主任鑒：各董事諸先生鈞鑒逕啟者，茲呈上滙單一張，伸英洋叁佰壹拾玖磅零七司令兩邊士，即壹仟伍佰叁拾弍元玖毫弍。先該欵乃敝埠華僑瞥見山東濟南府災情浩大，是以發起勸捐，茲已告結束。□區區微薄之欵，有若杯水車薪，然亦聊盡國民一份子的義務耳。謹此懇求
貴醫院執事先生，將此付返之欵盡為妥轉災區，俾以賑濟該處難民。另呈上捐欵芳名冊一份，懇
代印載于香港循環日報，是（為）至要，諸事有勞，無任銘感。并頌
公安

千里達中華會館[46]書記　曾先上言
中華民國十七年九月廿一日

（附山東同鄉會旅港臨時籌賑處收到的憑證：助捐證）

[46] 即 The Chinese Association of Trinidad。千里達島位於加勒比海，靠近委納瑞拉，今為 The Republic of Trinidad and Tobago。

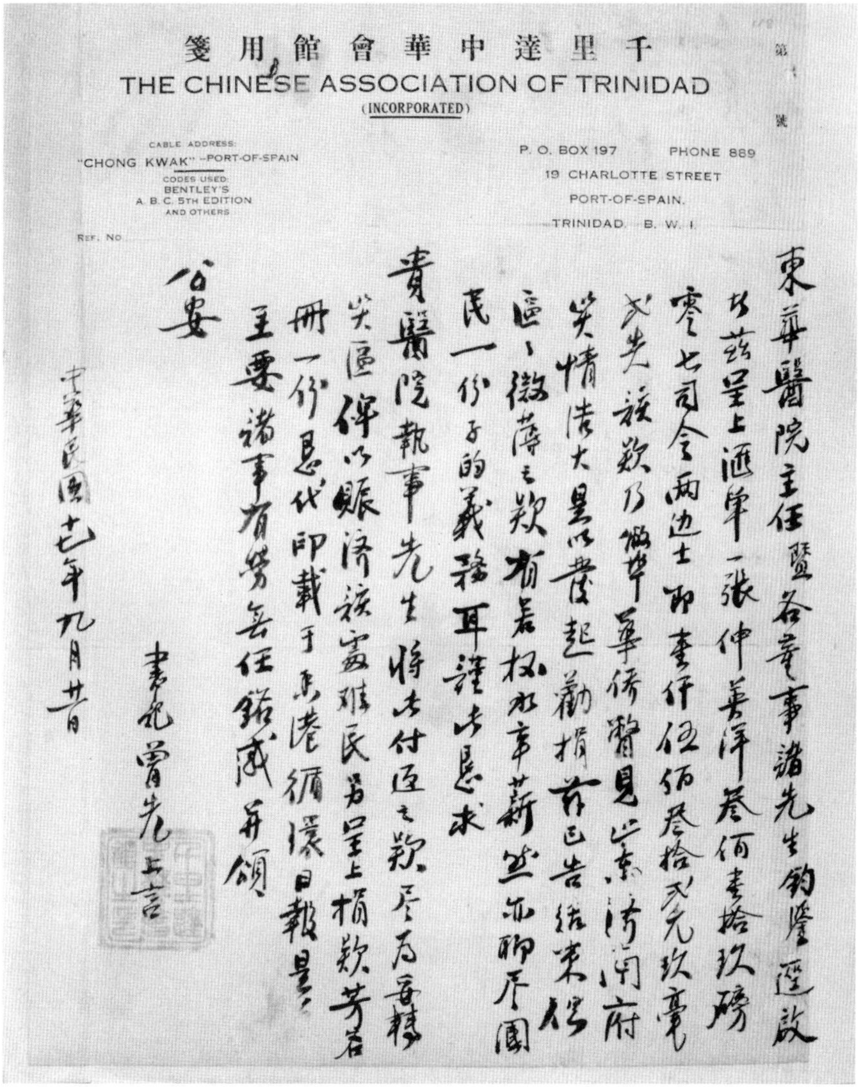

千里達中華會館用箋

THE CHINESE ASSOCIATION OF TRINIDAD

(INCORPORATED)

CABLE ADDRESS:
"CHONG KWAK" -PORT-OF-SPAIN
CODES USED:
BENTLEY'S
A. B. C. 5TH EDITION
AND OTHERS

P. O. BOX 197 PHONE 889
19 CHARLOTTE STREET
PORT-OF-SPAIN.
TRINIDAD. B. W. I.

REF. NO.

東華醫院主任暨各董事諸先生鈞鑒逕啟者茲呈上滙單一張仲英洋叁佰肆拾玖磅零七司令兩边士即叁仟伍佰叁拾弍元玖毫弍先該款乃僑華華僑贊見山東濟南府災情浩大黑仍發起勸捐前已告往來代匯、微薄之款有者拟將本薪無可聊存國民一份子的義務耳謹此懇求貴醫院執事先生將此付匯之款尽為吾轉災區俾以賑濟該處難民另呈上捐款芳名冊一份懇代印載于香港循環日報是、至要諸事有勞無任銘感並頌

公安

書記曾先上言

中華民國十七年九月廿日

信函原件圖

東華醫院函件［東華致外界函件］一九二四至二六年（東華醫院致外界函件一九二六年四月十七日）

【資料說明】 上文所提到的資料，多以天災為主，因為東華賑款的宗旨，一般不為匪禍勸捐。然而基於慈善之旨，總理還是會以個人名義捐款救助。以下與海康縣商會的信，就清楚說明了這一點。最後總理以私人名義捐助六百六十元。

海康縣[47]商會

楚翹先生台鑒敬復者接

華翰敬悉

貴屬徐聞一邑及英利[48]一帶慘遭匪禍，民不聊生，委即舉行籌賑等語。經敝院開總理敘會，僉稱丁此內地多故，匪患蔓延，糜爛地方觸目皆是，自應歸有守土之責者，急為拯救方足以慰災黎，而安閭里。敝院雖為慈善機關，向以籌賑屬於天災者為範圍，至關於人事釀成等禍，非敢瘝不關心，徒以範圍太廣竊恐力有未逮，致詒顧此失彼之誚。惟據函稱慘象，實令人不忍卒讀，用特就現任總理個人名義，量力捐助，共集得港幣陸百陸拾元正，彙託本港裕利源蓆莊轉呈以資接濟。雖明知車薪杯水，無濟於事，惟有極其棉（綿）力以助貴會諸君，為善於萬一而已。尚希

鑒原諸惟

諒察專此奉復敬請

善安

東華醫院謹啟　丙三月初六

當年總理譚煥堂君捐銀壹佰元
伍于簪君捐銀伍拾元
郭泉君捐銀伍拾元
李尚銘君捐銀肆拾元
伍乾初君捐銀肆拾元
黿蔭蓀君捐銀肆拾元
余仕榮君捐銀伍拾元
朱璧東君捐銀伍拾元
梁蘭甫君捐銀肆拾元
陳季洛君捐銀肆拾元
陳松燊君捐銀肆拾元
陳益典君捐銀肆拾元
黃桂清君捐銀伍拾元
何智生君捐銀叁拾元

丙寅　三　初六（一九二六年四月十七日）

[47] 海康縣，即今雷州市，屬廣東湛江市管轄。
[48] 為今英利鎮，屬雷州市。

歡迎

[第二章]

贈醫施藥

前言

有關東華醫院醫療服務的文獻，現存可供公眾參閱的資料，如董事局會議紀錄、徵信錄、函件等，主要記錄了管理醫療事務的機制、董事局制定決策的過程、醫院整體的發展方向等，至於治療疾病的具體情況如疾病分類、病理、病歷、病因、診治過程、治療方法等，基於個人私隱、資料散佚或其他原因，仍有待開發及考證，本章主要從醫療管理層面，觀察東華贈醫施藥的特色。

收治準則

醫院約三成的經費來自民間捐獻[1]，並不穩定，東華必須提高善款的經濟效益，讓公眾感到資源用得其所，從而吸引更多的外界捐款。醫院在成立初期收治病人會從經濟成本考慮，其着眼點有二：一、治療成本——由於各類病症所需的人力資源、藥物、器材和其他配套設施的要求不同，為節省開支，一些被認為傳染性高、康復期長的疾病，醫院會將病人轉介到內地醫治。二、空間——由於病床不足，醫院不鼓勵長期病患者留院治療，只轉介到內地治療，對於一些彌患不治之症的病人，醫院也無法提供留院醫治的服務。病人應否留院，很多時不單只考慮經濟效益，還受到病者意願或董事局的決定影響，傳統道德價值觀念有時會被管理層用作判斷病人留院的依據，一些被認為因個人行為不檢而導致的疾病，醫院在成立初期，更予以譴責。

以上各限制病人留院治療的因素，每因時勢而改變。一九一一至二九年廣華和東華東院相繼成立，接着舊院擴建，東華的病床數量大幅增長，空間不足的情況到了一九二零年代末有所改善。

到了一九三零年代中期，政府提供較多的經濟資助，醫院經費緊絀的情況亦得以紓緩。用道德標準來決定應否接收病人，雖早在醫院創立初期已有定例，但隨着醫學研究的突破，新式治療方法的引入，許多以前無法治癒的疾病，重獲生機，使對某些疾病的成見有所改觀。及後政府引入西醫的步伐加劇，道德觀念反而成為捍衛中醫的理據。

第二章選錄的檔案資料以花柳病、神經病、脚氣病、痘症等的案例比較多，是受到現存資料所局限。花柳病、神經病、脚氣病等都是醫院成立初期不能留院治療的病症，東華管理階層如何向公眾交代醫院的決策，從董事局商討有關拒收此等病患者的過程，可看到醫院制定政策的程序。總理會先以投入資源太多為由，拒收病人，進而會以病床不足為拒收病者留院的依據，而以道德因素拒絕醫理病人，會留到最後。花柳病患者在醫院成立之初已被公開譴責，及後病例增加，社會道德標準改變，醫院的策略因而有所調整，一九一五年董事局在討論花柳病的收治時，態度含糊，但未斷然拒絕。至一九二三年，花柳病成為流行病，求醫病人增加，已往收治方法備受質疑，董事局遂展開了詳盡的討論，起初以經費短缺作為醫院無法醫理花柳病人的理由，是以注射花柳針藥的開支，及有關藥費來源之討論篇幅最多；及後得悉藥費支出未算龐大，總理則以佔用床位作理據，不讓花柳病人留院；當總理發現花柳症留院數量不多時，討論焦點改以道德觀念為基礎，批評花柳病病患者對社會的影響。最後，總理通過資助針藥的辦法，為病人提供有限度的服務。一九二零年代有關花柳病的爭議，說明董事局治院態度仍相當保守。

東華就神經病、脚氣病所提供的服務是將病者轉介至廣州醫院，神經病者遣送的目的地有二：東莞石龍的瘋人院、廣州惠愛醫院，以後者為大宗。脚氣病者多轉介到廣州方便醫院或同類醫院。

在二十世紀初，遣送神經病者、腳氣病者至廣州幾為定例，輪船或火車是主要的交通工具，總理有時會親自指揮遣送。時人認為腳氣病乃水土不服致病，故在廣州治療可避免「遠離水土」，其實腳氣病與營養不良有關，病者會足部腫脹，需長期治療，方便醫院和惠愛醫院都是廣州的老牌醫院，採用中醫中藥治療，其與東華醫院的緊密合作，有助減低醫院開支，同時避免患者長期佔用床位。廣州的醫院經常會派人到港募捐善款，並向東華提供免費病床數額，而東華會代其在港籌款，然後將善款轉送到廣州，彼此互惠互利，東華因轉介病人因而與廣東省慈善團體建立了穩定的合作關係。

十九世紀天花肆虐，對年幼病患者威脅尤甚，東華醫院在一八七三年創院之初，即設有專門病房收治，總理一直希望另闢痘局，專以中醫治理天花病人。一八九九年，東華將玻璃廠改建為痘局，用中藥醫治痘症。一九零三年政府撥地興建「西環分局」。一九零八年，總理「見西環分局置閒，遂擬將該局改作痘局……　督憲恩准施行」。一九一零年痲地痘局成立，醫治痘症成為東華的重點工作。到了一九二零年代，由於預防天花疫苗日益普及，患天花人數下降。西環和油痲地痘局病人數目減少，根據政府一份有關西環痘局一九一五至二五年的報告，十年間有些年度入住人數少於十人；痲地痘局的情況也相近，反映痘症在一九二零年代已受控制，政府以「無人到局」提出收回痘局，又將所有患有痘症者轉往皇家痘局醫治，東華遂將西環痘局交還政府，痘局後被改為傳染病院，一九三六年政府建議東華不需處理傳染病。

引入西式醫療

踏入一九二零年代，三院引入西醫治療的步伐加快，從三院接受西醫治療的病人數量不斷上升，可見一斑。一九二五年東華醫院以中醫或西醫診治的留院病人各佔一半，至一九三四年，西醫留院病人較中醫多約三千人[2]，相同的發展趨勢在三院中、西醫的門診數字同時出現。醫院痊癒出院的人數歷年遞增，不治人數至一九一零年代後期逐漸減少，一九一八年，出院人數首次較留院不治人數多，踏入二十世紀後，死亡率更有下降趨勢。一九二五年，東華採取西式醫院的做法，引入女看護制度，一九二七年，醫院更開始自行培訓看護，一九三零年代以後，三院的男女看護總人數維持在二十人以上。醫院更引進新式醫療器具如叉光鏡和外科手術器材，病房分科也日益細緻，出現了產房和傳染病房等新式病房，說明醫院的設施及人力資源同時改變。醫院日益現代化，是治療取得成效的主因。然而，西化所需的醫療成本較高：無論是藥費、器材費用、醫護人員工資等支出都較昂貴，例如一九二九年添置的一部叉光機需費七千二百元，一九零一至三四年三院西醫的月薪為五十至二百元，而中醫為三十至八十元[3]，西醫人數不斷上升亦增加了醫院的醫療成本。一九三四年，政府給予東華的補助，增至六萬八千港元，一九三五年，香港經濟不景，醫院的嘗舖收入大減，陷入財困，必須依賴政府資助，方能維持，而中醫的存廢問題掀起了醫院管理層與政府紛爭。

中醫存廢爭議

文獻資料有關中西醫發展的爭論，刻劃了中醫自十九世紀以來，面臨被淘汰的考驗。十九世紀末，在政府引入西醫之初，董事局仍堅持中醫為主，西醫為輔的理念；踏進二十世紀初，駐院西醫不斷增加，東華總理無法控制西醫勢力增長，開始承認中西醫各有所長，但堅持中醫不能被取代。一九二零年代起，政府引入許多西式醫療政策，董事局為爭取中醫必須與西醫一樣，受到平等看待而屢次與政府發生衝突：一九二零年代中期政府委任克靈夫人[4]視察醫院，建議廣華拆除中醫病房，擴建接生房，引起全體中醫不滿；一九二七年，克氏推廣看護培訓，引起爭論；一九二九年廣州方便醫院投訴中央衛生委員會摧毀中醫，東華致函聲援；一九二九和一九三零年醫院發生一連串中、西醫互換病人治理的案例；一九三六年政府取銷中醫治痘，總理據理力爭；一九三八年爆發了東華廢除中醫之爭議；一九四零年東華將中醫藥方統一，並刊印各種藥方，嘗試從節省資源，提高中醫效率，為推廣中醫治療努力[5]。

面對西式醫療體制的衝擊，醫院在提供醫療服務時，考慮重點已不單是經費問題，而是中式醫療體制的存廢問題。直到一九三零年代，由於香港社會仍普遍信奉中醫，廢除中醫之議雖由政府推動，並給予經濟援助，但卻引起公眾反感，使醫院無法達到救治病人的目的。市民的取態，成為總理反對政府廢除中醫的重要理據，在醫療效用和民眾意願間作取捨，總理只能步步為營在中西醫之間謀求平衡。

綜觀東華自成立後至戰前提供的醫療服務，受到資源局限，未能完全滿足社會需要；總理需在經費、空間、道德諸因素的夾縫間努力制定管治政策；二十世紀以後，更須積極維護中醫傳統，務求以最少資源滿足香港社會大多數人的需要。

[1] 請參閱第一冊、第二章、附表 I-2-1 東華醫院歷年經費來源（一八七零—一九三四），頁一二二至一二三。

[2] 請參閱第二冊第二章，表 II-2-1 東華醫院中西醫留院人數（一九二五—三五），頁一九二。

[3] 請參閱附表 II-2-2 東華醫院歷年中西醫人數和月薪（一八七三—三四，頁二二一）。

[4] HICKLING, Alice Deborah 醫生，一九一八年曾出任衛生委員會秘書（Secretary to the Sanitary Board）、健康署醫官（Medical Officer of Health），一九一九年為醫務委員會成員（Medical Board），一九二二至二八年出任助產士委員會委員。*Medical and Sanitary Reports for the Year 1918*, Appendix M; *The Hong Kong Government Gazette*, 9 April 1925, No.195.

[5] 《東華三院備用藥方彙選》，香港，東華醫院，一九四零年。

一九一四至一五年度董事局會議紀錄（東華醫院董事局一九一五年三月廿一日會議紀錄）

【資料說明】　東華醫院收治病症，每有滲入道德標準，對花柳病患者的處理，尤其明顯。在創院初期，彌患花柳病，被視為個人行為不檢，故醫院有明文規定不收治花柳病患者。及至二十世紀初，社會風氣稍有改變，醫院對治理花柳病患者，態度稍為放寬，通融病危者入院醫治。

乙卯二月初六禮拜日會議事宜列左（一九一五年三月廿一日）

一、本院留醫原為貧民起見，若花柳症例不收留，經與西醫生妥商，請于收症處聲明，以便遵守。至若因花柳而病至危急，恐有性命之虞者，自可通融辦理。留醫與否，仍由醫生主權酌定。李燿堂翁倡議照行，葉南選翁和議，眾贊成。

一九二二至二三年度董事局會議紀錄（東華醫院董事局一九二三年三月廿八日、三月卅一日會議紀錄——免費為花柳病者注射針藥）

【資料說明】　一九二零年代，治療花柳病已採用新式方法，例如注射針藥醫治，毋須留院，故患花柳病者請求東華代注射針藥，因所需藥費不算高昂，總理即行議決免費打針，可見到了一九二零年代總理治療花柳病人時，政策稍有改變。政策實施後，坊間反應踴躍，要求注射針藥者人數佔留院病人的二成，反映花柳病為當時流行病症。以下這場會議反映為花柳病人注射針藥雖無劇烈爭論，但霍桂兆和陳殿臣兩人觀念差異不小，霍桂兆較同情病患者，慨嘆「想人生莫苦於貧」；陳殿臣則從經費着眼，「若善門大開，本院藥費極大」，這種對慈善事業認知上的差異，為日後連綿不絕的爭論埋下伏線。

癸亥二月十二禮拜三晚會議事宜列左（一九二三年三月廿八日）

主席　黃屏蓀翁

在座　陳殿臣翁　區廉泉翁　黃孟煒翁　霍桂兆翁　歐陽民慶翁　何華生翁　謝秋潭翁　馬永燦翁（鄭桂廷翁代）

一、黃屏蓀翁起言曰：聞本院有種花柳藥，係用以医（醫）治花柳症者。現據同事霍桂兆先生謂，查淂有病人數名，自認係花柳病症，屢求医生打針，而医生有不允為之者。今特請譚医生到來，詢問花柳藥如何，然後施用。

譚医生曰：弟甚喜淂今日機會與諸君談論，查花柳病症極為劇烈，能禍及妻妾子女，前幾年本院並無花柳藥，弟曾向總理求買花柳藥，為医治花柳症，医愈一人，則中國多一好人，而所生子女亦免致染受其毒。如入院病人確係花柳病症，弟定必為之打針医治者。

霍桂兆翁曰：弟前兩天巡視本院，慰問病人，弟之心意在乎查察工役之勤惰，與病人之安適否而已。不料有病人數名向弟告訴，自認係花柳病症，求医生打針，而医生有不允為之。想人生莫苦於貧，貧而病，病而入院，入院而無人医理，殊屬堪憐。凡弟所巡之處，遇有怠惰工人，弟定必力為勸勉，時歷半點鐘之久，務求各人盡職，寔心辦事。如東華醫院辦理妥善，匪特東華名譽聲價，即医生司事受福不少，至於所告訴之病人，自認係花柳症，未知譚医生曾否有為其打針也？

陳殿臣翁曰：花柳藥其性甚猛，若確係花柳病症能医愈人，若非花柳症，則不能當受者。

謝秋潭翁曰：花柳病症非係美名，斷無無花柳之人而認有花柳症者，今病人自認有花柳症，弟亦深信其然也。

譚医生曰：否，否，有係花柳而不認者，有非花柳而求打針者，不能一言指定也。若確係花柳症，弟無有不為之打針医治，所用藥費非弟所出，所用之時候又無多。

黃屏蓀翁曰：如該病人自認花柳，再由医生察驗確係花柳症，理應為之打針医治，倘該病人非花柳症而求打針者，或係其身體不能受打針者，則由医生向該病人詳為解釋，以安其心。

霍桂兆翁曰：弟甚欲偕同譚医生約定一日，巡視自認花柳之病人，看其是否真寔花柳症。

謝秋潭翁曰：弟甚贊成霍先生偕同譚医生一行也。

譚医生曰：若決寔是否花柳，非驗血不能，雖巡視一次，弟亦不敢斷定其為花柳症與否，即本港各医生亦不敢斷定也。

陳殿臣翁曰：嗣後請医生稍為崧[1]些手，過淂去便了，若善門大開，本院藥費極大。

霍桂兆翁曰：金錢第二級事，今所重者，病人也。

陳殿臣翁曰：醫病有標本之分，何謂標？入院時之病症為標也。何謂本？遠年之病為本也。若入院之時，確係花柳症理應照花柳医治，若七八年前之遠年花柳病，非驗血不能知其真寔，驗有確據方能指定其為花柳症而医治也。若善門大開，求医花柳者必眾，藥費之重，各位能担任否？

霍桂兆翁曰：医院用多三幾千元不足為過，務求病人受益為先，至云担負係担負錢，抑或担負人命？又譬如病人入院之時，係損手爛脚，而其本病染有花柳毒因而爛脚，若衹医其爛脚標病，而不醫其花柳本病，則爛脚與花柳毒永無有好之日，徒然收留在院，阻延時日，長日受病而已。

謝秋潭翁曰：陳殿臣先生之言，正所謂博施濟眾，堯舜其猶病諸，但本院既收淂花柳病人，則理應医治，若收而不医，不如不收，徒然收留在院，米飯之數亦不少也。

卒由黃屏蓀翁囑咐譚医生曰：如本人自認花柳，再由医生驗確，請譚医生為之打針医治；如病人入院之時係損手爛脚，不言及花柳，医生亦不必問其打針否也。如霍桂兆先生再查有自認花柳之病人而求打針者，亦可通知譚医生辦理。

陳殿臣翁曰：請醫生比前稍為崧些手，滑了便了也。

癸亥二月十五禮拜六晚會議事宜列左（一九二三年三月卅一日）

主席　黃屏蓀翁

在座　陳殿臣翁　區廉泉翁　黃孟煒翁　霍桂兆翁　何華生翁　謝秋潭翁　劉少泉翁（屈澤南翁代）

一、霍桂兆翁曰：前次叙會所議打花柳藥針一節，尚未議決。弟以為病人入院先問病源如何，然後發藥。若不問其病源，則不知發藥，請主席先行將打針辦法決定。

黃屏蓀翁曰：弟昨日偕同霍桂兆先生及譚嘉士医生巡視花柳病人，計當日打針者共約五十餘人，據譚医生謂，往年所用花柳藥約需銀八百餘元，通計全院病人入花柳症者約二成，若花柳病人個個打針，亦不過多用幾百元，年中花柳藥費不外千餘元耳。病人早日出院，則医院慳去米飯，雖用多藥費幾百元，亦同是一數也。弟亦贊成霍桂兆先生前次之議而行，惟仍須囑咐譚医生，每一次打針將其房名、日期、人名書明，每一星期列表一張，以便察核。

陳殿臣翁曰：如係每一星期列表查核，弟方敢贊成；如不列表，弟斷不敢贊成。倘若無表查核花柳病人之多少，與及藥費之多少，盲從一般，茫然不知也。

遂由霍桂兆翁倡議，病人入院確係花柳，照為医治，若因損手爛脚而入院，其本病寔是花柳，務須照花柳而医治，又必須由医生參訂合否，與病人願否打針，若當然者，則照花柳為之打針医治，打針医法原係新發明之法，病人多數不知其好處，須由医生向該病人詳細解明其好處，其有花柳症願打針者，則照為與之打針便是。

何華生翁、謝秋潭翁和議，眾贊成。

[1]「崧」疑為「鬆」之俗寫。

一九二二至二三年度董事局會議紀錄

（東華醫院董事局一九二三年六月十三日會議紀錄）

【資料說明】 總理對應否收治花柳病人，仍有相當大的爭議，為免被指斥見死不救，總理多以經費為由，迴避問題。不過一九二三年三月的會議已說明注射針藥費用並不構成沉重的財政負擔，總理唯有將關注點放在床位問題上。黃屏蓀開宗名義即提出「床位不敷」，是次討論最後落實「祗贈醫施藥，不能再收」的決定，迴避收治花柳病的問題。

癸亥四月廿九禮拜三晚會議事宜列左（一九二三年六月十三日）

一、黃屏蓀翁曰：現因本院留醫病人太多，床位不敷，以致病人席地而卧，誠恐太平紳士到院巡視有碍（礙）觀瞻。聞此等病人多係花柳病人荐引而來，前者弟曾與譚嘉士医生談話，據稱若廣收花柳之症，非另設花柳医院一所或添聘西医不能辦到云。今請各位到來妥商善法，免致留医者人浮於額也。

霍桂兆翁曰：聞淂輕症病人到院求医，医生不敢却之而不收，在院留医已痊愈者，亦不敢令之出院，以致床位不敷所用，可請劉矩堂先生查看留医病人，其中係花柳症者若干。凡各医生經手医理之病人，痊愈應出院者，列表交總理察閱，其輕症者則祇贈医；其留医已痊愈者則着之出院。未知各位以為合否？

陳殿臣翁曰：仍要於一三五星期參症時間交總理勷助辦理也。

區廉泉翁曰：弟以為輕症病人與及在後來医之花柳病人一概止截，至於現時所造之打花柳針免費牌亦宜緩掛。

歐陽民慶翁曰：弟謂將現時留医之病人，其痊愈者則令之出院，至於此後，凡屬輕症病人與及花柳症病人，祇可贈医施藥，不能再收。

馬永燦翁曰：國家医院凡病人住滿則停止收症，因床位不敷而停止收症者，甚閒之事也。

主席遂將區廉泉翁、霍桂兆翁、歐陽民慶翁三位議論附表決。眾贊成歐陽民慶翁之論，遂作歐陽民慶翁倡議，馬永燦翁和議通過。

一九二二至二三年度董事局會議紀錄

（東華醫院董事局一九二三年六月十六日會議紀錄——花柳藥費來源爭論）

【資料說明】「不能再收治花柳病者」政策落實後三天，總理再次開會討論床位分配問題，並邀請兩名醫生出席，講解花柳病人醫治方法，此情況在會議紀錄中極為少見。時人對花柳病患者仍抱有歧視眼光，認為彌患花柳病者，不及其他病人重要。

癸亥五月初三禮拜六晚會議事宜列左（一九二三年六月十六日）

主席　黃屏蓀翁

在座　陳殿臣翁 區廉泉翁 黃孟煒翁 馬永燦翁 何華生翁 陳文宗翁 霍永根醫生 趙柱臣醫生

二、黃屏蓀翁曰：昨日本院送與各医生公函，係因病人太多，床位不敷所用，欲於此後輕症病人與及輕症花柳暫時贈醫施藥，不可再收。又聞留医病人其痊愈者，有不允出院，董等欲勸助各医生清源其已愈之病人，免至有碍重症病人入院之故耳。

霍医生曰：弟甚喜今日之機會，淂與各總理叙談，現時留醫眾多之原故有三：（一）現因深圳發生戰事，間有傷兵到院求医，為同胞起見，不淂不收留医理；（二）又因近日本院花柳打針大開門戶，一傳十，十傳百，不獨香港、九龍一帶到院求医花柳，即省澳亦有到院求打針者；（三）因医生權限多有不便，前者仁恩房有一患瘡病人，經弟医理痊愈八九，此本輕症，弟書明牌內，着之出院。翌日，仍澓見該病人留院。問其故，則云，總理留之不可出者，似此於医生權限甚難辦事也。抑尤有進者，又因各管房工人怯於病人之告訴，以致病人聚賭聚談亦不敢干涉，此一層原非弟份內之事，不過順而道及之耳。

陳殿臣翁曰：管房工人苛待病人，病人告知總理，乃院例也。如無苛待病人，亦不妨秉公辦事，倘各管房工人，下情不能上達者，仍希閣下詳達之。

霍医生曰：花柳症原無輕重之別，如祇贈医施藥不能留医，此層更為煩瑣。因染花柳者多係工界中人，若不用留医，如種痘一般，誠恐求打針者，門限為穿也。

趙医生曰：打花柳針者，未必人人打完即可行去，間有發熱者，若祇贈医施藥不用留医，間有一人於一日之中而求打十針八針，未可知也。

陳殿臣翁曰：提議打花柳針叙會之初次，弟已料到有今日人滿之患，經費一層固不必論，所最憂者人浮於額，若大開門戶打花柳藥針，吾恐医院、總理、医生三方面，皆辦之不了也。前日發出各医生公函，其辦法可行則行，不可則止。辦事貴在通融，固無一定者也。

霍医醫生曰：花柳病人一係一概不收，否則照國家医院辦法，由該花柳病人自備医藥，医生祇係代為打針而已。

趙医生曰：弟亦贊成霍医生之論，若大開門戶打花柳藥針，本院似變為花柳專科医院，於正式病人反為無地收留也。

黃屏蓀翁曰：今晚叙會各同人未曾齊到，且又未有發信聲明，今晚議贈医花柳事，弟倡議再定一日期，約齊十四位同人及西医生專議打花柳針事，然後作寔。馬永燦翁和議，眾贊成通過。

一九二二至二三年度董事局會議紀錄
（東華醫院董事局一九二三年六月廿三日會議紀錄）

【資料說明】 會議前半部討論焦點以花柳病人佔用床位為論據，拒收治花柳病患者，霍桂兆為花柳病人人據理力爭，甚至質問主席關於花柳病人人數的可靠性，霍桂兆的論證大概說明了床位不足不是關鍵。陳殿臣中途即轉移話題，以道德因素為出發點，強調花柳為「自尋之病，安可不收藥費」；霍桂兆仍堅持立場，指出「花柳病人多係貧而無告，又安能收回藥費也？」，並指出：「醫院不以慳吝為好，以病人受益為好」，此舉得到歐陽民慶和議，不過由於主席支持陳殿臣，故未有結論。一週後，即五月十七日的董事局會議決定「醫院支回花柳藥費一千元，其有用多者由同人分擔，作為捐助西藥費」，收治花柳病症爭論遂告一段落。整場爭論，考慮因素似從經濟出發，實為道德審視，這個典型案例說明東華對各種病症的收治考慮，並非單從醫療角度出發。

癸亥五月初十禮拜六晚會議事宜列左（一九二三年六月廿三日）

主席 黃屏蓀翁

在座 陳殿臣翁 區廉泉翁 黃孟煒翁 黎海山翁 霍桂兆翁 歐陽民慶翁 何華生翁 陳文宗翁

一、黃屏蓀翁曰：今晚叙會商議贈医花柳症事。於未開會之先，宣佈一句，弟凡辦事擇善而從其妥善，可行者則行，不可則止。西人政府立法亦有更改，今日與送與各位之花柳症人數表，諒必洞悉，今見淂花柳病人日益眾多，似難辦到至好，籌淂一法，係無碍於正式病人，而又有益於花柳症者，請各位研究一切。

霍桂兆翁曰：請問主席先生，今日所列之留醫花柳人數表何由考成而來？

主席答曰：由劉矩堂抄來者。

霍桂兆翁曰：再請問主席，打花柳針之事，欲籌現時辦法抑或將來辦法？

主席答曰：現時辦法。

霍桂兆翁曰：今日所列之花柳人數，乃係打針人數，非係留医人數，主席先生之表完全悞[2]會。查本院未大施打花柳針以前，花柳留医人數五十二*名口，由二月份起，大施打花柳針，至五月初一，計花柳留医者六十八*名口。再計至今晚止，則八十餘名口。前五月初一禮拜三晚叙會，謂留医太多，床位不敷，歸於花柳病人之擁塞，張大其事。弟窃為花柳病人不平，故代為辯護耳。見病則医，見死則救，此為慈善家之心，譬如香港政府拘一大賊，定以五年之監禁，當在獄中，該賊患病，政府為之医治否？大賊之罪與花柳人之罪，孰為輕重？花柳人與大賊兩相比較，人之所厭憎者，孰為重要？大賊患病政府尚且為之醫治，花柳病人又何不為之醫治乎？前禮拜六晚議案，医生謂病人眾多有三原故。弟謂分五部份：（一）花柳症病人；（二）因深圳戰事多傷兵求医，又因四鄉渡船停擺，間有病人不能返里；（三）其中留医病人有已經痊愈而不出院；（四）日前責問劉願可不收病人，因此各醫生無論病症輕重一律收入；（五）每年春去夏來濕氣發生，當四、五月間，患病者定必眾多。今本院病人眾多，寔由於此五部份之故，而獨宣佈於花柳症病人一部份擁塞医院，寔不公平也。未大施打花柳針以前，比較今日大施打花柳針，計數留医者不過多十餘人耳，因時比數未算為多也。因有三閱月之久，主席又謂省澳亦有到院求医花柳，即使全球有之，以現時而計留医花柳病人，當五月初一日宣佈擁塞之時，亦不過六十餘名。以弟愚見，即留医一百名花柳病人，亦不為過。

陳殿臣翁曰：據霍先生頃間所謂分五部份，查本院留医約四百餘床位，以一部份而值一百病人，已占四份之一，則本院之床位必不能留医五部份之人也。以弟管見，一定要收回藥費，譬有人焉蹈海遇救，政府亦治以輕生之罪，自戕之死，政府尚且治罪；自尋之病，安可不收藥費？弟原非與花柳病人為難，因為本院此次籌賑捐欵之難，難於上青天，若大開門戶，花柳求医者日多一日，於經費前途殊可憂也。

霍桂兆翁曰：據陳殿臣先生謂，要收回藥費，弟謂不然，一係不收花柳，收則必要為之施贈医理。若不施贈，則貧人無錢交藥費，長年患病留院，其米飯與床位之數，較之於花柳藥費之數為多也。前者有爛脚花柳病人留医四月，一經打針立即痊愈，而又花柳病人多係貧而無告，又安能收回藥費也？且床位一層為最緊要，因医好者退，將來者進，源源去來，不知許多貧病受益，若一病人而長年住一床位，則受益者一人而已。

主席起言曰：省澳亦有到院求医花柳一語，乃係霍医生所講者，非由弟說出也。

黎海山翁曰：幾次會議花柳打針事，弟多不在場，現據霍君、陳君兩位議論，一本慈善之心，一為經費起見，二者皆有道理。若大開門戶，求醫眾多，可在預算之中。但風流之事，人所不免，花柳之毒，亦人所不知。不幸染着，傳及妻妾子女，亦云慘矣。由此觀之，又不能不為之医治者。本院院後曠地，去年總理有意建築，因事未成，可否將該地今年建築房舍，下住花柳病人，樓上租賃，於此不無少補，極其量花柳藥費由同人十四位担任。

黃屏蓀翁曰：弟甚贊成黎海山先生之論。

陳殿臣翁曰：海山先生之言誠是，今年花柳藥費除去昨年支出之藥費四百餘元外，有用多者，由十四位同人担任。

遂作黎海山翁倡議，陳殿臣翁和議，眾贊成。

霍桂兆翁曰：海山先生之論，弟亦贊成，當然担任一份。但医院立例，須要時常依照辦理。今年由同人担任，未知下任總理又如何？医院不以慳吝為好，以病人受益為好，源源而來，源源而去，三四次亦要医理，此為慈善家見病則医，見死則救之心也。

陳殿臣翁曰：今議花柳藥費，除去昨年支出藥費四百餘元外，其餘用多由同人担任，此則告朔餼羊之理，一則同人不敢掠人之美，二則有花柳藥費數支出，下任總理便知有花柳打針之事也。

黃屏蓀翁曰：頃聞海山先生謂將院後曠地建築房舍，下住花柳病人，樓上租賃，弟甚贊成。前年總理建築化驗室以留紀念，同人亦可建築此地以留紀念也。

陳文宗翁曰：今晚叙會係因留醫人滿之故，於人滿問題未曾提及，藥費雖由同人担任，而於本院地方上可以容納病人否？同人辦事應要和衷共濟，否則於医院名譽有關，弟意以為，非係重症病人，祇係贈医施藥可也。

霍桂兆翁曰：卧地病人至多五十*餘人，今三十餘人此一層，弟知其逐漸少也。

歐陽民慶翁曰：大小各埠所有医院皆派專員按戶籌欵，發回憑票，可以介紹入院，其危急重症者，不在介紹之內。然介紹之中，仍有限度，医院而無限度，十間廣廈不能盡容。歷任以省節經費為本領，弟謂用錢多為本領，惟是用錢之中仍要籌回其數，俾出入相抵；医院為貧病而設，以医多人為本領，無論何症應收則收也。

黃屏蓀翁曰：例如本院床位，祇餘兩個，有兩症入院，同是輕重。一為花柳症，一為蠱脹症，弟則先收蠱脹之症也。

頃間，歐陽民慶先生言及專員籌欵一層，廣華医院則有，本院不過年捐、行捐而已。

[2]「悮」同「誤」，下同。

外界來函一九二三年（東華醫院外界來函一九二三年六月廿三日——友與行羅君反對施贈花柳藥針）

【資料說明】 來函者立論與總理不同，認為花柳病患者多為大富之家，並非總理認為的「工界中人」，顯示一九二零年代社會各界對花柳病人評價分歧頗大。

聞東華医院施贈花柳注射西葯，雖收效頗著，然已耗費不鮮，患斯病者因感該院之恩施格外，而嫉惡倍者轉惜當事之助長淫邪，未曉是承政府命令，抑出各大總理之仁心，或医生之好意，與病者之請求歟？弟竊惑焉。查歐美各國與港澳廣州各大医院，未有施贈花柳以注射者。盖普通社會莫不公認花柳為風流之疾，究（咎）由自取，與其他疾病不同。彼既有力以購此風流之疾，當必有力以購葯延醫。醫院即愛人，不應以他人捐助貧病之葯費，虛耗於風流之葯物，以助長其肉慾淫邪。或謂貧乏之徒，亦沾此疾，醫院以濟人之心，何能坐視不救？不知彼非富人，猶不謹身修行，甘作狎邪，亦應使其稍嘗滋味，以警將來，即他人見之，或引為前車之鑒。乃該院諸公，不見及此，恒施花柳注射之葯，使患病者甘為嘗試，有恃無恐，不幾浚其濕坑，使之玩溺耶？以是言之，功不補過，窃為當事所不取也。查医院對于病人有應施注射之葯，而東華医院曾未執行，如蛾喉、肺癆等症，此皆不幸而染于意外者，應行注射，而該医院反靳而不與，抑又何耶？輕重不分，措置乖方，殊令人難索，愚謂似宜以彼易此。一得之愚，尚望在事者採擇，其關于風俗，病人不鮮也，請分登報端，幸甚。即頌

箸安

報界公會各先生再同（志）者，初擬揭諸西報，惟弟以事關華紳名譽，不敢贊同報界公會各先生，想華报諸君亦以為然也

一九二三年六月廿三號

內函稿議交華人报界公會，分登各报，玆抄錄壹份付呈 大總理先生察閱，俾知此乃本港華僑街坊之誠意，幸留意焉。順頌

善安

東華醫院

列位大總理先生鈞鑒

一九二三年六月廿三號 愚 羅□□頓

聞東華醫院施贈花柳注射西藥，雖收效頗著，然
已耗費不鮮。蓋斯病者因感該院之惠施，格外而嫉
惡倍者，轉惜當事之助長淫邪，未曉是承 政府命
令抑出各大總理之仁心，或醫生之好意，與病者之請求
歟。弟竊感焉。查歐美各國與港澳廣州各大醫院，未有
有施贈花柳以注射者，蓋普通社會莫不公認花柳為風
流之疾，究由自取，與其他疾病不同。彼既有力以購此風流
之疾，直必有力以購藥延醫，醫院即愛人不應以他捐助
貧病之藥費，盡耗於風流之藥物，以助長其肉慾淫邪。
或謂貧乏之徒亦沾此疾，醫院以濟人之心，何能坐視不救，不

一九二三年六月二十三日來自民間的函件，力指花柳為風流之疾。

政府公函［華民政務司來函］一九三零至三一年　第一七九號

（政府致東華醫院信函一九三一年八月十二日）

［資料說明］ 東華一向都以自理房收留花柳病人，以下兩條資料說明到了一九三零年代，東華收治花柳病者具有一定機制。

第一七九號

列位總理台鑒：啟者茲奉　督憲諭，時現目華人醫院醫理花柳病情形，查明稟覆等因相應函達。請照下開各款，從速詳細示复為荷

此候

日祉

八月十二日

（一）東華、廣華及東華東院有無醫理花柳病？如有醫理，是否另設專科專醫花柳，抑或普通醫理？又是否男女均一律醫治？

（二）如上列三間醫院均有醫理花柳病，則請將一九三零年＊全年內；另一九三一年＊上半年內每間醫院醫理花柳病男性佔若干名，及女性佔若干名，分別列表寄來，即一九三零年＊列為一表，又一九三一年＊上半年另為一表便合。

一九三零至三一年度董事局會議紀錄

（東華醫院董事局一九三一年四月廿四日會議紀錄）

辛未三月初七日禮拜五會議事宜列（一九三一年四月廿四日）

……

二、顏成坤翁曰：華民第五十八號*函為收花柳症事，前經敘會提出討論，應否進行，請舒偉論。姚得中翁倡議：先請西醫生列一預算表，每醫一普通花柳症需費若干，及調查國家醫院、贊育院每年所收之花柳症若干、費用若干，然後再提出討論，方能解決。區子韶翁和議，眾贊成通過。

同治癸酉十二年徵信錄（一八七三年東華醫院徵信錄）

【資料說明】　除花柳病患者受道德審視外，創院初期，神經病患者亦備受歧視，不予收治。

贈醫所規條

廿二、瘋疾者不准入院，并不贈方藥。

一九二五至二六年度董事局會議紀錄（東華醫院董事局一九二六年五月廿二日會議紀錄——瘋疾者概不收留）

【資料說明】　直至一九二零年代，相隔半個世紀，醫院對神經病人的收治政策依然不變。

丙寅四月十一日禮拜六會議事宜列左（一九二六年五月廿二日）

（五）、本院之設：乃收留調治內外科及跌打等症，至於癲狂症向不留醫，因本院未設有癲房之故，嗣後凡有劇烈癲狂症及瘋疾等症，一概不能收留。公議照行。

……

方便醫院送與東華醫院的牌匾

一九一一至一二年度董事局會議紀錄（東華醫院董事局一九一二年七月十三日會議紀錄）

【資料說明】早在二十世紀初，遣送精神病患者到廣州專門醫院安置已成慣例。

壬子五月廿九禮拜六日會議事宜列左（一九一二年七月十三日）

一、杜醫生提議瘋女蒙四金撥往東莞瘋院安置，身边并無衣物，請給助多少，俾他淂以應用，請公定。公議由總理派數助銀八元添置衣服送去。

……

外界來函一九一九至二零年（東華醫院外界來函一九二零年八月初六日——方便醫院介紹芳村醫院收留癲人辦法）

【資料說明】以下函件來自方便醫院，說明東華醫院與省城主要醫院聯繫密切，早已建立有系統的省港醫療網絡，收留類似神經病等特殊病人。縱使是精神病患者，一般窮等人家與家境富裕者，待遇亦不盡相同。

東華醫院

列位善長先生台鑒：敬复者昨接

大函，有神經病女子轉送入芳村惠愛醫院[3]，即癲狂院，留醫等節，遵即派員往芳村癲狂院調查，并將

貴院來意轉知。據該院長云：轉送人入院有兩層辦法，若該女子係尋常人，不拘招待與地方之優劣者，可在港請王家醫院將該女子行文送到省城警察廳，由廳彙送該院，自然收納，此乃普通留醫辦法，因警廳有公欵撥入該院經費也。若該女子係富貴家人，須得好招待、好地方，則照該院所定規則辦法云云。茲將其留醫規則一紙付上，希為

查照是荷。專此奉復，即請

善祉

城西方便醫院謹复

中華民國庚年八月初六日

芳村惠愛醫院留醫規則（略）

[3] 一八九九年由美國長老會傳教士嘉約翰（John G.KERR, John Glasgow Kerr）於廣州創辦。

一九二三至二四年度董事局會議紀錄（東華醫院董事局一九二四年一月廿七日會議紀錄——惠愛醫院來港募捐）

［資料說明］ 一九二四年惠愛精神院擴建需款十萬，來港募捐，全港中外各界嚮應，當時省港一帶精神病患者統由惠愛醫院處理。最後東華代惠愛在港

募捐等得五千八百元，籌得善款與惠愛的要求相差甚遠，反映精神病患者在當時在本港並未受到重視。

癸亥十二月廿二禮拜日會議事宜列左（一九二四年一月廿七日）

主席　馬持隆翁

（一）、馬持隆翁曰：省城芳村擬築惠愛癲狂醫院，前廿四號三點鐘，華民政務司請李右泉、馮平山、周少岐、李榮光、尹文楷、盧頌舉、黃屏蓀諸君及弟到署商量。着本院請三任總理、顧問總理、廣華總理、保良局總理、太平紳士、團防局紳等，開一大敘會，商量為惠愛癲狂醫院提倡募捐欵項，今請廖任泉先生將該院情形宣佈。

廖君任泉曰：今將本醫院大概情形畧為宣佈。本院開辦廿五年，在廿五年中留醫者數達六千五百餘名，醫愈者四份之一，本院定額原定收五百名，今已達七百五十名之上。近因地狹人多，不能再多收一名，本醫院與別不同，中國南方只淂一間，人染癲狂病症，在家殊覺不便，俱賴此醫院以為安置，本院則收回伙食費。今最重要者籌欵增建房屋，建築一間可住七十人，建築四間可住三百人，約要籌欵十萬元為建築費。今蒙本港政府捐助二萬五千元*，連各行商人士所捐，現有三萬元，請各位贊助，玉成此舉，是所厚望也。

馬持隆翁曰：今據廖先生宣佈，欲求代籌十萬元為建築費，請各位討論。

何世光翁曰：聞惠愛癲狂醫院係收回伙食費用者，首先定寔一免費額數，有此免費名目，出外勸捐方淂各人踴躍。今貴院籌款目的志在十萬元，今已在港籌淂三萬元內，本港政府捐助二萬五千元*，政府捐助之欵，即是本港僑民之欵耳，可留回五萬元之數在省城方面勸捐。

盧頌舉翁曰：先定一免費額數，將上中兩等房金收入費用以彌補免費者之費用。

尹文楷翁曰：省城芳村惠愛癲狂醫院，于本港有密切關係。羅醫生來港經將成績宣佈，各西商人士無不贊成此舉，但各西商皆觀望我華人捐欵如何，然後落筆簽助。羅醫生定于二月二號返美國，亦為此事起見，如今日不能議決，則于該院捐欵前途甚為窒碍，誠恐本港西商與及外埠人士皆觀望不前也。

何世光翁曰：建築惠愛癲狂醫院，此乃善舉，無有不贊成捐助之理。今所以商量者，欲先定一免費額數，有免費名目，各人方為踴躍捐助，否則隨緣樂助，亦無濟於事耳。

黎海山翁曰：如廖先生能即席答覆免費額數，即可即席議決，提倡勸捐，惟未審廖先生能否答覆耳？廖任泉君謂與羅醫生商妥，然後能寔在答覆。

郭泉翁主張先捐欵項若干，然後定免費額多少。

馬永燦翁、李榮光翁主張即席開捐，俾羅醫生得有成績往外埠勸捐至是。

溲由各位再三討論。何世光翁倡議將此議案押候，俟廖先生與羅醫生商妥答覆免費額數，然後再商。伍燿廷翁和議。眾贊成通過。

一九二四至二五年度董事局會議紀錄

（東華醫院董事局一九二五年五月廿三日會議紀錄——惠愛醫院來港募捐）

乙丑閏四月初二禮拜六晚會議事宜列左（一九二五年五月廿三日）

二、廣州廣仁善堂覆函，謂經已前往調查芳村惠愛醫院新建之樓兩座，其一上下兩層，上四大房，下四大房，此間已起得。下座其一上下兩層，上十二房，下十二房，此間已開工建築地基。其捐欵可直接滙交惠愛醫院帳房收領等語，請公定。

馬叙朝翁曰：今既查明惠愛醫院確係增建新樓兩座，應將去年本院在港代募捐欵五千八百元滙去，未知各位以為如何？

遂由陳少卿翁倡議照行。蘇壽南翁和議。眾贊成。

致政府書函一九二四至二六年　第一百三十六號及第一百四十三號（東華醫院致政府書函一九二六年十一月二日、十一月十六日）

【資料說明】 二十世紀初，在港的精神病患者備受歧視，醫院一般的處理方法為遣送至廣州，由於病患者無法自我照料，所涉醫療費用相當龐大。以下資料說明廣州政府亦無力負擔支出，而各地醫院均不願沾手，問題懸疑未決。由於廣州政府欠專門收治精神病的惠愛醫院鉅款，故後者拒收精神病人；東華醫院也無法負擔神經病人的經濟支出，故亦婉拒政府之請。

第一百三十六號

夏大人[4]鈞鑒：敬稟者接奉一百七十五號

鈞諭，詳及打拿船公司謂，近日省港交通恢復，請即將院內所有該公司送來之神經病人盡遣回里，列單來向取回費用。又云，若過本年十一月五號不遣，則一概使用不負責等語，各節拜悉一切；查現時留院神經病人已失其知覺，且問非所答，不知是何處人氏。敝院實無從遣發回里，除日前遣

去六名外，尚存有十三名，內有二名身故，實有十一名在院，其費用應計至出院時為止，請為轉
復打拿船公司為荷。專此，敬請

勛安

東華醫院董等頓　丙九月廿七日
一九二六年十一月二號

第一百四十三號

夏大人鈞鑒：敬禀者接奉一百八十四號
鈞諭，詳及神經病人等廿七名，着函詢廣州，如有癲人院可否收留之處，並着設法送往，各節拜悉
一切。查廣州芳村有癲狂院一所，如有神經病人，向由本港國家醫院遣發廣州政府轉送癲狂院留
醫。至于費用乃廣州政府担任。現聞廣州政府尚欠該院費用，其數甚鉅，該院未肯再為收留，前
經託省方便醫院函問，亦云如此。若由敝院直接送往該院，費用定必由敝院每月繳交，故敝院未便担
負此無期費用，且破壞向章，是以無從遣發也。謹此奉復，希為
荃察是荷。專此，敬請

勛安

東華醫院董等頓　丙十月十二日
一九二六年十一月十六號

[4] 指當時華民政務司（HALLIFAX, Edwin Richard），任期一九一三至三三年。

一九零七至零八年度董事局會議紀錄（東華醫院董事局一九零七年八月廿日會議紀錄）

［資料說明］　腳氣病是十九世紀末、二十世紀初的常見病症，病者因營養不良而導致腳部腫脹疼痛，治癒需時。本港醫院多會將病人轉送內地。東華多將病人遣送至廣州方便醫院，而廣州方便醫院會派送緣部透過東華募捐，資料說明每年遣送回省治理之數不少。

七月十二晚會議（一九零七年八月廿日）

省城方便醫院向來招待上省時症病人及本院脚症病人，不分畛域，久為闔港居民所感戴，計全愈出院者不計其數，而其中省路斃而不及救、與夫服藥而不能救者，其數亦不少，茲方便醫院同人復倡建萬善緣勝會，付來緣部數十本，理應代為派送，至於燈籠及乾齋等物，因港地阻陟之故，擬一律免送。眾皆允洽。

政府公函［華民政務司來函］一九一一年　第五十號（政府致東華醫院函件一九一一年一月廿四日——腳氣病原因）

［資料說明］　腳氣病實際上是一種貧窮病，得病原因是營養不良。病症的普遍，可反映當時社會一般人的生活質素不佳。由於一般人對發病原因並不了解，政府特請總理廣佈民眾，預防腳氣病。

第五十號

列位總理先生鈞鑒：啟者現由衛生司考查脚氣症發生之由，係因多食白米，餸菜不足所致，特奉

督憲札諭，出示布告各居民週知，斟酌食用，以杜其患。茲將告示九百張送上，希

察收設法頒布各居民知之為荷。此候

日祉　　西一月廿四日

計付告示九百張

東華醫院函件［東華致外界函件］一九二二至二五年
（東華醫院致外界函件一九二五年二月廿九日——腳氣病人遣送）

【資料說明】 以下詳及送省腳氣病病人名單及醫院補貼之川資、遣送人數達四十名、病人年齡介乎十六歲至六十一歲。信內提及時人相信水土不不服為導致病患原因之一。

方便醫院

列位善長先生大鑒：敬啟者茲着院伴林南、黃亨、梁國三人護送上脚氣病人何閏等四拾名，懇求

貴院收留調治，俾得轉離水土，早占勿藥，不勝厚幸。敝院總理給病人每名傍身費用壹元，并每名

轎費七毫半，合共省毛銀七拾元，茲由本港天福銀號滙省登龍街慎安號交上，希為

察收，代為發給是荷。專此，并請

善安

東華醫院謹啟　乙（一九二五）二月廿九日

計開（病人名單略）

外界來函一九二五至二六年

（東華醫院外界來函一九二六年六月十五日——腳氣症土方）

【資料說明】　以下海外來函附上治理腳氣病藥方，來信更細心地提點東華醫院用玻璃架安放該藥方，可見時人對中藥治病頗具信心，反映東華醫院標榜中醫治病，得到海外華僑的認同。

敬啟者：茲奉呈脚氣症獨步良方四張，到祈照收，如收妥，敬求尊處代為宣傳於人，是所切禱。此方專醫脚氣，無論男女老少及孕婦，患此症者，照方食之，必能藥到回春，真有百發百中之靈效也，望祈留意焉。此方最淂法者，莫如用玻璃鏡架鑲住，安置於　貴醫院內，掛在墻上至當眼之地點，俾淂人人觀看。知到有此妙方，以期方便於眾，則功德無量耳。經曰：勿謂善小而不做，職是之意也。臨書怱怱，未遑多奉。謹此拜托，恭請

善安

東華大醫院

貴執事先生均鑒　丙寅六月十五日

此方最善法者，莫如犧牲三、四元整玻璃鏡架四個，將此方鑲好安置於　貴醫院內各養病所，每間用壹個掛在墻上至當眾之地點，俾淂人人觀看。有此百發百中之妙方，以冀其患此症者食之，淂獲安痊，不致為異域之鬼，則做福於無窮耳。此事如蒙許信，果能達淂到目的者，而將來貴醫院與　貴執事先生之功德亦無限量也耳。書曰：作善降之百祥，豈非然乎？

脚氣病獨步良方（略）

一九三三至四四年東華對外廣告（一九三五年九月廿八日——遣送腳氣症病人）

［資料說明］　長期以來，遣送腳氣病人一般利用輪船，但是次遣送一百三十多名病者則改用火車，醫院動用醫務人員及職工多達三十一名，總理也有參與，醫院更租賃專車護送，可說是一次大規模的遣送，說明遣送長期病患者工作之艱鉅。

東華、廣華、東院三大善院之脚氣症及脚軟病人，共有一百三十餘名。於昨日聯搭九廣路十二時三十五分開行之中午快車上省，送入方便医院調治。查該院往年尚有將脚症病人送省醫理，後因各輪船不准病人附載，致近年不能遣送，遂致日積日多。今年總理以脚症病人必須轉離水土，方能治愈，為希望其早日全愈起見，故與方便医院磋商，請其收容療養，并向九廣路局接洽，准將病人由車運送上省，往返磋商，籌備月餘，始見實現，聞昨日由路局派出車卡兩架，專載三院病人，該院因人數眾多，十字車不敷應用，復租賃大酒店巴士兩架，由上午八時起，將各院病人直接運送到站。是晨，該院主席冼秉熹及總理高福申紹早即到廣華医院及車站料理，至東華及東院則由總理吳澤華、李拜言兩位分別担任照料，指揮一切。迨後，各總理復到車站視察，督率各工程□囑人妥為安置車上。至十二時方始離站歸去，該院為病人安全起見，派出男看護九名、女看護四名、男女工役共十八名，由廣華西医生李清華、司理盧夢周督率各職員，沿途護送，復預備粮食茶水及救傷二物，以備需要。該院主席冼秉熹恐妨路上或有意外事情發生，亦隨車同往，以便應付；又事前派定總理冼偉文，先于前晚附搭夜船，上省到方便医院報告，俾其準備床鋪及到大沙頭車站照料一切。此次該院總理對于遣送脚症病人極為週到妥善，各病人均為欣幸不已云。

（請作複稿）廿四　九　廿八

外界來函一九三二至三六年

（東華醫院外界來函一九三五年十一月十二日——方便醫院規模）

【資料說明】以下信函提及方便醫院中西醫生人數、門診時間及勸捐成績，足見其性質與東華醫院相類似，兩者理念相近，故彼此為長期盟友。

冼主席[5]暨

列位總理台鑒：職奉

總理命上省，于十日携公函往方便醫院……　該院有西醫三名、中醫六名，每日由晨早至十二点以前診視留醫病人，十二点以後至五点為贈醫街症時期，隨到隨診，另設候服葯室一所，因所施葯劑俱由院代為煲煎，按號數分發各病人，在院服食，然後出院。每日所施葯劑約百二、三十名，以該院贈醫時間五小時之久，而所施中葯僅百餘劑，可見此办法于病人实受其惠，而無濫施之弊……

現該院舉辦萬人緣，據劉君謂，在三個月前已進行籌備，向全市商戶沿門勸捐，并分發萬善緣募捐箱往各酒樓茶室，以增收入。現在院後餘地建醮棚一大座，約七丈餘高，規模宏大，另有傀儡戲棚、八音棚、誦經棚、齋棚約共七、八座，有分來往路，秩序井然。該棚價值壹萬弍千餘元，該附薦位正座以價高者得，其餘分五百、三百、二百、一百、五十、十元、五元、三元、二元、一元、五毛數款，每款設一人管理收銀及登記，隨將該捐款人芳名標貼院外，至各僧道尼俱當義務，祇供給伙食及來往舟車費而已。謹將經過情形及往省各費用列單呈報，仰

希

察核是荷。肅此敬頌

善祺

職黃述明謹上　一九三五*年十一月十二日

[5] 即當年董事局主席冼秉熹。

同治癸酉十二年徵信錄（一八七三年東華醫院徵信錄——天花痘症規條）

【資料說明】醫院規條第一款說明東華醫院不收留天花痘症，後因彌患痘症人數眾多，華人對中醫治療天花方法深信不疑，政府遂允許東華將玻璃廠改建的舊院重新整潔，設法收留痘症病人。政府政策轉變原因未明。規條提及照料病人着重衛生，採用隔離方法，並以傳統食療概念作為醫治基礎。規條從工人必需種過洋痘，及出過天花，可知一八七零年代，港人已懂得利用疫苗預防天花。痘症雖傳染性高，但醫院對患者的處理方法與花柳病患者大不相同，引證德標準仍為收症的主要準則。

天花痘症規條　癸酉年擬

一、本院於天花痘症、向例不得收留，非為薄視此等病症。蓋緣院內地方無多，又慮互相傳染，誠恐有碍別等病人，惟見每患此症，苦無妥善之所，幾使調治無方，是以特稟　英憲請將舊醫院[6]地方從新整潔，設法收留并專人診治，俾來醫者得其所在，冀其勿藥有喜也。其地業經堅督憲[7]親臨察視，已蒙允准，諭令舉行。謹將規條臚列於左：

一、患痘症入院調治，無論男女壯幼，必須其父母或至親兄弟戚友一位同來，以便早晚服待，雖院內服役有人[8]，究不若其至親之方便矣。

一、十歲內孩童患痘入院，其同來服侍之人則不拘男女；如患痘症人係十歲以外者，男則男子同來；女則婦人同到，以示區別。

一、痘房亦宜分別男女，以肅　院規。如同來之人係男服役，則在天字號房；女服役則在地字號房，似此男女有別焉。

一、凡痘症人進院，仍須到大院司事處，照例報明填冊方准收留。

一、患痘症人所用衣服、被褥、床蓆、大小便桶及各等器用，另擇妥善地方分別安置，加意潔淨，不得與別等病人什物混亂。

一、患痘症人所食戒口菜式，須聽醫師吩咐，俱由院內發給。倘有自外携入者，仍要請問醫師，允准合食，方許帶入。

一、患痘症人之衣服、被鋪及各什物，要在原處淨洗，不准帶入大院，庶免氣息相傳。

一、痘症房最忌污穢，凡各處地方必須加意潔淨，窗門亦宜光明通爽，務使風氣調和，庶使痘人易於見效。

一、服役工人必要曾經種過洋痘，及經出過天花痘者，方可任用，免至傳染。

一、痘症房添僱男女服役各一名，煎藥工人一名，其所司職守，悉照大院規條辦理。

一、病人進院就醫，規條甚多，殊恐未能盡錄，凡有未及列者，亦俱照大院章程辦理[9]。

以上規條或增或改，俱由問人集議定拿，然後舉行，如有尚未盡善之處，仍望隨時會議更正可也。

[6] 即為堅尼地城玻璃廠，一八九零年代鼠疫時期用以收容疫病者。

[7] 指當時總督堅尼地（KENNEDY, Arthur Edward），任期從一八七二年至七七年。

[8] 當時東華醫院並無看護，這裏應指一般病房工人。

[9] 此款與徵信錄規條的總結相同。

一九一零年西環痘局

一九零八至零九年度董事局會議紀錄（東華醫院董事局一九零九年九月五日會議紀錄——督憲批准西環分局改作痘局）

【資料說明】 總理對督憲批准西環分局改為痘局之決定喜出望外，可見總理對中醫治痘之執着。直至一九三六年，西環痘局肩負治療天花及其他傳染病之重任。

己酉七月廿一禮拜日會議事宜列左（一九零九年九月五日）

一、七月廿一日東華醫院會議，到者十餘人，主席冼德芬翁起而言曰：今日請到翁列會，為商量安置疫局、痘局捐欵事宜。前蒙政府給摩星嶺地一段，為敝院建造痘局之用，經由工程師丹拿先生勘地繪圖，擬即興建，今因查淂摩星嶺之地墳墓太多，諸□不便，以故遲遲未發。且見西環分局，置閒不用，遂擬將該局改作痘局，西曆七月七號禀請政府在案。昨奉布政司函覆，稱謂督憲[10]恩准施行，仰見督憲俯順輿情，洞切民隱，隱利澤施，于百姓功業過于前人，自本港有督憲以來，未有盛于盧制軍者也。前蒙各善士所助痘局、疫局捐欵，共約有六萬四千餘元，內有三千一百元係日本國大商家所捐，昨奉日本領事官來函，謂今既不建築痘局，該欵項任由各總董備办善舉，無不樂從云云。捧讀之□，感激奚如，今弟擬將捐欵撥入醫院公項，以為建造新街疫局，及將西環分局改建痘局，并整頓醫院一切，未審諸君以為然否？何棣生翁曰：此議亦甚□，但油蔴地經督憲給地建造痘局，約要萬餘元之譜，倘有餘款可撥，以成此舉，亦為公益也。

主席遂倡議將捐欵撥入東華醫院公項，除支建造新街疫局，并將西環分局改建痘局，及整頓醫院外，倘有餘欵，然後集議提撥建築對海痘局。何棣生翁和議，眾皆贊成。

[10] 指當時港督盧押（LUGARD, Frederick），任期一九零七至一二年。

一九二四至二五年度董事局會議紀錄（東華醫院董事局一九二五年一月卅一日、二月三日會議紀錄——政府應允出資重建痘局）

【資料說明】董事局與政府討論遷建痘局的條件，總理成功爭取政府出資重建，並提及新舊痘局的規模及地段，此為前述未備或未詳之資料。

乙丑正月初八禮拜六日會議事宜列左（一九二五年一月卅一日）

（一）、馬叙朝翁曰：本院接到華民政務司來諭，謂政府新撥地段移建本院痘局，詢問擬收容病人若干、住辦事人若干，及對於此事有何意見。想痘局地方關系本港居民至為重要，故請各位到來商量辦法，回覆前途。今請盧頌舉先生將痘局新地点及手續宣佈。盧頌舉翁曰：痘局新地点係在黃屏蓀翁任内給出，非由弟等任内經手者，今據華民政務司來諭，是否為本院建回痘局一間，抑或由本院自行建築，此層應當研究也。

（二）、馬持隆翁曰：去年弟等任内於ＡＢＣ三處地段已經定寔一處為建築痘局之用，初時政府欲補五萬元，由本院自行建築，本院預算建築費用約需十餘萬元，因此本院未允答應，隨後與活大人[11]謁見督憲[12]時，力求政府為本院起回痘局一間。據督憲云，於欵項上並無問題，總求從速搬遷，免至連近居民；第二層欲早日改作差館之用。由此觀之，政府似有允意為本院起回一間也。

（三）、馬叙朝翁曰：觀來信措詞，亦似有為本院起回一間之意。應如何回覆，請公定。盧頌舉翁曰：請主席先見華民政務司，然後用公函答覆為合。至是由司理將西環痘局原始宣佈曰：西環痘局初名疫局，其地段係蒙政府給出，右便之地係本院買入者，建築時捐得四萬五千餘元，於辛丑（一九零一）十月落石，廣恒號承造，價銀四萬壹千六百元。該局占過本院買入之地界內，至冼德芬翁任內始將該局要求政府准我華人用以留医痘症，遂將疫局改為痘局，將疫症病人撥回本院調治。查現下之痘局，約可留医病人七十名之譜，近因人煙稠密，由盧頌舉翁任內，政府始有意另給地段改建痘局之議也。

（四）、馬叙朝翁曰：西環痘局地段一六一三號*，三萬零六百廿五方尺，四便潤每壹百七十五尺；又一零八二號*地段四萬方尺，四便潤每弍百尺。查一零八二號*地段係由本院用價五千餘元買來者，將來政府撥地建築，是否以地換地？盧頌舉翁曰：本院買入之地，政府必不取用也。

（五）、馬持隆翁曰：請主席於禮拜日先到痘局新地点察看清楚，然後於禮拜一日謁見華民政務司，將今日之議案解明，求政府為本院起回痘局一間，以一間換一間。至於起過本院買入界內之地，則照數交還。在座一致贊成通過，並議決預算痘症病人床位壹百名、自理房十間至十弍間、工人房六間、中醫房壹間、西醫房壹間、殮房壹間，另預備安買黑箱地方。

乙丑正月十一日禮拜二會議事宜列左（一九二五年二月三日）

三、馬叙朝翁曰：昨因改建西環痘局之事，弟已謁見華民政務司。查前時公文，政府本欲補回五萬二千元*由本院自行建築。今已定寔由政府完全撥地出欵為本院起回一間，而本院則將西環痘局交回政府，至於本院所買入四萬方尺地，仍歸本院收回，並定寔用B字地段建築新痘局，以容病人床位八拾名為率，自理房弍個，中西醫房各壹個，其餘工人房幾個，及殮房等由則師支配，請將此事補錄議案，以備考查。

[11] 指副華民政務司活雅倫（WOOD, Alam Eustace）。

[12] 指當時港督司徒拔（STUBBS, Reginald Edward），任期一九一九至二五年。

一九零九至一零年度董事局會議紀錄（東華醫院董事局一九一零年六月廿五日會議紀錄——麻地痘局源起及工程）

【資料說明】 蔴地痘局與廣華醫院並時而生，不過由於日後廣華走上西化，加上痘症因疫苗的普及日漸受到控制，利用中醫治療痘症之痘局漸趨沒落。

庚戌五月十九禮拜六日會議事宜列左（一九一零年六月廿五日）

一、主席劉鑄伯翁曰：昨禮拜四，接得撫華道[13]由　何啟翁遞來公文一函，所詳係油蔴地建築痘局之事。原弟等未接任以前，已蒙　政府給地一段，恩准在油蔴地建築痘局，與廣華醫院一統歸本醫院總理办理，茲寄來圖則，着本院存案。前何曉生翁在西環倡建分局，因未有醫痘明文，遂當為傳染局，只准留醫疫症，而不准痘症在內醫治。至昨年始行恩准痘症病人在分痘局用華醫調治。故办此等事湏預先聲明，免日淩多生枝節。油蔴地之痘局捐款，經上任議案撥銀壹萬元至壹萬二千元*為建築之用，茲公文內所定章程第六款謂，所造之溝渠通至大渠，其費用由痘局自出，及其工程亦須合工程司司使之意為度，未審如何方合該司之意，且不知將來該費若干。又第七款謂痘局落成後，如有居民在附近四百嗎（碼）之內建築屋宇，湏要收痘局拆去。如此預訂，將來難免虛耗之慮。弟欲函懇撫華道將此二款轉詳　督憲示覆，然後定奪，未審列翁以為可否？

李瑞琴翁倡議：照主席意，致函撫華道，將此二款轉詳　督憲[14]，俟示覆，然後定奪。

胡蘊初翁和議，眾贊成。

[13] 即 BREWIN, Arthur Winbult，任期一九零一至一二年。

[14] 即當時港督盧押。

一九零九至一零年度董事局會議紀錄

（東華醫院董事局一九一零年十月十八日會議紀錄——油麻地痘局章程）

［資料說明］ 有關油蔴地痘局的章程共六款，全部討論工程問題，尤以排污為主，並無涉及中醫及西醫調理痘症方法，可見政府相當重視痘局衛生設施。

庚戌九月十六晚會議事宜列左（一九一零年十月十八日）

主席劉鑄伯翁曰：油蔴地痘局，前因所定之章程不妥，故延至於今。昨與撫華道晤商，謂此章程亦無大碍，着從速開工。計章程共有六款：

一、該痘局要用明渠俾污穢水去一所吉地，在吉地處用不盪油瓦渠分開發流去別處，該瓦渠限入地一尺深，不能過多。

二、所用之吉地要種草木，最好係種青草。

三、所有擸𢶍如紙碎、樹葉等，不可流入瓦渠，須用渠口鉄阻隔。

四、污穢水未流入瓦渠之先，要用渠閘截出淤泥，不可流入渠內。

五、所用之吉地每年領牌照一次，納地稅每益架納銀三十元*。

六、以上章程如有違背不潔淨，國家先通知六個月可以收回成命，或國家之渠造到該吉地處，亦可將以上章程作罷。無論如何办法，所有造渠費應由醫院自行支給，至醫院接入國家之渠工程，由公務局辦理，仍由醫院支給。

以上章程六款係工務司交晝則師者，如照此章程，可不用築暗渠。計此办法一千五百元*可以造淂。

劉鑄伯翁倡議照此章程辦理，胡蘊初翁和議，眾贊成。

政府公函［華民政務司來函］一九一九至二一年　六十一號

（政府致東華函件一九二零年五月十一日——政府擬收回痳地痘局）

【**資料說明**】政府意圖收回痘局理據有二，一為東華「不納地稅」，二為「無人到局」，可見一九一零年代末期，一九二零年代初期，華人已掌握在家治療痘症方法，毋需到痘局醫治。

六十一號
列位總理台鑒：現工程司因九龍痘局不納地稅，應將其牌照取消，收回該地等。由本司查該痘局數年以來，均無人到局就醫，歲糜欵項，似屬無益。現奉
政府將該地收回，未知
貴總理等意見若何？請
示覆為荷。此候
日祉
五月十一日

廣華致東華函件一九二五至二九年（一九二七年三月廿三日）

東華醫院列位善長鈞鑒：敬啟者敝院何文田痘局[15]於辛酉年因台山爆竹公司失慎被焚，聞當時
政府將該局地址收回，允補回經費與醫院，惟當時未知如何辦理，同人等甚欲知此事之詳情如何，茲特函請查明
示復為荷。此據
善安
廣華醫院一九二七*年三月廿三號

[15] 即麻地痘局。

一九一八至二一年度廣華醫院會議紀錄

（廣華醫院一九二零年十一月廿八日會議紀錄——出租蔴地痘局）

【資料說明】 出租痘局之建議來自政府，東華接納此議，廣華總理並未知情，故於一九二七年時致函東華問及此事。

庚申十月十九禮拜日在廣華醫院敘會（一九二零年十一月廿八日）

三、李桜伯先生又函：十月十三日接到東華醫院來函，謂奉華民政務司函，聞已將油蔴地疫局租與台山電光炮竹公司，每月租銀柒拾五元，係上期交到該署。查電光公司係胡元攀（別字冠昂）司理，台山縣人，可否註明議事部，俾知來歷。眾贊成。

政府公函［華民政務司來函］一九一九至二一年

（政府致東華醫院函件一九二一年二月廿四日——政府決議收回痘局）

【資料說明】 一九二一年政府以「既不實用又租與人」為由收回痘局。不過一九二零年底出租痘局乃政府建議，政府現反指責東華將痘局出租，實在有欠公允。

廿五號

列位總理台鑒：九龍內地段一千二百四十號當時
政府批與
貴院設立痘局，聲明如不用時，
政府即行收回，現該痘局既不實用，又租與人為炮仗廠，是以 政府實行收回。請
貴院 即行致函 政府，承認取消該處批約內及其餘一切權利為荷。此候
日祉　　二月廿四

一九二零至二一年度董事局會議紀錄（東華醫院董事局一九二一年三月二十日、三月廿三日會議紀錄——爆竹公司爆炸焚毀痘局）

【資料說明】 是次董事局的討論提及一九一九至二零年度何世光任內，總理與政府已商妥收痘局條件，不過一九二零至二一年度總理仍不願交回痘局，廣華醫院是政府推廣西醫的堡壘，政府自然希望透過廣華收回痘局，是次電光爆竹公司爆炸事件發生於談判僵持之際，痘局最終因意外事件被收回。

辛酉二月十一禮拜日會議事宜列左（一九二一年三月二十日）

五、華民政務司來諭，着本院即行致函政府，承認取消九龍痘局及批約內其餘一切權利，請公定。

李亦梅翁倡議：定期本月十四禮拜三日下午兩点鐘，請顧問總理、協理、廣華醫院值理會議，然後定奪，朱嶧桐翁和議。

辛酉二月十四禮拜三日會議事宜列左（一九二一年三月廿三日）

一、昨奉華民政務司諭，着本院即行致函政府，承認取消九龍痘局及批約內其餘一切權利，請公定。

李亦梅翁曰：列位顧問值理，今日敘會有兩事磋商。其一，廣華醫院痘局事宜；其二，廣生行租舖事宜。本院先一日接到華民政務司來諭，謂政府將廣華痘局寔[16]行收回，不料於第二日即為電光炮竹公司失慎焚去，當時同事多不願將痘局交回政府，故將此事押候磋商。玆再接華民政務司來諭，着即致函政府承認取消等語，弟經偕同劉君鑄伯往見羅大人，據云此事經上任總理與夏大人商妥補回上蓋三千五百元，已批部作寔，似此不能不遵　諭办理，但痘局地段係政府給與廣華醫院者，可否再請政府另給相當地点以資彌補。

李葆葵翁曰：此事既由上任總理與夏大人商妥，理應將痘局承認取消。

眾以為然，並即致函華民政務司，求給相當地点。

[16]「寶」之異體字，下同。

致政府書函一九二四至二六年　第一百廿四號（東華醫院致政府書函一九二五年九月廿一日——一九一五至二四年治痘成績）

［資料說明］　以下信函包括一九一五至二四年年度痘症病者留醫、痊癒、死亡人數，數據顯示天花患者死亡率約五成，某些年份留醫人數更在十人以下，說明患天花者不一定到醫院留醫，這些數字為當時治療天花情況提供了補充資料。

第一百廿四號

卓大人鈞鑒：敬禀者前奉一百四十三號

鈞諭，詢問十年來留醫之痘症每年共若干宗、醫好者若干、死者若干，茲特開列奉呈，希為　荃

察是荷。專此，並請

勛安

東華醫院董等頓乙丑（一九二五年）八月初四日

西曆九月廿一號

計開

一九一五年	留醫六*名	醫好者二*名	死者四*名
一九一六年	留醫一百七十五*名	醫好者一百零四*名	死者七十一*名
一九一七年	留醫一百零五*名	醫好者五十八*名	死者四十七*名
一九一八年	留醫五*名	醫好者三*名	死者二*名
一九一九年	留醫四*名	醫好者二*名	死者二*名
一九二零年	留醫六*名	醫好者四*名	死者二*名
一九二一年	留醫者三十二*名	醫好者十四*名	死者十八*名
一九二二年	留醫者四十六*名	醫好者廿*名	死者二十六*名
一九二三年	留醫者二百二十九*名	醫好者一百零七*名	死者一百二十二*名
一九二四年	留醫者一百四十七*名	醫好者七十一*名	死者七十六*名

一九三零至三一年度董事局會議紀錄

（東華醫院董事局一九三一年二月一日會議記錄）

【資料說明】 一九三一年政府取消允許華人家居治痘條例，條例推出後總理以華人代表身份，力爭允許華人在家治療痘症。由於預防天花疫苗日漸普及，天花病患者數量不斷下降，反對此條例的聲音不多。政府亦因此加快了推廣西醫的步伐，為一九三六年收回西環痘局鋪路。以下資料說明直至三零年代初，部份總理（如顏成坤）對中醫治療的信念仍然相當堅定。

庚午十二月十四日禮拜日會議事宜列（一九三一年二月一日）

主席顏成坤翁曰：今晚請各位到院開特別敘會，因昨據黃廣田先生面稱潔淨局二月三號敘會，衛生醫官提議取銷一九一八*年十月十五號所定之華人染有痘症可在屋內醫理一例，至於詳細請譚雅士先生代為解釋。

譚雅士翁曰：一九一八*年以前凡患痘症者衛生醫官有權將患痘症者送入痘局，至一九一八*年坊眾以此為不便，乃極力要求經潔淨局通過，凡患痘症可在屋內調治，惟須遵守以下三條件：

（一）凡有痘症發生必須通知衛生醫官。

（二）該屋內居民須一律種痘。

（三）如有痘症發生之屋，該門外須標語貼聲明屋內有痘症發生字樣。

現衛生醫官拟將此例取銷

顏成坤翁曰：我華人對於痘症認為極平常，且中醫調治極為有把握，而西人對此事則認為重要，幾乎以為凡染有痘症者必死亡。據團防局會議，此問題亦一致反對，認定前例不可取銷，現本院乃慈善機關，代表街坊辦公益，今對於此事亦應盡責討論應如何提出反對，請各舒偉論。

譚雅士翁曰：此例取銷於我華人確有困難，因我華人對於入院認為可怕，弟亦曾與各紳磋商，均以為不妥，據廣田先生亦決意提出反對，現本院代街坊辦事，應當盡責。但弟辦理院務，竟勸人不可入院，此恐有問題，弟以為凡染有痘症者入院與否，均任其便可也。

區子韶翁曰：此事必須由本院致函潔淨局華人代表，請其在席上力爭，否則再召集街坊叙會徵求民意力爭，或可免取銷。

顏成坤翁曰：倘　政府一旦取銷此例之後，若有痘症盛行發生，則居民紛紛遷避本港，情形則不堪設想，現港政府亦當以此點為考慮也。弟極贊成子韶先生之偉論。

黃禹侯翁曰：此事關於全港人民極大問題，若此例取銷，各居民遇有痘症發生當然遷避，弟以為先請潔淨局華人代表力爭，倘不能達到目的，則再請街坊大叙會解決。

區子韶翁倡議，應由本院極力反對衛生醫官之提議取銷一九一八*年訂立痘症條例，黃禹侯翁和議，眾贊成通過。

陳鑑坡翁倡議，照所議決致函潔淨局三華人代表於叙會時力爭，黃禹侯翁和議，眾贊成通過。

東華醫院董事局一九三六年九月九日、十二月廿三日會議紀錄——反對交回西環痘局

【資料說明】東華反對政府收回西環痘局，主席認為「華人與西人體魄不

同，兄弟以為凡痘症必須用中醫治理為合」，可見至一九三零年代後期部份總理篤信中醫治療。

丙子七月廿四日禮拜三會議事宜列左（一九三六年九月九日）

（三）、盧主席宣佈：昨十九日禮拜五，華民司憲約兄弟往見關于政府擬收回西環東華痘局，由政府用西醫療治，詢問意見若何。又據謂前十數年華人間有頭腦舊者，以為用中醫治理痘症為愈，現查政府医務年報之死亡冊，年中患痘症死亡者，中醫較西醫為多云。查東華痘局始自一千九百年准由中醫調治，已有三十六年之久，至一九三零*年政府擬收回痘局改為傳染症院，曾聲明仍准用中医治理痘症有案，兄弟以為必須力爭，萬難交回政府用西医治理，各位以為如何？

顏鏡海翁曰：此事關係全港居民利益，須盡力爭回，偶一不慎被政府收回，必受萬民痛罵。且華人習慣與西人不同，西医治痘作外科洗治，我華人治痘用鮮毒內托，而華人與西人體魄不同，兄弟以為凡痘症必須用中医治理為合。至云用西医成效好，本院亦有西医担任，故務須力爭由東華管理，准用中医治理痘症，以利僑港居民。

劉景清翁倡議：照上述理由，交託盧主席向華民司憲面陳一切，請政府收回成命。

陳正民翁和議，眾贊成通過。

丙子十一月初十日禮拜三會議事宜列（一九三六年十二月廿三日）

（三）、盧主席曰：關于西環痘局事，昨禮拜六華民司憲約兄弟到署叙晤。據謂是年總理所办理三院院務非常滿意，惟歷年來對于西環痘局料理似未甚完善。查該局在三十六年前建築，據當時則師謂，該局可保存四十年，現計尚有三、四年時候，且日久失修，殊屬危險，理應重建。前接理藩院來文，着特別調查該局云，兄弟即答華民，若該局必須重建時，以本港熱心之士大不乏人，總可捐欵建築。又據華民謂，雖然有欵建築，以現在三院事務之繁劇，本司極不願貴院再涉及痘局，倘有痘症，可轉入皇家痘局醫治，可准用中医治理。若將痘局交回政府，政府自有相當價值補回醫院，則院中經費亦可藉以彌補云云。各位以為如何，請發揮偉論；僉以事体重大，當年不敢負此重責，倘必要時，惟有召集顧問及歷任總理叙會，以付表決。

眾以為合。

東華醫院函件［東華致外界函件］一九二一至二二年（東華醫院致外界函件一九二二年，日期不詳——傳染症收治辦法）

［資料說明］　東華向廣惠肇留醫所交代傳染症的收治方法，說明一般疫病會送往西環痘局醫治，並查明病人地址，請潔淨局派人往病者住處進行消毒，可見經歷十九世紀末瘟疫一疫，港府相當注重衞生。

廣惠肇方便醫院[17]

列位先生台鑒：敬覆者接奉二月初四日

華翰詢問敝院傳染症留醫所章程，及向政府求准人情之文稿以為

貴院添設傳染症留醫所根據辦法，具見

貴院辦事週備，無微不至，曷勝感佩。查初時本港疫症一宗，敝院則遷往西環分局調治，自己酉年後將西環分局改為痘局調治疫症病人，□□□大英政府允准敝院收入院內醫理。無論中西醫生聽由病者自擇，惟須查明病人住址。如西醫生定為疫症及傳染等症，即由西醫生報知清淨局，向病人住所薰洗。英政府於我本港華僑疫症者，無不通融辦理。故敝院傳染症留醫章程，及向政府求准人情之文稿，兩未有也。專此

奉覆，並頌

台安

東華醫院謹啟　壬□月初一日

[17] 指今天的星加坡「廣惠肇醫院」。

一九二八至二九年度董事局會議紀錄（東華醫院董事局一九二九年三月十四日會議紀錄——東華醫院華人入院留醫規則）

【資料說明】 一九二零年代末的留醫規則告示共十二條，總結當時東華醫院對各類病人收治的情形，當時醫院對某些類別病人如痲瘋、花柳、精神病等，仍無法收治。

東華醫院華人入院留醫規則

本醫院刱辦數十年，素以惠愛僑胞，專辦慈善事業為主旨，而於留醫施藥尤為異常注意。蓋香港係兩廣轉運之要區，亦即南北各省人民來往外洋必經之所，我華人僑居是地，人數幾及百萬，殷富雖屬不少，而勞苦謀生實居多數。四時寒暑疾病侵尋，殊為可憫，此本院歷任總理所以不惜締造艱難，為我僑胞謀辛福、袪疾苦，而特從事於留醫施藥，悉心籌畫，不遺餘力，以至於今日也。倡於前者既不辭勞，繼於後者何敢或懈？惟是入院則外間多有未知，有謂我僑胞有病欲入本醫院醫理，必要有店章或人名担保方得收容，遂使病人裹足，誹語横加，此皆未明真相之所致耳。茲特將入院各規則開列於后，俾僑胞之有病求醫者知其梗概，不至有所誤會也。

（一）凡病人入院，如在（普通房）就醫者，一概免用商店圖章及人名担保。

（二）如病人入院，若在（自理房）就醫者，必須要商店圖章担保其自理房之費用；如交下按櫃銀作担保，則無容蓋章。

（三）凡病人有關於警署案件之病症，概不收納，即如汽車輾傷、服毒自殺等類，應入國家醫院調治，本醫院不敢收納。

（四）凡病人有由警署及保良局或各機關送來本院醫治者，本院只可照料醫理，但不負看守之責，合應聲明。

（五）凡病人如係患痲瘋症者，本院概不收納。

（六）凡病人如係患顛狂症者，應入皇家顛狂院，本院概不收納。

（七）凡病人到院醫理，經醫生斷為輕症，無留醫之必要者，只可贈醫施藥，回家自理，免耗院內床位，使重症者向隅。

（八）凡病人如係患花柳症，本院概不收納，如花柳而兼有別症者，本院為醫其別症，不能不收，但不設花柳注射藥。如必須注射藥者，該藥費由本人支理。

（玖）凡病人如係患痘病者，交入本院痘局，另有痘症專利醫生料理。

（十）凡病人如係手抱嬰兒，須連其母或保媽收客。

（十一）凡病人如係患傳染之病者，本院收納後，必將其隔開，另設妥當房舍，以免傳染別種之病人。

（十二）凡病人如有危症入院，無論日夜，皆即接診，惟必要該病人報明的確住址及親屬何處，恐有不惻，以便報告。

東華醫院謹啟

己巳二月初四

東華醫院華人入院留醫規則

本醫院刱辦數十年素以惠愛僑胞專辦慈善事業爲主旨而於留醫施藥尤爲異常注意蓋香港係華南轉運之要區亦即南北各省人民來往外洋必經之所我華人僑居是地人數幾及百萬殷富雖屬不少而勞苦謀生實居多數四時寒暑疾病侵尋殊爲可憫此本院擔任總理所以不惜締造艱難爲我僑胞謀幸福袪疾苦而特從事於留醫施藥悉心籌畫不遺餘力以至於今日也倡於前者既不辭勞繼於後者何敢或懈惟是入院則外間多有未知有謂我僑胞有病欲入本醫院醫理必要有店章或人名担保方得收容遂使病人裹足誹語橫加此皆未明眞相之所致耳茲特將入院各規則開列於后俾僑胞之有病求醫者知其梗概不至有所誤會也

(一)凡病人入院如在(普通房)就醫者一概免用商店圖章及人名担保

(二)如病人入院若在(自理房)就醫者必須要商店圖章担保其自理房之費用如交下按櫃銀作担保則無容蓋章

(三)凡病人有關於警署案件之病症概不收納即如汽車輾傷服毒自殺等類應入國家醫院調治本醫院不敢收納

(四)凡病人有由警署及保良局或各機關送來本院醫治者本院只可照料醫理但不負看守之責合應聲明

(五)凡病人如係患痲瘋症者本院概不收納

(六)凡病人如係患顛狂症者應入皇家顛狂院本院概不收納

(七)凡病人到院醫理經醫生斷爲輕症無留醫之必要者只可贈醫施藥回家自理免耗院內床位使重症者向隅

(八)凡病人如係患花柳症本院概不收納如花柳而兼有別症者本院爲醫其別症不能不收但不設花柳注射藥如必須注射藥者該藥費由本人支理

(玖)凡病人如係患痘病者交入本院痘局另有痘症專利醫生料理

(十)凡病人如係手抱嬰兒須連其母或保媽收客

(十一)凡病人如係患傳染之病者本院收納後必將其隔開另設妥當房舍以免傳染別種之病人

(十二)凡病人如有危症入院無論日夜皆即接診惟必要該病人報明的確住址及親屬何處恐有不測以便報告

己巳二月初四　東華醫院謹啓

一九二九年東華醫院董事局頒佈華人入院留醫規則

一九三零至三一年度董事局會議紀錄
（東華醫院董事局一九三一年三月廿七日會議紀錄——另設專門肺癆病房）

［資料說明］ 東華對肺癆病者採用中西醫兩者並行之治療法，病人可自選治療之法，不過中醫治療則未置肺癆病房，有總理認為不妥，故有此討論。

辛未二月初九日禮拜五會議事宜列（一九三一年三月廿七日）

（十七）、黃錦培翁曰：查本院所收之肺癆症，如西醫則有分別撥入傳染症房，而中醫則否。似此肺癆症與平常症混合，殊屬有碍，應設法整頓。

顏成坤翁曰：本院仁恩房四樓已設有男女肺癆病室二所，但屬西醫管理，可否與西醫磋商，將中西醫合併為一。

區子韶翁倡議：嗣後將中西醫治肺癆症，分別男女，撥入肺癆室，合併一房，以杜傳染。

高亮清翁和議，眾贊成通過。

一九三一至三二年度董事局會議紀錄
（東華醫院董事局一九三二年二月十二日會議紀錄）

壬申元月初七日禮拜五會議事宜列（一九三二年二月十二日）

（十二）、陳廉伯翁曰：查東院肺癆傳染症病人二、三十名，與非傳染症病人同住一房，似此非常危險，應設□肺癆傳染症房，以杜傳染。

夏從周翁倡議：將樓下病房改作肺癆傳染症房。

曾寶琦翁和議，眾贊成通過。

東華醫院中西醫留院人數（東華醫院歷年徵信錄）

［資料說明］ 附表列明從一九二五年至三四年間，中醫及西醫治病人數，三院統一前，東華留院病人以西醫治理者已較中醫多。

表 II-2-1　東華醫院中西醫留院病人統計（1925-1934）

東華醫院	留醫（中醫）	留醫（西醫）	小計
1925	4,548	4,871	9,419
1926	3,543	3,975	7,518
1927	4,333	4,960	9,293
1928	4,587	6,419	11,006
1929	5,219	7,107	12,326
1930	5,548	6,675	12,223
1931	5,246	5,704	10,950
1932	5,086	5,918	11,004
1933	4,491	7,182	11,673
1934	4,484	7,532	12,016

東華醫院贈醫所

外界來函一九二二年（東華醫院外界來函，日期不詳——病人投訴醫師誤診）

【資料說明】 醫院治療病人數量眾多，被投訴的個案不多，此資料為病人指責中醫師林春華判錯症，導致病人四肢軟弱。

敬啟者：弟本月初六到院醫理，誰料林春華師徒擎弟□常說□之症乃痰火燒根，將全身身體用力而耗鋭，今弟之身四肢軟弱□常之說□症，寔屬春華醫學不精，亂談之症。叫弟在本院醫理，為是在醫施□，要弟銀十元，弟思想貴院乃就醫之所，誰料春華醫弟不合，反說要弟出院，實春華為醫不人，是以弟今奉函呈上與列位總理先生大鑒。

弟何錫頓首

外界來函一九二七至二八年

（東華醫院外界來函一九二七年十一月廿七日——病人投訴醫師誤診）

【資料說明】 由於華人恐被西醫施行外科手術，切割身體，故一般扭傷、骨折等病症，多向跌打醫師求治，但跌打醫師能否治癒嚴重的骨折或身體扭傷，實成疑問。被投訴的醫師是跌打中醫林春華，病人訴說診後二十多天未見效，又謂醫師只顧索取藥費。

海東[18]先生大鑒：敬啟者僕于舊曆四月廿二晚，偶然不慎在對海街上跌傷右手腕部，手踭骨畧為錯出，惟皮肉不傷，當時情形並非重要，蒙街坊路人將睜骨較回原位，故僕於翌早廿三日即來東華医院跌打医生林春華私室，相與訂為包醫（僕在未聘医之前，經作數回考慮，細思香港各跌打医師未能探知屬善，故不敢因為輕信，細思　貴院医生乃考取錄用，而日日有症實施，經驗自富，故敢放心求醫），遂將所訂医葯費交上一半，其始医者林春華謂十一、二日便可收功，而僕自料此傷非屬重症，且又新鮮医理，故亦以為十一、二日便可如願。不料一連二十餘日，不獨毫無見效，而返覺其硬腫劇痛。有一天，林醫將傷手用力返拗，嚦然一聲，手睜絞骨、為之當時返節，是時須即行用葯敷回。然僕回家時，已痛極，氣息奄奄，語不成聲矣，及他日到院，林医即頻頻向僕討取其餘半費。僕細思其初言謂十一、二日便可收功，今一連廿餘天尚未見效，昨日拗傷較（絞）骨，今日頻頻討款，由此推想，始疑及林医之學理未明也。由是治療數月，秩經數医師之治療，均無成效，痛苦不堪言狀，且上有老母，下有弱弟，仰事俯畜。惟僕一人，家計蕭條，更□現在調經已前後六月有餘，而身處工界，不能作工，日間有出無入，所謂求生不得，求死不能，此等痛苦皆蒙　貴院林大跌打医師所賜也。

先生慈善為懷，挽救僑胞痛苦，當能設法補救也。

僕細思此症，其始所傷非重，而求醫又速，稍有學理之医者，何□全治。而林医竟能弄至如是，若更有稍重之症，其能否施治，亦可想見矣。如何如何，請為指教，幸甚。此請

台安

港砵甸乍街四十二號*三樓

僕曹澤乾上言　十一月初四日

[18] 指當年董事局主席李海東。

一九零九至一零年度董事局會議紀錄（東華醫院董事局一九一零年一月一日會議紀錄）

【資料說明】一九一零及二八年都有設立危症病房之議，不過直到一九三三年才得以落實，審視歷年留院死亡率[19]，發現早期病人的存活率不高，既整所醫院主要收治病危者，實無必要設置病危病房，一九一零有關病危病房之討論說明當時設置病危病房的目的主要是關照各臨終病人的情緒。

己酉十一月二十日禮拜六會議事宜列左（一九一零年一月一日）

一、李瑞琴翁、胡蘊初翁巡院，欲將危極將斃之病人另遷一房，免各病人目覩飭懷，請公定。主席劉鑄伯翁曰：此事本屬善舉，弟初時亦有此心，但西醫生用意，若將臨危之病人移動，反恐速其死亡，故此事要商之西醫生，然後定奪。至所用之紅布圍屏，宜設法改良為是。

……

[19] 死亡率統計數字請參閱第一冊第三章。

一九二七至二八年度董事局會議紀錄（東華醫院董事局一九二八年二月十一日會議紀錄）

戊辰元月二十日禮拜六會議事宜列（一九二八年二月十一日）

（十一）、羅延年翁曰：弟昨與麥遂初翁往巡視各病房，每見有危症，亦同一病房，於鄰近床之輕症者有碍調養，可否另設一重症室？

鄧肇堅翁提議押候與中西醫生磋商，然後再定。眾以為然。……

一九三二至三三年度董事局會議紀錄

（東華醫院董事局一九三三年五月五日會議紀錄）

癸酉四月十一日禮拜五會議事宜列（一九三三年五月五日）

（三）、羅玉堂翁曰：查院內留醫病人其屬于危症者，當彌留之際，呻吟輾轉，致令同房病人有觸目驚心之感，且有加增病體之虞，自應設法整頓。現倡議先從東院着手，將樓下貯物室闢為收容此項危症之所，名之曰愛生房。嗣後留醫病人經醫生診斷認為危症者，即須遷往該房醫治，至單人自理房留醫病人則不在此例，又將東便五毛*女自理房改作貯物室，互相調用，以便進行。陳潤生翁和議，眾贊成通過。

徵信錄（一八八五年東華醫院徵信錄刊己卯年［一八七九］——擬習醫規條）

【資料說明】習醫規條共十六款，最早見於一八七九年，說明東華早期已自行培訓中醫。第十四款條款說明優異學員亦可兼習西醫，但規定「習西醫時亦要兼習唐醫庶不致工夫偏廢」，可見東華重視中醫的理念。

己卯年擬

一、擬收徒十人，須擇其品行端方，文理通順，年二十歲以上者，然後取錄，仍要保荐人二名，或殷實行店亦可，先行註冊，以便細查。屆期出題面試，得上取者，方准進院肄業。

二、所收學徒先擇其華英文字兼通者，或通英語英文者，亦列上取，倘弗能得此等學徒，即華文仍要通順，始准收進。

三、所收學徒每月束修、膳用、紙筆、書籍，俱由本院供給，惟衣履、被鋪等件，則各自備辦。

四、凡收進之學徒，由入院日起計，至少以學習五年為率，不得半途輟業，至廢前功。倘未滿期而擅行離學者，則按計該徒入院日若干，由保荐人每月補回束脩、膳用銀十員，另罰經費銀一百員，以為荒業自誤者戒。

五、凡學徒肄業五年期滿，仍要在本院効力三年，一以自表不忘之心，而又可擴增見識。然本院亦薄擬酬金，以免枵腹從事。計初年每月送回四両，次年六両，三年八両，如未滿五年，其工夫已經純熟者，或由本院荐往別處善堂，則不在此例。

六、各學徒五年期滿之日，即由掌教醫師并邀同院內各醫師及總理等，將其平日所學，公同考較，如果工夫穩練可以出有世用者，則本院給以憑照，并刊賣告白，以彰其能。

七、各學徒有勤惰不同，智愚亦異，茲議每三個月由掌教醫師並邀同當年總理考試一次，得列超等者，酌量獎賞，其庸惰者則記過。

八、各學徒須要謹守規條，聽師約束，毋論日夜均不准擅自出街，如有行為不端、嫖賭、吸烟等弊，固在所擯，即閒談坐臥亦有常規，倘不遵章程及荒本業者，即行斥逐。

九、各學徒中或有狡黠之輩，急於謀利，因窺本院有犯規荒業斥逐之條，以為趨避地步，不俟五年期滿，而故犯院例以圖出而惑世者，如有此弊，任本院刊賣告白，以彰其昧良之心，不致外人受其所惑。本院非敢刻薄為懷，實欲杜其取巧欺人之術耳。

十、學徒中或有質地呆鈍，性情浮躁，于醫道不堪造就，斷難望其成功者，該醫師即據實商知總理，并對保荐人說知，令其別業，免誤前程。

十一、各學徒初入館時，必須熟讀內經、傷寒論、金匱脈訣、湯頭等書，或背誦，或默書，或學臨症，或作脈論，均要遵掌教醫師囑咐，至于每日功課所限時候，及館規條統由該醫師隨時斟酌辦理。

十二、所收學徒該掌教醫師須要認真訓誨，隨時講解，方望成功。惟學醫與學文不同，必須臨症方有實效，待各徒稍知門路時，即帶往大院巡視病人，察症看方，并將院內醫師即日所收之症，或即晚所參之症，逐一求教，俾知法程。而院內醫師亦須盡心指授，無分畛域，庶不負本院作育人材之心。

十三、若學徒中有工夫純熟，可以取信院內各醫師者，即准出贈醫所贈醫，俾增見識而徵功效。

十四、各學徒待習兩年後，即擇其中聰敏及性情相近者，稟請　英憲送入國家醫院學習西醫，但習西醫時亦要兼習唐醫，庶不致工夫偏廢。或分上下半日，或每七日，每月均可。蓋醫道各有所長，苟可活人，何分中外，果能融會貫通，此人異日不特為蒼赤起沉疴，實可為　朝廷資顧問，其造就誠未可限量，幸毋畏難而失此機緣。

十五、該掌教醫師既主講席，必須盡心啟迪，規制從嚴，不可躐等以圖功，不可始勤而終怠，務求內無負己，外無負人，既有常功必徵實效，以副本院裁成樂育之懷。

十六、掌教醫師每年祇准告假兩次，每次十五天為率，不得過多；而各學徒每年亦准兩次，每次十日為率，不得過限，如有大故則不在此例。

以上章程共十六款，不過書明大略，倘有詳細未備之處，仍可隨時會商增入，以期立法盡善。

外界來函一九二五至二六年（東華醫院外界來函一九二六年十二月廿六日——廣華全體中醫投訴壓迫中醫事）

【資料說明】中醫不滿克靈夫人[20]改中醫房為接生房，提出「華人醫院當以華人為主體」，中醫向東華總理求助，說明大院仍以中醫為本。

煥堂總理先生鈞鑒：敬啟者昨承　面諭，□克靈夫人謂廣華接生房床位不敷，尚缺十餘張，要求將中醫男病澤房騰出，以為推廣接生房之用，而以沛房之一半，及將吉富如意等舊自理房改作中醫男病房，因囑弟等商議能否照办，當經召集本院全体中醫詳加討論。僉謂彼此皆是办公，如地方敷用，自無不可通融，無如病房之完全屬於中醫者，僅得澤房一間，僅容床位四十餘張，現因床位太密，改設三十餘張，在秋冬症少，尚僅可敷用。若在春夏症多，則容納至五十餘人。樓板路口無不睡滿，甚至澤房不能容，則分插在生房、沛房、祥房，亦是睡滿路口。昨今兩年罷工期內，居民減少，留醫者亦比往年為疏。而未罷工前，則年年春夏間，病房皆是如此擠擁，有上年冊記可查，現在交通恢復情形，又復如前。原有澤房尚且不敷，若易之以沛房一半，極其量僅容床位十四張，吉富如意等房合計，極其量僅容床位十二張，止此二十六張床位，如何可容六、七十名中醫男症？況吉富如意等房地方逼窄，空氣不足，尤不可以居多數病人，有此種種窒碍，認為絕對不能騰讓。然　主持院務總理自有權衡，既承詢及芻蕘不能不據实在情形以告，抑弟等更欲進一言於　先生之前，　先生與弟等皆華人也，愛護華人之心理，彼此諒有同情，是以管見所及，私向先生陳之：夫本院為華人醫院，自當以華人為主體，為總理者乃受華人所託而办理院務，一切措施自當適合華人之習慣。華人慣信中醫，觀之有名氏倡捐數萬元鉅欵，亦指定為施贈中藥之用，則一般華人心理可知矣。院內有中醫，乃能淂多數華人之信仰，而為總理者，乃能施行代表華人之職權，設若院內無中醫，已不成為華人醫院，華人遂退處於無權，而為

總理者亦無從過問。今日之欲推廣接生房，而至將中醫僅有一間病房亦要騰讓，是為壓迫中醫、銷滅華人主權之漸。本院乃治病醫院，而非產科醫院，接生不過附屬物而已，乃於接生一方面則推廣不遺餘力，於中醫治病一方面則視若可有可無之間，接生房所缺床位不過十張，若將舊接生房併入，儘可敷用，何必侵及中醫範圍，豈非重輕倒置、喧賓奪主乎？謂非欲銷滅華人主權而何，若非急行打銷，則淂寸入尺，勢必愈弄愈兇，而不可收拾。此事於弟等本無甚關繫，弟等不過五日京兆，即使院中盡裁中醫，弟等豈無他圖、何損毫末？不過為院中大局計、為華人主權及總理威信計，不得不借箸代籌。窃以為此等主權，萬不可放棄也。

先生明達，當不河漢斯言，總理者，主理全院事務，倘認為不可行，有權可以拒絕之，除覆函本院總理陳明外，並請　先生力為醫正，毋使太阿倒持，授人以柄。　先生以為何如，此函係屬私

談，只可對先生及各總理密陳，若為他方所悉，則芥蒂益深，愈生枝節，請萬勿宣之於外，亦不必留存也。耑此。又請

善安

中醫 何佩瑜 區伯明

宋遠齡 何文名

十二月廿六號

[20] 克靈夫人是二十年代影響力最大的政府醫官，曾在東華、廣華兩院引入看護制度。

外界來函一九二八至二九年

（東華醫院外界來函，日期不詳——聲援方便醫院堅持中醫）

【資料說明】 方便醫院來函投訴中央衛生委員會摧殘中醫，請求東華聲援，說明東華在中醫界的重要地位。後來東華將歷年中醫留院及贈診人數紀錄借予方便醫院參閱，目的在說明中醫治病之成就，此事證明一九二零年代後中醫地位動搖，而總理支持中醫的立場堅定。

…………現近泰西醫學自歐米大戰[21]而後，已覺化學藥品之效果，反不及天然動植之神妙。故德國實行研究本草，亞米利加[22]（落花來）研究所亦由中國聘漢醫，以拓新圖。至日本明治維新以國法禁漢醫後，致□羸者逐年加增，貧寠多陷於自棄，及後乃有東洋醫道會中興漢醫之建議。

至我輩就任廣州方便醫院，每年留醫者不下二萬餘人，歷年治症俱用舊醫方法，四診辨證，分經用藥所治之傷寒、溫病、雜症、痲痘、跌打，種種危難險惡之症，為外人所不治者，無不立著神效。…………懇請主持公道…………

東華醫院鈞鑒

廣州方便醫院全體醫生（略）等叩

[21] 即第一次世界大戰（一九一四—一八）。

[22] 即美國。

一九二八至二九年度董事局會議紀錄

（東華醫院董事局一九二九年三月三十日會議紀錄）

己巳二月二十禮拜六會議事宜列（一九二九年三月三十日）

二、宣佈方便醫院來函，謂中央衛生委員摧殘中醫中藥，定期二月十五，集議設法維持，請本院派代表出席討論等語。何爾昌翁曰：查接信後，因時期太迫，未能派出代表，弟提議照函復方便醫院，若取締中醫中藥，本院絕對否認，請主持公道，實力維持。並將本院歷年中醫留院病人，及中醫治愈出院病人，又中醫贈醫街外病人數目開列，俾其考查中醫中藥之成績。公議照行。

東華醫院函件［東華致外界函件］一九二九年

（東華醫院致外界函件一九二九年三月卅一日——聲援方便醫院堅持中醫）

方便醫院

列位善長先生大鑒：敬啟者前于二月十五日上午接奉

大函詳及中央衛生委員會摧殘中醫中藥，定于三月廿五號，即夏歷（曆）二月十五日下午二時集議設法維持，奈因時期太迫，故未能如

命派代表晋省領教，不勝歉仄[23]。窃思我國中醫中藥，凡民生所賴以治病者數千年之久，本應提倡研究，不宜任意摧殘。查敝院創辦五十九年，濟世活人多以中醫中藥為醫理，茲將敝院之三年內入院就醫病人，及全愈出院與街外求診贈醫施藥者列呈，希為　荃照。如若以少數人之私意，取締中醫中藥，敝院同人絕對否認。特此肅函奉達，懇

列位諸公主持公道，實力維持，是所拜禱

[23] 意謂心裏不安。

一九三六至三七年度董事局會議紀錄

（東華醫院董事局一九三六年十二月廿三日會議紀錄）

一九三八至四零年度董事局會議紀錄

（東華醫院董事局一九三八年八月十日會議紀錄——總理反對廢除中醫）

【資料說明】 一九三八年政府頒佈特別撥款條件，第五款為「用中藥醫治留醫之病人應以逐漸廢除為宗旨」，即時引起醫院內上下反對，面臨中醫存亡危機，甚至有總理提出辭職，可見部份總理對中醫治病的立場堅定。

西曆一九三八*年八月十號、陰曆戊寅七月十五日禮拜三第十五次會議事宜列

（五）、用中藥醫治留醫之病人應以逐漸廢除為宗旨。其詳細如下：

（甲）中藥之設備，祇限於東華醫院及廣華醫院內有限數之病房。

（乙）中藥醫治，祇限於自動求用中藥醫治之留醫病人。

周主席曰：用中藥醫治者，祇限於東華及廣華，至於東院則無形中取銷中藥，惟東院自理房則未知能否仍可用中醫醫治，至應如何之處，請眾討論。

楊永康翁曰：現在醫官對于三院醫務行政，有逐漸取而代之之意，如以為用中藥醫治，則政府不給津貼。試觀本港中文學校，政府仍有教育費津貼，以東華醫院有七十年之攸（悠）久歷史，而一旦廢除中醫，兄弟以為經費不敷，惟有酌量節省，如仍不敷，然後停辦，斷不以因此而廢除中藥也。如中國政府在未宣佈取締中医之前，本院亦應保留中醫醫治病人，以符院旨。

林培生翁曰：中西醫各有所長，但東華為我華人創办，應根據院章，原以中醫為本，如因經費不敷，則可向各界勸捐，以資挹注。

勞冕儂翁曰：第五款應注意，認定吾人宗旨，若吾人宗旨不能達到，則惟有犧牲不幹，故若維持中醫無效，惟有登報交回街坊，聽候街坊叙會公決。未知主席以為如何，請抒偉論。

周主席曰：兄弟與各位同意，但事關重大，非當年總理有權定奪，須由街坊公決，但街坊能否每年担任捐助款項，令三院每年進支相抵，而近年各行頭捐款日少，倘街坊不能担任，此亦難办去。現在政府對於三院極為帮助，如是年增加三萬元津貼，及加多水額，又增設荔枝角醫院收留三院殘廢病人，政府每年負担增多十餘萬元，現政府對于三院經費允許包支包結，至勞冕儂先生所問，兄弟以為此非當年總理所能辦到，故不敢決定，須俟街坊叙會定奪。

羅顯勝翁曰：應否廢除中醫，此極大問題。表面上以為政府撥助十餘萬元，因此而取銷中醫，實不知我國自神農嘗百草而至現在仍有中醫；其次，我國雲南、四川年中藥材出產不少，國家民生亦宜顧及也。

公議交託羅顯勝翁擬稿，由當年十一位總理聯函主席，將不能接納之理由詳述，請主席向政府解釋及力爭。眾贊成通過。

一九三八至四零年度董事局會議紀錄

（東華醫院董事局一九三八年八月十七日會議紀錄——總理反對廢除中醫）

【資料說明】 東華總理從理念和現實層面維護中醫，勞冕儂強調「中醫為我國原有學術之一，理應盡力保護」，另外各總理亦以當時大眾信任中醫作為反對廢除中醫理據。

一九三八*年八月十七號禮拜三會議事宜列左

（五）、周主席曰：關於本院請求政府撥助一九三七*年不敷數目，曾於六月十六接奉華民政務司來函，內列條件事。前期叙會交託羅顯勝翁擬稿，由十一位總理聯函主席，以便向政府解釋。惟至今一星期之久，未見聯函，故再提出，請各位討論。

羅顯勝翁曰：對于此事，兄弟再三思之，似無須聯函主席，應以當年全體總理意見函達永遠顧問，請其指導及協助一切。

勞冕儂翁曰：查各條件中，以第五款逐漸廢用中藥以醫治留院病人一節，實於院務前途及我華人立場關係甚大，兄弟以為不能接納廢除中藥之意見有六點，玆提出請各位考慮，以便轉達永遠顧問。

（一）查我國歷朝均有太醫院及御醫之設，是則中醫在我國法律上久有地位，吾人似不應見有西醫，而將我國原有之醫學置而不顧。

（二）醫為學術之一，學術祇有促其進步，而不應加以摧殘。中醫為我國原有學術之一，凡我華人對於本國學術，理應盡力保護，故不能自絕於國人，而擅將其排擠。

（三）文化為立國之本。醫學為文化之一，吾人若棄中醫不用，便是將國本毀棄，國必自敗，然後人敗之。言念及此，不禁怵然。

（四）人各有不同之信仰，及各有各之習慣，強西人之不信任中醫者而服中藥，固屬不能，強華人之不信任西藥者而服西藥，亦屬不可。政府對於宗教信仰，既准人民自由，則獨於留院病人，又何必強其服用西藥？況華人體魄與西人有異，病而服用西藥，未必可盡收效也。觀之現目各環雖有公立醫局贈醫，而仍有多數病人因欲服食中藥而來院求診者可知之矣。

（五）卒業東瀛之西醫余巖曾提倡廢止中醫，但中央行政院暨蔣委員長均一致否決，足見中醫之不應廢除矣。若三院貿然行之，則將何以自解也。

（六）東華之設立原因：華人不信西藥，貧民寧願死於道路而不肯入國家醫院求醫。故前賢倡建東華時，亦祇專用中藥，敝總理等荷蒙眾人委舉主理院務，所負責任，自應按照前賢定規，視力所及，加以改善，但不敢將前賢建院之旨有所更變，且街坊又無請求廢除中藥，若敝總理等貿然為之，實屬有負眾托。以上所述，不過略舉數端，若推而言之，則國計民生、政治關係等所受影響甚大，想列位顧問明察萬物，毋容敝總理等贅述矣。

羅顯勝翁曰：勞冕儂先生所獻議六點，甚合理由，現兄弟尚有三點提出，請勞先生作答，以便加入致永遠顧問函中：

（一）東華醫院應請政府撥助否？

（二）政府應否再欲增加權力管理東華院務？

（三）三院醫務應否改良？如應改良則需用特別人材，該人材是否由政府委派，抑由總理辦理？

勞冕儂翁曰：兄弟以為政府對於三院，若認以為有益於本港社會者，則應協助之，而不應以條件取償代價也，其故如左：

（一）東華醫院成立已有六十餘年，在此悠久歲月中，收容無量數病人及救濟無依老病、貧民、難民等，實於本港整個社會之衛生、治安、市容等有莫大之關係。換言之，即協助政府之工作不少。近年因商務衰落，最近又因戰務影響，故來院求收者日見加增，以致經濟不敷，而求政府幫助。若政府體念東華醫院六十餘年之功勳，似不應承其危而要挾，將院內行政權給予政府（第四欵云：設立醫務值理以管理醫院），及將本院建立之宗旨更改也。抑尤有言者，倘東華因無協助而致停辦，則政府將更要另行耗款一宗以開設醫院，而應病人之需求也。

（二）照政府所開列之條件，其大意是欲醫務監督對于本院行政有權參預，但現目三院既時有醫官巡視，而醫官所提出改善之意見，亦常淂敝總理等之考慮及付實施。且三院掌院又由政府派人充任，是則政府在三院內之權力不可謂不高矣。若政府尊重本院，則不應盡將敝總理等之行政權取去，而轉付與醫務監督也。

（三）若謂敝總理等俱非醫界中人，故應以醫界中人執掌院內行政，則敝總理等深知外國亦有多數商人為醫院之董事者。且本院歷年總理俱以商人充之，若其成績不佳，何能支持六十餘年之久，而聲譽仍然存在也？

綜而言之，則政府不應要求三院變更建院之原有宗旨，而將中醫取銷；同時並應撥款協助，而不干涉三院總理之行政也。公議照勞冕儻翁之意，用當年全體總理名義致函永遠顧問，請其指導及協助一切，該信稿交託羅顯勝翁、勞冕儻翁兩位起草，提出例會通過，然後呈遞。眾贊成通過。

東華醫院引入西醫困難

【資料說明】何啟在一八九六年東華醫院調查委員會內，交代東華醫院引入西醫困難，說明十九世紀末年西醫在東華醫院並未受重視。

何啟肖像

T. W. WHITEHEAD, "The Commissioner's Report on the working of the Tung Wah Hospital",

Hong Kong Sessional Papers,
17 October 1896, Evidence, pp.16-17.

THE PRESIDENT—Would it be possible for the Civil Hospital, as at present constructed, to receive the cases that go to the Tung Wa Hospital?—No.

DR. HO KAI—Suppose you built another block as large as the Civil Hospital you could receive all the Chinese patients that are daily received in the Tung Wa Hospital? Could you fill the wards?—Yes. I think you would find the Chinese would come voluntarily if they knew there was no Tung Wa Hospital. In the cases that do come to the Civil Hospital the patients after a short time appear to be very glad they have come. They think at first they will be treated badly, and after they go away they bring other cases to the Hospital. The pauper Hospital at Singapore is open to all nationalities, but 95 per cent. of the patients are Chinese, and no opposition is shown there to European treatment. There is nothing like the Tung Wa Hospital at Singapore. There was a scheme some time ago to establish one, but it came to nothing.

THE PRESIDENT—Do you not think the geographical position in Singapore, as compared with that of HongKong, may have something to do with the question?—I do not think so.

DR. HO KAI—The position of Hong Kong is peculiar here. You are so near to China that you have fresh arrivals everyday, and they are not all so accustomed to European medicine as the Chinese at Singapore, who go there and stay there for many months and years.

MR. THOMSON—In Singapore they can afford to popularise European medicine, because the numbers of Chinese are limited there, whereas in Hong Kong we cannot afford to keep all the Chinese of the Kwangtung Province in European medicines, and they would flock here if they knew these medicines could be had free.

DR. HO KAI—Chinese medicines cost quite as much as European.

MR. WHITEHEAD—The expenditure attending the endeavour to popularise European medicine amongst the Chinese would be enormous?

Dr. Ho Kai—Is it not better that the Government should vote, say, $10,000 to spread a knowledge of European medicines and for the detection of infectious diseases than to have the port declared infected and trade hampered every now and then?

WITNESS—If joined to the Government Civil Hospital and increased equal to the present accommodation, it need not be so expensive. Dr. Lowson recommended that the present Tung Wa Hospital should be used simply as a dead-house, and that a pauper hospital should be constructed either attached to the Government Civil Hospital or away from it.

THE PRESIDENT—Are you of opinion that the Tung Wa Hospital should be abolished? From a medical point of view, I think it should be. They have failed to carry out the object and purposes of the Ordinance, viz., the proper treatment of the indigent sick amongst the Chinese population. I do not think patients there are properly treated if they are allowed to die without receiving adequate medical attendance.

They are not properly treated from a Western standpoint?—From a British standpoint according to Western methods.

DR. HO KAI—Proper treatment as mentioned in the Ordinance cannot mean Western methods seeing that this was established as a Chinese Hospital.

MR. THOMSON—It is perfectly well known that the Tung Wa was to be a Chinese hospital, and that the patients were to be treated according to Chinese methods.

一九二八至二九年度董事局會議紀錄

（東華醫院董事局一九二九年十二月廿八日會議紀錄——中西醫配合治療）

【資料說明】 到了一九二零年代，總理對利用西醫治療疾病，態度已較開放，資料中的個案說明病人拖延了八天才以西法放尿，總理商討對策「若西醫以為此症應由西醫全權料理者，即轉與西藥醫治以符本院濟世活人宗旨」，說明二十年代後期部分總理重視醫療方法的成效。

己巳十一月廿八禮拜六會議事宜列（一九二九年十二月廿八日）

（二）、羅文錦翁曰：昨接潘醫生來函，謂康字房病人劉浩由中醫經手，因患小便不通之症，入院八日後，始着看護代為放尿，以致病人辛苦異常。若由中醫吩咐看護放尿或打針殊屬危險，且於院內名譽有關，請設法整頓云。

羅文錦翁倡議：嗣後如經中醫診治，遇有小便不通之症，而中醫藥經治無效，欲求西法放尿之快捷者，請向病人說知，淂其同意，先與西醫磋商。如西醫允許代為放尿後便無大碍，並允由中醫繼續醫治，此無問題。若西醫以為此症應由西醫全權料理者，即轉與西藥醫治，以符本院濟世活人之宗旨，可先函复各中醫生知照。

何世奇翁和議，衆贊成通過。

一九二九至三十年度董事局會議紀錄

（東華醫院董事局一九三零年三月廿一日會議紀錄——西醫拒收病人）

【資料說明】以下資料先論三個西醫不收病人案例，再檢討中西醫配合問題，某西醫曾對總理曰：「如中醫能醫愈（癒）謝氏轉之病者他即改業云」，後來此西醫雖就先前言論道歉，但亦指出西醫在東華地位不斷提高，致有挑戰總理管治行為。

庚午二月廿二日禮拜五會議事宜列左（一九三零年三月廿一日）

（六）、潘錫華醫生來函，詳及中西醫轉調病人及高景芬醫生拒收病人情事。

趙贊虞翁曰：此事全為病人設想，因月前曾有人向弟告訴，謂中醫轉西醫極難，而西醫轉中醫甚易，弟因察之。適有病人何來，由高景芬西醫生醫理，約有十日之久。據病人稱因腹痛異常，求取船票出院返順德云。弟勸其不必出院，或可轉中醫醫理，並偕看護長李仕政親向高醫生詳述。此病人自稱病勢辛苦，欲即出院，究竟有法醫治否？據高醫生答謂，此症有法可醫。弟即囑看護長轉知該病人仍舊忍耐，由高醫生醫理，暫勿轉醫。旋至數日，弟巡院時，始知何來已轉中醫，遂問其何故急轉中醫，據何來云，因再服西藥腹痛如故，迫於轉中醫耳。再隔數天，適為參症夕，據李湘甫及黎端宸中醫均謂此為不治之症。翌日，弟因約醫務顧問鄧希琴先生到院與中醫師商治之，而鄧顧問亦稱此症難治。而何來因腹漲日久，當鄧顧問及弟面要求轉回西醫，放去腹中之水及醫理。但高西醫生不允收治，經多方解釋，後數日，由黎西醫生方為收他醫理。

又病人許氏金初由潘次寬中醫生診治，自見不愈，欲轉換西醫調理，但西醫不收；而許氏金當潘次寬及眾人面，請求代設法再請轉西醫調治，但西醫未有立刻收治。翌兩日，參症師李湘甫告訴云，此症已請西醫數日，尚未收治。弟是晚特囑女看護長再代請求，方為收之，但該病人因不欲中醫停服中藥，而西醫又未肯收，故西藥亦未淂服，致誤該病症，遷延時候，及轉西醫後，翌日即身故矣。

又病人謝氏轉因偏枯症入院，求西醫診治，但西醫不為療治，又不給藥，翌日方斷為不治之症，又不允收納，及後由潘次寬中醫察看，見憐其遇而收留之，調治數日已有起色。所謂中西醫術，寸有所長、尺有所短。以上各事經先請潘錫華西醫院長查究。及後兩日，由潘院長答复後，弟即巡至平字病房，適與高西醫生相遇，高醫生先將潘醫生致問之辭答复，弟即將謝氏轉之病狀向高醫生談及，謂經西醫生斷為不治之症後，由中醫生收留調治三日已有起色，能行出騎樓，又能自己用手食飯，可知中西醫各有所長。此後如再遇此等症，若西醫不收者，請撥歸中醫收理云云。弟素來對於中、西醫生極為尊敬，對於工人亦極和靄，但聞有人謂本院病人轉西醫時，周黎兩醫生尚亦通融，而高醫生則否云云。前聞主席云，凡西醫事權操於西醫院長。請問主席先生，本院潘錫華院長之權限如何？請為解釋之。

梁弼予翁曰：本院醫務偏勞趙先生担任辦理，弟非常感謝。至潘院長之權限，弟未甚查悉清楚，所謂院長一職，乃隨上任總理繼續稱呼之，因云有權耳。本任總理現未有授權與伊也。

趙贊虞翁曰：查本院院長全無權限，只批生死冊而已。至於交權管理各醫務否，乃由總理自定之。請各位察閱羅文錦先生所印送一八九六*年調查東華醫院委員會報告書[24]第廿九條關於政府所委派西醫生之職權，便悉明白矣。

梁弼予翁曰：今晚多蒙趙先生指教，又勞巡視病人，極為多謝。至於中西醫轉調病人，弟全無意見，請勿誤會。弟初次與各位敘會，曾謂辦理院務全體負責，共榮共辱，功過同當也。

趙贊虞翁曰：嗣後辦事，若應詳細討論者，望各位勿以多言為厭煩，請為見諒。

黃潤棠翁曰：本院以醫字為重。當日高醫生對梁耀初先生、朱伯輝先生、趙贊虞先生三位所言，如中醫能醫愈謝氏轉之病者，他即改業云云。其言兀傲無禮，可見高醫生目中無人，嗣後對於西醫權限應改良之，而趙先生之言論應重視之。

梁耀初翁曰：當日高醫生兀傲之言，殊屬無禮，但同人亦不以為介意耳。

遂公議，請高景芬醫生出席，由

趙贊虞翁對高醫生云，日前中醫轉西醫病人，或因床位困難，但可增多臨時帆布床，嗣後望各位西醫生互相抱救人之天職，凡中醫轉西醫及街外各症若有疾雖殘廢者，亦應收留，務祈事事通融辦理也。

高景芬醫生起言曰：查謝氏轉之症乃在六月前腦血管之舊破裂及偏枯症，縱然或愈，亦須延六月，閱時期但似非急症，故不給藥，至翌日故勸其出院，欲其由街症診治也。至何來病人原始由弟醫理已有起色，後轉中醫醫治，因妨症有變遷，故不再為收治。但當日趙先生在病房當病人前謂西醫判斷謝氏轉為不治之症，而經潘次寬中醫診治，不數日已能行動，似此於弟名譽有關。弟因年少性剛，故有冒犯之言，開罪於總理，今既淂各位總理不究，弟極為感謝。

趙贊虞翁曰：西醫當日謂謝氏轉不能醫治後，經中醫診治有效，此乃事實。如此弟所言者中西醫乃學術上之言，非指實高醫生無本領之言。今高醫生以為於其名譽有碍者，此乃高醫生思想之大誤也。

梁耀初翁曰：趙先生所稱中醫醫愈謝氏轉者，乃是歡喜病人有救之辭耳。

高醫生遂道歉退席。

趙贊虞翁曰：望各位總理注意，對於視察醫生職權，萬勿放棄。並先函复潘醫生，嗣後對於調治病人，務祈事事通融辦理，並與各位西醫妥商，盡法療治，庶使貧病諸人受益也。眾以為合。

[24] 此即為 Commissioners' Report on the working of the Tung Wah Hospital（一八九六）。

一九三八至四零年度董事局會議紀錄（東華醫院董事局一九三八年十一月廿日會議紀錄——西醫反客為主總理商討對策）

【資料說明】總理全面檢討中醫與西醫地位，力主兩者一視同仁，顯示西醫到了三十年代後期已經逐漸被接受，中西醫孰輕孰重，此時主要以醫療效益為重。

一九三八年十一月廿號禮拜日中西醫聯席會議事宜列

（一）、周主席曰：今日請列位到院叙會為商議醫務事宜，日前政府擬取消中醫，經顧問職席會議議決，三院現有之中醫病房一概保留，經由政府允許照辦。查政府所定，凡入院病人，任由病者自擇中醫或西醫。惟近聞三院中醫所收之症，多被西醫驅遂出院或佔去診治，似此辦法實有侵犯中醫之意。倘中醫病人或屬傳染者，則應轉由西醫診治，否則西醫不能干涉中醫病人也。

勞冕儂翁曰：東華設立數十年來，中西醫叙會者以今日為始，今日之會實因中西醫未能和衷共濟而召集。以本院立場而言，則向以國醫為重。因我華人多數信仰中醫，故有東華之成立；而東華之有西醫者，為定生死冊而設，名為掌院。至昨年因經費不敷，請求政府補助，而政府予以條件。經日前聯席會議決，由總理授權督憲，設立醫務值理會，以醫官二名、本院顧問二名、當年三首總理及三掌院，共十人。凡議事，三首總理中有一位不同意者，亦不能執行。是則行政權仍操諸總理，並議決三院現有中醫病房一概保留，不再增加亦不減少，經函政府已得同意照辦，是以中醫仍未能廢除也。查廣華中醫病人，有四人患肺癆者，轉由西醫診治，但該病人不允西醫診治，而自行出院者。又據東華中醫報告，被西醫拒收及侵佔之病人，逐一宣佈。最近又發生有病人孫日患腳腫症，呻吟異常。由一總理請黃啟智醫生診治，惟黃醫生以為總理命令式，故拒之。此貧病交侵，苦不堪言之病人，而竟未獲收治，及至翌日再來求醫，即由盧醫生醫理。似此黃醫生不守院章，實碍本院聲譽，深望大眾為醫院着想，勿再有此同樣事發生也。

楊永康翁曰：本院宗旨為貧病而設，凡屬中西醫生對于病人應一視同仁。因中西醫術各有所長，無待贅述。現三掌院係受政府委派，而為醫院服務，吾人亦明白掌院地位之困難。但望三掌院本良心，為院貧病人着想，如有維難之事，可以總理會商。對于改良院務，吾人雖粉身碎骨亦樂為幫助。現醫官吩咐三掌院更改醫務，尤以東院為甚。聞林掌院有通知收症房，如有病人入院求中醫醫治者，可拒之。然三院素以中醫為重，中醫為我國固有之國術，數千年歷史中，對于中醫學術未敢認為不妥。現醫官對于中醫如此侵犯，實屬不合，吾人應設法應付之。

林培生翁曰：今日之叙會關于中西醫生發生誤會，故向列位解釋。本院為貧病設想，我華人多信用中醫，各位掌院西醫同是華人，彼此為坊眾服務，對于院務有未盡善之處，可隨時提出，互相整頓□祈和衷共濟。

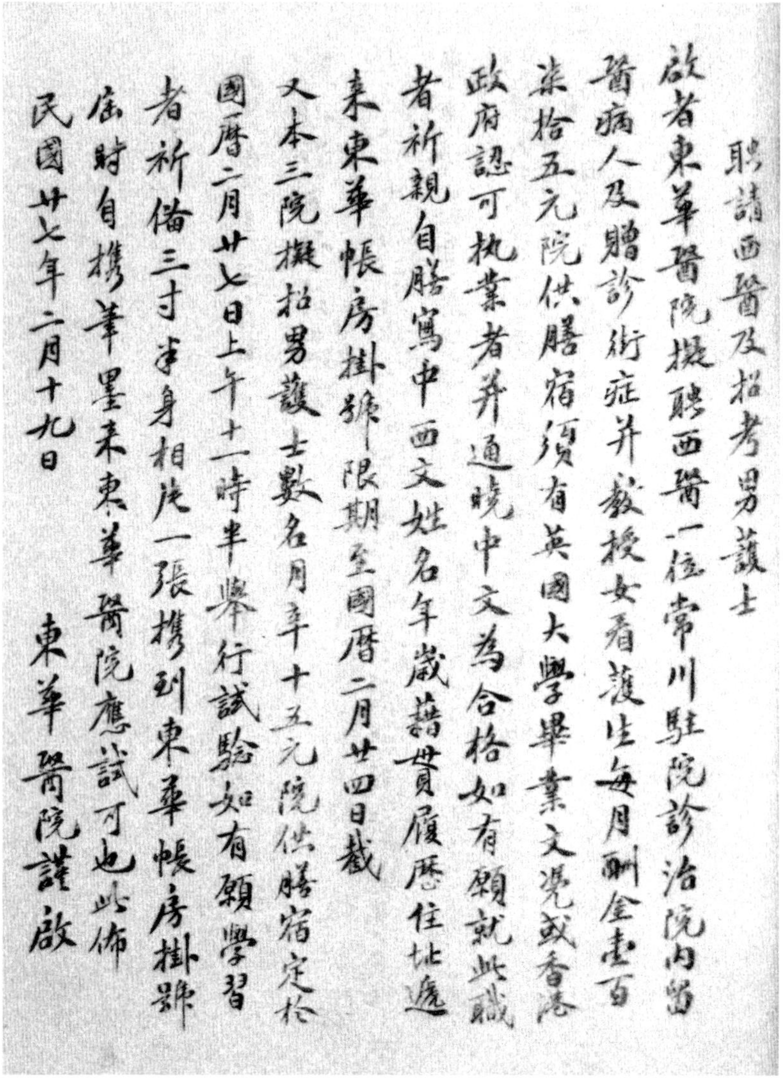

聘請西醫及招考男護士

啟者東華醫院擬聘西醫一位常川駐院診治院內留醫病人及贈診街症并教授女看護生每月酬金壹百柒拾五元院供膳宿須有英國大學畢業文憑或香港政府認可執業者并通曉中文為合格如有願就此職者祈親自繕寫中西文姓名年歲籍貫履歷住址遞來東華帳房掛號限期至國曆二月廿四日截

又本三院擬招男護士數名月薪十五元院供膳宿定於國曆二月廿七日上午十一時半舉行試驗如有願學習者祈備三寸半身相片一張携到東華帳房掛號屆時自携筆墨來東華醫院應試可也此佈

民國廿七年二月十九日　東華醫院謹啟

一九三八年東華醫院一則聘請西醫及招考男護士的廣告

三院歷年中西醫人數及月薪（東華三院徵信錄）

［資料說明］ 從人數和月薪的變化可以反映中西醫地位。二十世紀之初，中醫和西醫人數成六一之比，至三十年代，兩者人數比例改為七四之比。薪酬方面，西醫引入東華之初，月入低於中醫，至三十年代，西醫薪酬則比中醫高出一倍。由此可見，東華在二十世紀日漸西化，這種西化趨勢在廣華醫院和東華東院更為明顯。[25]

[25] 以下統計並不完整。統計乃根據歷年東華三院徵信錄內之員工薪水項目統計所得，不包括不收薪金的義務醫生或其他非醫院正式聘請的常規住院醫治病人的醫生。

表 II-2-4　東華東院歷年中西醫人數及月薪（1930-1935）

年份	人數		月薪（員）	
	中醫生	西醫生	中醫生	西醫生
1930	3	2	65	120-150
1931	3	2	65	150
1932	3	2	65	175
1934	3	2	65	175
1935	3	2	65	175

表 II-2-2　東華醫院歷年中西醫人數及月薪（1873-1934）

年份	人數				月薪（員）			
	中醫生	西醫生	幫理西醫	贈醫街症醫師	中醫生	西醫生	幫理西醫	贈醫街症醫師
1873	10				20			
1901	6	1	1		30	25	16.25	
1902	6	1	1		30	25	15	
1903-04	6	1	1		30	27.5	17	
1904-05	6	1			40	32		
1906-07	6	1			40	32		
1907-08	6	1			40	100		
1908-09	6	1			40	100		
1910-11	6	1	1		50	100	40	
1911-12	9	?			50			
1912-13	6	3			50	50-125		
1913-14	6	2			50	50-125		
1914-15	6	2			50	50-125		
1915-16	6	2			50	50-125		
1917-18	6	2			50	50-125		
1919	6	1		1	53	131		21
1920	6	1		1	60	140		20
1921	7	1		1	62	142		21.5
1922	6	2		1	62	125-150		21.5
1923	6	2		1	62	125-150		21.5
1926	7	2			62	126.5-151.5		
1927	7	2			62	125.5-151.5		
1930	7	3		1	80	175		45
1931	7	4		1	80	50-175		45
1932	7	4		1	80	50-175		45
1933	7	4		1	80	50-175		45
1934	7	4			80	50-175		

表 II-2-3　廣華醫院歷年中西醫人數及月薪（1911-1935）

年份	人數		月薪（員）	
	中醫生	西醫生	中醫生	西醫生
1911	3	1	30-40	
1912	2	1	40-200	
1913	2	1	40-200	
1914	2	1	45	200
1915	2	1	45	125
1917	2	1	45	150
1919	2	1	47.25	150
1920	3	2	45-50	125-150
1921	4	2	51	125-175
1922	4	2	51	125-175
1923	4	2	51	125-175
1924	4	2	51	125-175
1925	4	2	51	125-175
1926	4	2	51	125-175
1927	4	4	51	145-174
1928	4	3	50	150-200
1929	4	2	50	175-200
1930	4	2	50	175-200
1931	4	2	50	175-200
1932	4	2	50	150-200
1933	4	3	50	175
1934	4	3	50	175
1935	4	3	50	175

三院歷年看護人數及月薪（東華三院徵信錄）

【資料說明】統計數字說明三院引入看護制度的步伐。東華和廣華都在二十年代後期開始引入看護制度，當時三院較重用男看護，這是因為男病人較多，反映華人醫院性別分流管理的特點。

表 II-2-5 東華醫院歷年看護人數及月薪（1912-1934）

年份	人數		月薪（員）	
	看護婦	男看護	看護婦	男看護
1912-13	1		30	
1913-14	1		30	
1914-15	1		40	
1915-16	1		40	
1917-18	1		40	
1919	2		21-45	
1920	2		22-45	
1921	2		23.5-47	
1922	3		22.5-47	
1923	3		20-47	
1926	2		25-31.5	
1927	5	8	25-50	10
1930	3	26	26.5-82.5	11-75
1931	12	26	20-82.5	11-45
1932	11	25	20-82.5	11-50
1933	6	26	20-82.5	11-55
1934	5	23	20-82.5	11-55

表 II-2-7 東華東院看護人數及月薪（1930-1935）

年份	人數		月薪（員）	
	看護婦	男看護	看護婦	男看護
1930	10	1	11-45	60
1931	14	1	11-45	60
1932	17	1	11-45	65
1934	18	2	11-45	30-65
1935	18	2	11-45	30-65

表 II-2-6 廣華醫院看護人數及月薪（1920-1935）

年份	人數		月薪（員）	
	看護婦	男看護	看護婦	男看護
1920	1		35	
1921	1		36	
1922	1		36	
1923	1		36	
1928	1		52	
1929	1	12	57	10-75
1930	2	14	20-57	10-75
1931	2	15	20-57	10-75
1932	2	13	20-65	10-75
1933	4	17	20-65	10-50
1934	4	15	20-65	10-45
1935	4	15	20-65	10-45

一九一零至一一年度董事局會議紀錄（東華醫院董事局一九一一年二月六日會議紀錄——初聘看護婦之議）

【資料說明】 東華第一名男看護為張漢芳，曾在那打素醫院任職，並有政府執照。

辛亥元月初八晚禮拜一會議事宜列左（一九一一年二月六日）

三、本院就醫婦向無看護婦之職，殊為不便。茲何沃生翁薦來張氏漢芳，曾在那打素受職皇家，有執照，行為極好，如何之處，請公定。

雷翊屏翁倡議：請為照用，每月酬金二十五*元，自膳。

黃屏蓀翁和議，眾贊成。……

一九二五至二六年度董事局會議紀錄（東華醫院董事局一九二六年一月廿五日、二月六日會議紀錄——總理反對培訓女看護）

【資料說明】 克靈夫人提議招女看護生九名，總理以少女留院不便及醫生無閒教授為由婉拒，只同意聘請男看護。

乙丑十二月十二晚禮拜一會議事宜列左（一九二六年一月廿五日）

（十六）、伍于簪翁曰：克玲夫人提議在本院加多看護，擬由那打素醫院請來。弟以為看護於病人極有益，宜招人學習，由本院西醫生兼理教授，請各位與西醫生商量如何辦法。

郭泉翁曰：弟聞西醫生謂每日除診治留醫病人外，未有閒暇時候兼理教授，請另覓有看護畢業女生三、四名在院服務，尤為妥當。

伍乾初翁曰：本院乃中醫醫院，於看護不甚適用。

伍于簪翁曰：留醫病人無論中西醫治，亦宜用看護，凡病人飲食湯藥，以看護服侍較為週到。

雷蔭蓀翁曰：請各位於病人用膳時，到院察視情形，然後再行討論。

眾贊成。

乙丑十二月廿四日禮拜六會議事宜列左（一九二六年二月六日）

（二）、譚煥堂翁曰：克玲夫人所提議招看護一節，今應由本院請看護婦數名，若招女生學習看護恐辦不到。如何之處，請各位討論也。

李尚銘翁倡議：不贊成招收女生在院學習看護。

伍于簪翁曰：克玲夫人提議招收女生九名，看護一名，但本院地方狎窄，不能收容女生在院學習，本院西醫生亦無時候担任兼理教授之職，且女生俱皆年少，在院學習及住宿極有不便之處，故不能招收女生也。

伍乾初翁和尚銘翁之議。眾贊成。

（三）、郭泉翁曰：各處醫院皆有看護，弟以為本院亦應加請看護，俾得調理病人，方能妥善。

譚煥堂翁倡議：女病房宜加用看護畢業女生三四名，男病房加用男看護六名，兼管理督率房口工人。該男看護則由本院西醫生担任教授，分別男女看護，以尊責任。

李尚銘翁和議，眾贊成。

致政府書函一九二四至二六年

（東華醫院致政府書函一九二六年二月廿四日——覆函華民不培訓女看護）

【資料說明】總理向華民交代不能招收女看護的原因，可與上面會議紀錄參照。

第廿一號

卓大人鈞鑒：敬稟者接奉廿三號

鈞諭，敬悉一切。元月廿八號克玲夫人所提議招看護女生一節，經董等叙會議決。因本院地方狎窄，不能收容女學生九名在院內學習；西醫生亦無時候可以担任兼理教授之職。且女看護俱皆年少，在院學習及住宿極有不便之處，再四思維，確實不能照辦也。現董等議決男病房加用男看護十名，女病房加用看護畢業女生弍名，分別男女看護，以尊責任，似為更勝于招留看護女生在院內學習也。謹此奉復。希為

卓奪是荷。並請

鈞安

東華醫院董等頓　丙元月十二日

一九二六年二月廿四號

一九二六至二七年度董事局會議紀錄（東華醫院董事局一九二七年十月十六日、十月廿三日會議紀錄——東華決定培訓看護）

【資料說明】 一九二七年郭醫生提議培訓男女看護，李海東等贊成並訂定課程。其實早在一九二六年已有培訓男女看護之議，不過當年總理否決，一九二七年，總理換屆後此舉即告實現，可見二十年代中期，東華總理價值觀念差異之大。

丁卯九月廿一日禮拜日會議事宜列左（一九二七年十月十六日）

（四）、李海東翁曰：郭醫生條陳擬招女看護生一班，專管理本院女病房，又招男看護生一班，專管理男病房，由掌院統理教授，以新醫生輔之學習，以三年畢業，年齡由十八至廿五歲。膳宿及衣服由院供給，並擬取回保良新街舖三間為寄宿舍，應否照辦，請為討論。區灌歟翁倡議：郭醫生所條陳招請男女看護應贊成，但權限應歸分任總理主權。杜澤文翁和議，眾贊成通過。

丁卯年九月廿八日禮拜日會議事宜列左（一九二七年十月廿三日）

（四）、李海東翁曰：前敘會議決招男女看護，該細則由分任總理擬稿。現弟與區灌歟君提議，招男看護十八名、女看護十二名，年齡由十八至廿五歲，有普通學識，得殷實商號或總理一位介紹，便滘應考。由當年總理會同醫生取錄，男女生俱訂學習看護三年，第四年學期內津貼十五元，須具志願書，不滘中途罷學。如看護畢業後，在本院供職，訂給月薪三十元。女生准再學産科一年，如及格畢業另給接生執照。男生則准再學實驗科一年，畢業後准得較優薪水。男女生俱免學費，由院供食宿；女生制服由院供布自縫，以掌院醫生用中文教授。該章程須由總理批訂，並即行信取回保良新街嘗舖為寓所。

仇博卿翁和議，衆贊成通過。

徵信錄（一九二七年東華醫院徵信錄一九二七年十二月——支女看護學校）

【資料說明】 這份清單證實一九二七年乃東華醫院培訓看護之始。

壹千玖百弍拾七年拾弍月支女看護學校

就合寫字檯壹張	銀弍拾壹元捌毫
李耀記彈弓鎖壹把	銀弍元
榮記叁尺四元檯二張	銀壹拾伍元一毫五仙
東昌柚木架白玻璃屏門拾只	銀叁拾弍元
明記白洋布拾疋女看護生造制服用	銀壹百叁十八元
正宗西餅弍佰件開幕用	銀伍元
南興隆方糖牛奶紅茶壹單	銀三元九毫柒仙
香港西菜館叁文治八打	銀壹拾壹元弍毫

建昌壹寸二洋松床板弍拾伍付（弍捌算）　銀柒十元
油鉄床弍拾伍張工料　銀弍拾元
益榮白洋布檯面布六張（壹柒算）　銀壹拾元零弍毫
同利坤木日字馬胡三十陸張（壹弍算）　銀四十六元捌毫
柚木餐椅四張（叁算）　銀壹十弍元
兩瓦茶檯一張　銀叁元
羅絲寫字椅一張　銀壹十弍元伍毫
柚木屎桶弍個　銀壹拾二元
柳條布籐絲褥三拾張（伍陸算）　銀壹佰陸拾八元

以上共支女看護學校銀五百八拾叁元六毫叁仙
是任共支女看護學校銀五百八拾三元六毫三仙

一九三零至三一年度董事局會議紀錄
（東華醫院董事局一九三一年二月廿七日會議紀錄——首屆女看護生畢業）

【資料說明】 首屆看護班共有二十名畢業，聘回十二名畢業生在院就職。

辛未元月十一日禮拜五會議事宜列左（一九三一年二月廿七日）

（六）、顏成坤翁曰：本院創設女看護生，始自一九二七年李海東總理任內，至一九三零年期滿，現有二十名及格畢業。該証書應請有聲望者頒發較為鄭重。弟曾與華民司憲談及，似有意應允，至定期何日舉行，請公定。

黃錦培翁倡議：該日期請主席先生與華民磋商，如定妥日期，即行印帖，屆時並設茶會。

黃文淵翁和議。眾贊成通過。……

（十）、譚雅士翁宣佈：潘錫華醫生來函稱，擬請回已畢業之女看護十二名；每一病房派一名管理，如遇有危急症，亦可暫行帮助救治。此十二名中，又可借與街坊請用，將來收回款項，可以彌補本院經費云云。

顏成坤翁曰：照潘醫生之理由甚充足，但薪金問題，十二名照定章每名每月廿元，年中負担多此費用，至應請與否，請公定。

區子韶翁曰：聞潘醫生謂其中有數位若渇十餘元亦允服務。

黃禹候翁倡議：應請回已畢業之女看護生十二名。

區子韶翁和議。眾贊成通過。

顏成坤翁曰：所請之女看護生十二名，應借與街坊請用否？

區子韶翁倡議：應准街坊請用，至如何分派，由西醫生支配，所收之款，撥歸本院作經費。

劉平齋翁和議，眾贊成通過。

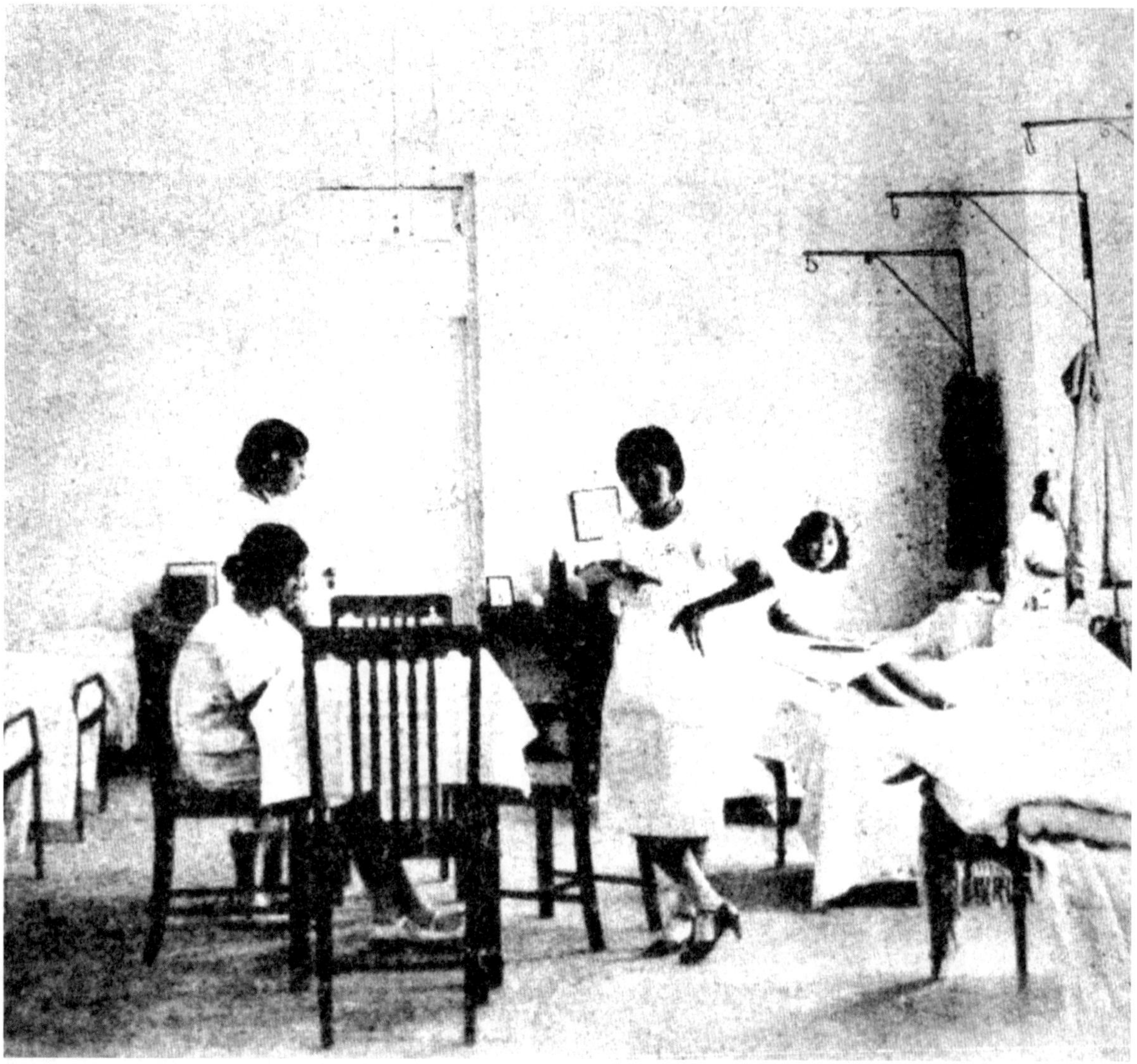

一九三零年代初三位東華看護生
攝於宿舍內

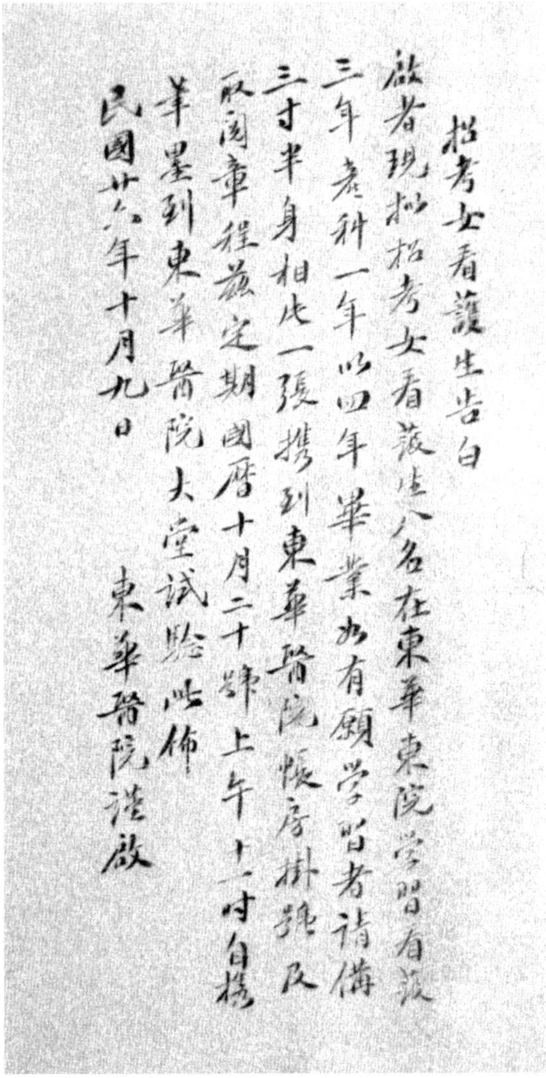

招考女看護生告白

啟者現擬招考女看護生八名在東華東院學習看護三年產科一年以四年畢業如有願學習者請備三寸半身相片一張携到東華醫院帳房掛號及取閱章程茲定期國曆十月二十號上午十一時自携筆墨到東華醫院大堂試驗此佈

東華醫院謹啟

民國廿六年十月九日

一九三七年東華醫院招考女看護生廣告

一九二六至二七年度董事局會議紀錄（東華醫院一九二七年三月十三日、十月二日、十月九日、十月十六日董事局會議紀錄——李海東議決添置紅十字車）

【資料說明】　十字車原產自英國，在本港安裝上蓋，估計約需三百一十五英鎊，查一九二七年男看護月薪為二十五至五十元，添置十字車經費來自利舞台報效和總理分擔。

丁卯二月初十禮拜日會議事宜列（一九二七年三月十三日）

（三）、李海東翁曰：現聞利舞台戲園每年擬報效東華醫院一千二百*元。弟提議本院置備紅十車一架，以便街坊病人危急重症來院之用。將利舞台所報效之款為該十字車之使用，眾以為應否購置？

伍于瀚翁曰：該紅十字車本院理應置設，至該車價值多少，俟籌有款項若干，然後再行商議購置。眾以為合。

丁卯九月初七禮拜會議事宜列（一九二七年十月二日）

（四）、伍于瀚翁倡議：本院購置紅十字車一架，以利便貧病危急重症入院之用。該車以中等車，用英國機器，在本港裝配上蓋，並在新院地方建築車房一所。該費用由當年總理籌捐，如不足之數由院支給，訂明該車輛將來酌收小費。

杜澤文翁和議。眾贊成通過。

丁卯九月十四日禮拜會議事宜列（一九二七年十月九日）

（二）、李海東翁曰：上期叙會議決添置紅十字車，惟置車費用除日前演戲所得之款外，尚需弍千餘元，此款應如何支理？

伍于瀚翁倡議：由當年總理每位担任勸捐一百五十*元，如總理個人捐助者，則捐一百*元亦可。然後將該款為添置紅十字車一架之用，建車房費用由本院支理。

湯信翁和議。衆贊成通過。

丁卯九月廿一日禮拜日會議事宜列（一九二七年十月十六日）

（五）、李海東翁曰：前議決置紅十字車，現由囉士洋行定購，該價約三百一十五*金銀，在港裝上蓋，照足水車館之車格式，將來調現有之男看護充任紅十字車之職，各位以為合否？

公議推舉李海東翁、左叔翰翁兩位商酌辦理，及建車房一所，交託奇勒則師繪則。衆以為合。

外界來函一九二六至二七年

（東華醫院外界來函一九二七年十一月廿二日、一九二七年十二月廿五日、一九二七年十二月廿九日——僱用十字車司機）

［資料說明］ 十字車司機乃公開招聘，只需領有駕駛執照毋須特別訓練。

十一月廿二日

翼雲先生大鑒：啟者茲有高林，平日係揸汽車者，前曾在何世金西醫生處揸過，今悉　貴院有一紅十字車出現，他欲效力，用特介紹前來，該如何錄用之處。

專聽

卓裁。此上，並候

台安

司事 郭□啟

中華民國十六年（一九二七）陽曆十二月十五號

陰曆十一月廿二日

十二月廿五日

東華醫院

列位總理先生大鑑：聞

貴院新十字車聘請司機人，茲有高林堪當是職用，敢奉函介紹，為

尊意，試驗合格，希為

錄用是幸。此候

善安

弟□□□啟

中華民國十七年（一九二八）陽曆一月十七號

丁年陰曆十一月廿五日

十二月廿九日

東華醫院總理先生大鑒：頃聞

貴院增設十字車，茲有陳坤，經領駕車執照，用特備函介紹前□，尚希選用，專此。并頌

善祝

李亦梅 □啟　十二月廿九日

一九二七至二八年度董事局會議紀錄
（東華醫院董事局一九二八年十一月七日、十一月廿一日會議紀錄——東華東院購置紅十字車）

【資料說明】 當年總理籌捐約四千元為購置十字車，送予東華東院開幕之用，總理估計十字車車價與實際車價相去甚遠，可見時人對車價並無太深認識。

戊辰九月廿六禮拜三會議事宜列（一九二八年十一月七日）

（四）、鄧肇堅翁曰：東華東院工程不日完竣，明年開幕。弟提議由當年總理緣部所籌淂之款，撥出至多不過五千元，為購紅十字車一架，送出東院之用。即用東華醫院戊辰年總理籌捐購置，各位以為合否？

伍華翁和議，眾贊成通過。

戊辰十月初十禮拜三會議事宜列（一九二八年十一月廿一日）

（二）、上期叙會議決，由當年總理籌捐購置紅十字車一架，送與東院。現由萬利榮繪就該車格式，價約四千元，是否照造，請公定。

劉星昶翁倡議，照此格式定萬利榮承造。

蕭叔廉翁和議，眾贊成通過。

一九三零至三一年度董事局會議紀錄（東華醫院董事局一九三零年二月六日、一九三一年三月十三日會議紀錄——廣華購置紅十字車）

【資料說明】 車費由當年總理分擔不動公款，但以五千元為限。

庚午十二月十九日禮拜五會議事宜列（一九三零年二月六日）

（十二）、陳鑑坡翁提議：廣華醫院設置紅十字車一架，專為利便九龍一帶居民之用。

林卓明翁和議，眾贊成通過。

顏成坤翁曰：查本院及東院所置之十字車，該費用概由總理担任籌捐，不動公款。現廣華所置之車應由何項支理，請公定。

陳鑑坡翁倡議：由當年總理担任支結，以五千元為限。

江瑞英翁和議，眾贊成通過。

辛未元月廿五日禮拜五會議事宜列（一九三一年三月十三日）

（十二）、顏成坤翁曰：現接各處列來十字車價單：大酒店雪佛蘭車價銀二千八百*元正，夏巴車廠福特車折實二千七百三十六*元，如何請公定。

陳鑑坡翁倡議：交託主席先生與該公司磋商辦理。

黃錦培翁和議，眾贊成通過。

香

東華醫院用箋

TUNG WAH HOSPITAL

HONGKONG

第　頁

先生台鑒敬啓者敝院爲本港慈善總機關贈醫施藥久歷歲時救患恤藹罔分畛域第博施濟衆堯舜猶病未能金穰木飢研鑫難窮世變故依桑徹土雖綢繆於厥初而挹彼注茲極拮据於此日董等撫時感事不忘共濟之心集腋成裘願借一呼之力爰組織東華慈善游藝會定於國歷十月廿日至廿六日一連七天假座利園舉行以籌欵項並設古物館一所舉凡玉器銅器陶器磁器書畫等悉數蒐羅藉供陳列期於與衆共樂之中隱寓保存國粹之意素仰閣下鑒古有識無奇不搜網羅宏富極夏彝商鼎之儲抉擇精微具漢瓦宋磁之選願假珍藏公諸同好庶幾身遊瑤圃群知許彥之銅盤目拭銀河共辨甄邯之威斗此請

台安

東華醫院主席　　謹啓

香港中環興記印務承印

一九三四年東華醫院於銅鑼灣利園舉行慈善遊藝會，請求收藏家借出展品作展覽之用。

一九二七至二八年度董事局會議紀錄

（東華醫院董事局一九二八年十一月七日會議紀錄）

【資料說明】訂購X光鏡，價銀七千二百元，由萬善施棺會存款撥支。

戊辰九月廿六禮拜三會議事宜列（一九二八年十一月七日）

三、鄧肇堅翁曰：先進黃雯醫生現定購一最新式乂光鏡[26]，價值七千餘元，擬報効為本院用，該電費及影病人相非（菲）林片，由本院供給，各位贊成否？

李耀祥翁提議：請黃雯醫生將乂光鏡報効本院用，該電費及非林片費概由本院支給。

羅延年翁和議，眾贊成通過。

[26] 東華首部X光鏡於一九一九年底添置，一九二八年才購入第二部較新式X光機，舊機用了接近九年。

一九二八至二九年度董事局會議紀錄

（東華醫院董事局一九二九年三月九日、一九二九年三月廿三日會議紀錄）

己巳元月廿八禮拜六會議事宜列（一九二九年三月九日）

（四）、羅文錦翁曰：本院前數年何世光翁任內所添置之乂光鏡，經已損壞不適於用，去年黃雯醫生置淂一新式乂光鏡一副，安在新院試用，該價銀七千二百*元，擬由本院承買，但不欲動支公款。現查萬善施棺會所存之款，年中極少支用，據該會值理中有數位之意，謂可由該會存款撥助多少為添置乂光鏡之用，如撥不足之數，應如何籌足，請公定。

何爾昌翁倡議：如萬善施棺會所撥之款不足，其餘由當年總、協理籌足，至萬善施棺會之款，仍俟該會值理叙會取決乃定。

羅文錦翁和議，眾贊成通過。

己巳二月十三禮拜六會議事宜列（一九二九年三月廿三日）

（三）、羅文錦翁曰：上期叙會提議添置乂光鏡，該款擬由萬善施棺會項撥支多少，昨經萬善施棺會值理叙會，不允照撥，可否分派緣部籌捐，如何請公定。

余焯生翁曰：弟以為演戲籌款較易籌集，遂公議俟六月時開演大集會籌款，為添置乂光鏡之用。

眾贊成通過。

【資料說明】修理X光鏡須為大學工程科畢業，後來一九三一年即有西醫建議專門派職員到國家醫院學習維修。

一九二九至三零年度董事局會議紀錄

（東華醫院董事局一九三零年五月十六日會議紀錄）

庚午四月十八禮拜五會議事宜列（一九三零年五月十六日）

（二）、趙贊虞翁曰：昨據周天湛西醫生稱，現任修理X光鏡及電器之印人，每月酧金二拾五元，初以為有學識，後因修細小電機亦被損壞云。現王炳鍙先生乃大學工程科畢業，對於電器機器極有學識，允願報効擔任修理本院X光鏡及電器等，不受脩金云云。如何請公定。

郭贊翁倡議：將印度人開除，即函聘王炳鍙先生到院擔任義務修理X光鏡及電器等。

余表逵翁和議，眾贊成通過。

一九三零至三一年度董事局會議紀錄（東華醫院董事局一九三一年四月三日、四月廿四日會議紀錄——X光鏡之收費方法）

【資料說明】 東華醫院對外提供照X光鏡服務，收費由醫生決定，此可視為東華推廣西醫之案例。

辛未二月十六日禮拜五會議事宜列（一九三一年四月三日）

（五）、顏成坤翁曰：本院X光鏡由前任總理請周天湛西醫生管理，以專責成。是任應請其繼續担任與否，請公定。

陳鑑坡翁倡議：本任內仍請周天湛醫生管理X光鏡，並提議嗣後所收街外來院影X光鏡之費，先由周醫生指定應收若干，即着其到帳房交銀，然後見有收單方可影驗。

區子韶翁和議，眾贊成通過。

區子韶翁倡議：登報略謂本院置有最新式乂光鏡，為利便街坊起見，將試驗費從廉減收，並將價目開列，俾眾周知，以廣招徠。

黃禹侯翁和議，眾贊成通過。

辛未三月初七日禮拜五會議事宜列（一九三一年四月廿四日）

（四）、潘錫華醫生來函稱，自總理議決凡影乂光鏡須先收銀，然後影驗。若照此習慣，恐將來有名望或舊總理到影，有未帶便銀者，則令醫生難辦。且恐受街坊煩言。欲提議交由周醫生定奪，如相識應可以暫行記數者，然後寄單收艮，否則先收銀方可影驗，未審可行否，請公決等語。

顏成坤翁倡議：嗣後若有來影乂光鏡而未帶便銀者，須由周醫生察看其人，如可以暫行記數者，則先代影驗，然後由周醫生簽字單內交來帳房，前往收銀。

陳鑑坡翁和議，眾贊成通過。

東華醫院徵信錄一九一零至一一年（一九一一年東華第一次出現購買西醫器具記錄）

【資料說明】 新式儀器包括痘刀、眼科器具、洋錐等。

庚戌十一月添置器具（一九一零）

樽　銀四員二毫

威建藥房痘刀二張　銀二員

共支添置器具銀陸員弍毫

辛亥正月添置器具（一九一一）

杜沛記 柚木盆二個　銀一員三毫五仙

屈臣氏 截斷眼科器喉　銀二員

共支添置器具銀叁員叁毫伍仙

辛亥四月添置器具

杜沛記　柚木盆一個　銀一員五毫

洋錐一個　銀四毫

共銀一員九毫

辟力乞　眼科器具　　銀二十六員二毫五仙

共支添置器具銀式拾捌員壹毫伍仙

辛亥八月添置器具

庫房　□鵝喉器具　　銀五員四毫六仙

是支添置器具一柱銀伍員肆毫陸仙

一九一九至二十年度董事局會議紀錄（東華醫院董事局一九二零年三月十五日會議紀錄——一九二零年廣華西醫提議購置割症器具）

［資料說明］　廣華西醫士摩利醫生回英，自薦代東華醫院購買醫療儀器及修理顯微境，總理二十位每人派數捐二十五元，此個案說明訂購西醫器具的流程。

庚申正月廿五禮拜一晚會議事宜列左（一九二零年三月十五日）

一、士摩利醫生提議：謂廣華醫院割症器具不敷所用，又顯微鏡破壞已久，未經修復。現伊定於日間遄返祖國，遲數月即行回港。欲請籌備一百五十*磅至二百*磅之款，交伊在祖國購買器具，及將顯微鏡交伊帶返祖國修妥，俟返港時然後帶回，或先行寄返，以備該院應用。如籌款或有不足，伊可向政府求其幫助，如何之處，請公定。

主席榮光翁曰：割症器具關係甚重，如不敷用，則不能不為之添置。惟廣華醫院經費支絀異常，恐難支出此數，倡議由兩院總理二十位担任捐助，每位二十五*元，共五百元，託士摩利醫生返國購買器具，及將顯微鏡託醫生帶往祖國修理之用。龐偉庭翁和議，眾贊成。

一九二五至二六年度董事局會議紀錄（東華醫院董事局一九二六年六月五日、十月九日會議紀錄——一九二六年取消添置硫磺機）

【資料說明】一九二九年添置硫磺機由伍于簪提議，價錢為四千五百元，其後因不合用而棄置，事件反映總理大膽高價引入新式儀器。

丙寅四月廿五日禮拜六會議事宜列左（一九二六年六月五日）

（十一）、伍于簪翁曰：各病房每當天氣炎熱，其氣息薰蒸，極有礙衛生。擬設硫磺機一副，惟價值太昂，約需銀數千元，請各位討論。公議請黃桂清翁個人名義送贈，則貧病諸人皆感大德也。眾鼓掌贊成通過。

丙寅九月初三日禮拜六會議事宜列左（一九二六年十月九日）

（五）、伍于簪翁曰：前由弟倡議建設硫磺機壹副，價銀約四千五百*元。荷蒙　黃桂清翁個人報効，並將款交與弟代辦，經已着人打價，預備立約。後由硫磺機局主任解明，該機過於力猛，用於焗綱板船者，不適用於屋宇，因此無法可施，不淂已作為罷論。幸經詳細考究，且幸未有損失也。並將款交回黃桂清翁收回。

一九二八至二九年度董事局會議紀錄（東華醫院董事局一九二九年七月十三日、十一月十六日會議紀錄——一九二九年添置治療風濕電機）

【資料說明】西醫提議購買治療風濕電機，並自行訂購，約值四百元。

己巳六月初七禮拜六會議事宜列（一九二九年七月十三日）

（一）、羅文錦翁曰：現接潘錫華西醫生來函謂，前在美國時有一電機，專治風濕各症，允半價減收，該銀四百元，請本院添置此機，則於病人極有裨益。又擬求本院安置一德律風在住家，以為利便醫院計，應否照辦，請公定。

公議照辦。

己巳十月十六禮拜六會議事宜列（一九二九年十一月十六日）

（七）、羅文錦翁曰：查六月初七敘會，議決託潘醫生定購治風濕各症電機一副，現接來定單該金銀約二百二十二元五毛。公議照置該滙水銀單。眾贊成通過。

歷年種痘人數統計（東華醫院徵信錄）

【資料說明】以下是一八七三至一九二六年種痘人數的資料。一八七三至一九一六年有分區數目，一九二三年種痘人數最多，共有八千八百二十八名。早期巡院醫官對東華多有不滿，惟獨對種痘工作有正面評價。

新界					
全（荃）灣	大埔	上水	平山	沙頭角	總數
					1,322
					1,275
					2,653
					3,280
					2,484
					1,574
					1,706
					1,687
					1,924
					1,405
			548		**2,348**
					1,212
					1,627
83	7	143	52	13	**672**
	143	16	11	162	**1,361**
	92	56	3	104	**1,211**
	149	63		49	**5,123**
83	391	278	614	328	**32,864**
1,694					
					605
					1,910
					1,256
					2,865
					2,395
					8,828
					1,235
					2,776

表 II-2-8　歷年種痘人數（1873-1927）

	香港島							九龍			
年份	本院痘局	香港仔	筲箕灣	赤柱	石排灣	石澳	大王宮	深水埗	紅磡	油麻地	其他
1873	986		153		70					87	26
1874	1,101		54		36					22	
1886	2,566		58		15					14	
1887	3,055		97		45					83	
1892	2,224	46	86	49						79	
1901	1,448	46	25	24					7	24	
1902	1,665	13	15	9						4	
1903	1,591	24	29	15					7	21	
1904	1,760	15	46	17					27	59	
1907	1,051	63	90	15				152		34	
1908	1,410	49	60	28		20		135		98	
1910	987	55	63	19				52		36	
1912	1,392	75	32	59				39		30	
1913	338	8		9				4		15	
1914	923	28	16	7				22		33	
1915	864	30	10	23				11		18	
1916	4,831	22		9							
小計	28,192	474	834	283	166	20	62	415	41	657	26
區域總數	30,031							1,139			
1918	僅有總數。1927 年後無數據。										
1919											
1920											
1921											
1922											
1923											
1926											
1927											

同治癸酉十二年徵信錄（一八七三年東華醫院徵信錄——贈種洋痘規條）

【資料說明】種痘規條共三條，說明有關種痘地區和時間，東華創院時已有代種痘服務。規條二說明代傳人痘，可見十九世紀末香港仍流行種人痘。

贈種洋痘規條

一、本院延請痘師，每年於九月起，種至次年四月止。在本院及灣仔、香港仔、筲箕灣等處分期佈種，不受謝金。

二、如有嬰童願傳痘種與人者，傳一名則給利市錢一百文，傳得多少照計，該錢係由本院支發。

三、本院痘師至各處種痘日期必預早標貼通聞，屆期晨早七點鐘起種至十二點鐘止，過時不候。

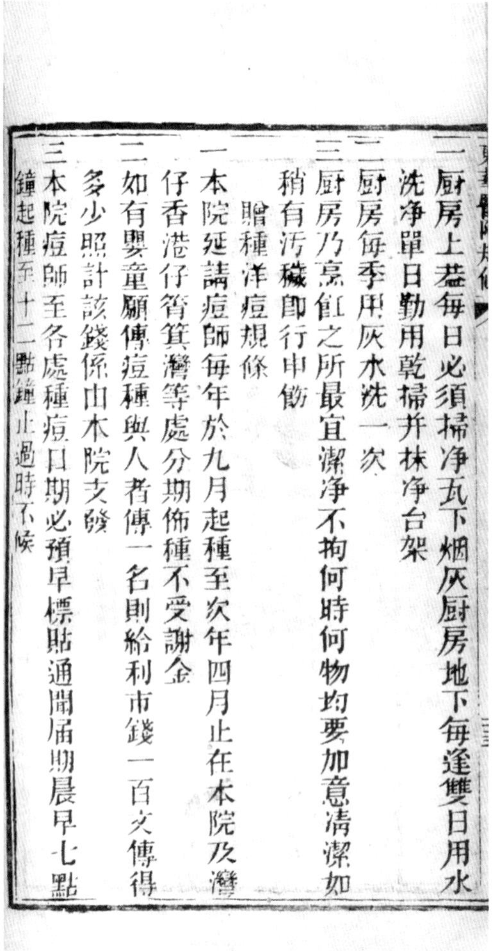

二廚房上蓋每日必須掃淨瓦下烟灰廚房地下每逢雙日用水洗淨單日勤用乾掃并抹淨台架
三廚房每季用灰水洗一次
三廚房乃烹飪之所最宜潔淨不拘何時何物均要加意清潔如稍有污穢即行申飭
贈種洋痘規條
一本院延請痘師每年於九月起種至次年四月止在本院及灣仔香港仔筲箕灣等處分期佈種不受謝金
二如有嬰童願傳痘種與人者傳一名則給利市錢一百文傳得多少照計該錢係由本院支發
三本院痘師至各處種痘日期必預早標貼通聞屆期晨早七點鐘起種至十二點鐘止過時不候

一八七三年東華醫院徵信錄記載有關贈種洋痘規條

同治癸酉十二年徵信錄（一八七三年東華醫院徵信錄——痘師之酬金及轎資）

[資料說明] 以下資料說明某位種痘師的工作細節。

陳可則　本院種痘一千一百六十六名錢一百一十六千六百文 銀七十五兩七錢八分二

又筲箕環種痘七十一名銀七千一百文　銀四兩四錢七分三

又油麻地種痘二十三名錢二千三百文　銀一兩四錢四分一

又石排灣種痘五十七名錢五千七百文　銀三兩五錢九分一

又往筲箕環轎資 十二乘　銀六兩一錢二分

又往灣仔轎資　一乘　銀二錢八分八

又往大王宮轎資 三乘　銀七錢七分六

又往香港仔轎資 四乘　銀二兩零八分八

又往石排灣　四乘　銀二兩零一分六

又往油麻地十二次小艇　銀二兩四錢三分五

又往九龍標種痘長紅二次　銀一兩零零八

又上省取痘種利市四員水腳二員　四兩三錢二分

致政府書函一九一九至二零年（東華醫院致政府書函一九二零年二月廿六日——東華向華民報告新界種痘情況）

【資料說明】 以下信函談及新界各差館標貼長紅通知種痘，說明東華與政府配合推廣防痘疫苗。

第廿七號

夏大人鈞鑒：敬稟者茲敝院定於西曆三月七號起，派痘師胡謙若先生往新界、全灣[27]、平山、上水、沙頭角、大埔等處贈種洋痘。謹將日期列呈，并長紅一札，求　飭發各差館，預為標貼，俾各居民屆期候種，并請即日發給憑信一函，俾胡謙若先生於三月七號帶往全灣等處，着各差館招待一切為荷。耑此。并請

勛安

東華醫院董事等頓

庚元月初七

二月廿六

謹將往新界種痘日期列左：

全灣　三月七、八號十二點在差館開種

平山　三月十三號十二點半在差館開種

上水　三月十四、五號十二點在差館開種

沙頭角　三月十六、七號十二點在差館開種

大埔　三月十八、九號十二點在差館開種

[27] 即今之荃灣。

外界來函一九二零至二一年
（東華醫院外界來函一九二一年二月十九日——痘師之資歷背景）

【資料說明】以下乃自薦函，說明曾獲本港醫生局准許在港種痘痘師名字須刊登憲報，此痘師曾於一九二一年一天之內為四百名嬰兒種痘，可見接種疫苗預防天花已相當普遍，資料說明二十世紀初，香港已有代種牛痘，而不是人痘，效果甚佳。

東華醫院

列位大執事諸翁鈞鑒：敬啟者茲閱報章悉

貴院擬聘請痘師往平山、上水、大埔等處，施種牛痘一節，故特將鄙人經驗詳呈於後，尚乞核奪，是所稱禱。鄙人在港施種牛痘拾餘年，所種孩童成績甚佳，聲譽日起。蓋鄙人除種痘一科，兼精醫兒科、眼科各雜症，素為港中華僑所深知，而淂[27]求醫者之信仰。故於西曆一仟玖百十六年，淂蒙劉紳鑄伯、黃紳蘭生兩君之贊許，極力介紹鄙人於本港醫生局，俾准在港施種公眾牛痘；及皇家醫生考驗之後，已將鄙人之名登刊憲報。就本年而論，一月之間，鄙人所種痘之嬰孩將達

四百人之數，所用嬰兒種痘註冊部等件，俱由本港潔淨局每年贈用。此等皆是為鄙人技術精巧，而淂政府所相信之證據也。鄙人欲就

貴院之聘者，原非為利而來，實欲博此名譽，而淂在內地之切實研究，使不獨為鄙人箇人之幸，抑亦將來種痘者之益耳。鄙人能操英語，且熟識內地路徑，其社會情形及執行公眾事務猶所深知，倘能

辱邀

青睞，淂展驥足，自當勉力前途，毋負

諸翁博施濟眾之雅意也。茲特將各憲報註冊部等件帶呈，尚乞

俯閱，即不勝感謝之至。耑此。敬頌

文安

鄙人林□貞頓

西曆一千九百弍拾壹年弍月十玖號

本醫寓在德輔道一五零號弍樓即先施公司斜對面，電話叁弍五零

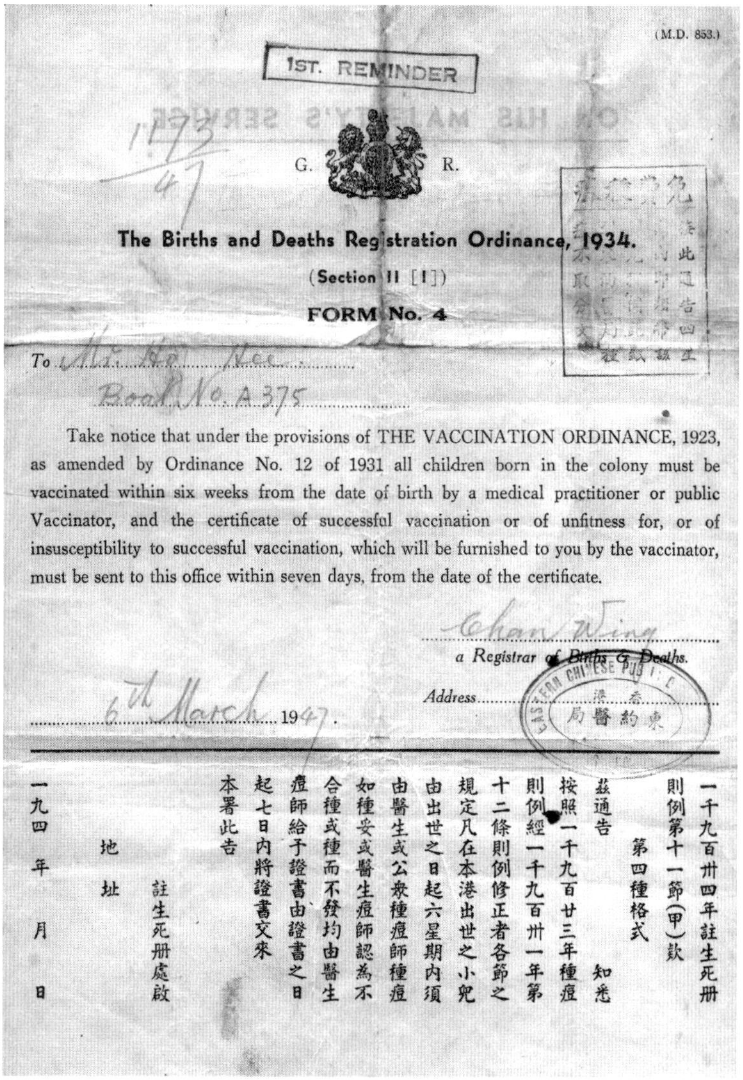

(M.D. 853.)

1ST. REMINDER

ON HIS MAJESTY'S SERVICE

1173/47

G. R.

The Births and Deaths Registration Ordinance, 1934.

(Section 11 [1])

FORM No. 4

To Mr. Ho Hee

Book No. A375

Take notice that under the provisions of THE VACCINATION ORDINANCE, 1923, as amended by Ordinance No. 12 of 1931 all children born in the colony must be vaccinated within six weeks from the date of birth by a medical practitioner or public Vaccinator, and the certificate of successful vaccination or of unfitness for, or of insusceptibility to successful vaccination, which will be furnished to you by the vaccinator, must be sent to this office within seven days, from the date of the certificate.

Chan Wing

a Registrar of Births & Deaths.

Address 東約醫局

6th March 1947.

一千九百卅四年註生死冊則例第十一節(甲)款

第四種格式

茲通告　　知悉

按照一千九百廿三年種痘則例經一千九百卅一年第十二條則例修正者各節之規定凡在本港出世之小兒由出世之日起六星期內須由醫生或公衆種痘師種痘如種妥或醫生痘師認為不合種或種而不發均由醫生痘師給予證書由證書之日起七日內將證書交來本署此告

註生死冊處啟

地址

一九四　年　月　日

自一九二三年起本港出生的小孩，需於六週內接種牛痘。

外界來函一九二三至二四年（東華醫院外界來函一九二三年十月，日期不詳——省躬草堂送來防治痘症藥方）

【資料說明】 一九二零年代，以中醫治療痘症仍受重視，以下來函列舉防治痘病之藥方，以及中醫有關痘症之病理。

近日省港各地痘症流行，非常危險。本堂同人經與醫家再三研究，僉顧平日積屈濕熱，適值天氣亢燥，遂借此而發。預防之法，固以趕種洋痘為最要，尤宜多服清熱解毒之藥。蕩滌臟腑，以為先事預防，倘已患痘症者，調治之法，斷非一方所能概括，因人之身體強壯虛弱，各有不同，如果虛弱者，有時須用內托補助之法，強壯者，則須用清熱去毒之品治之。惟本年之痘症，無論其人之體質如何，其初必須先用清熱解毒之品治之，方可無虞。切勿初起時遽以內托補助為詞，誤用溫補，則誤人不少矣。茲將預防痘症宜服之藥品，及痘症初起時宜服之藥品，分別開列印送，以供大雅君子之採擇焉。

預防痘症宜服之藥品：

牛蒡子弍錢　扁束壹錢　雪梨乾叁錢　南杏弍錢去皮

北杏柒分去皮　雲苓叁錢　生甘草壹錢　生白芍弍錢

元參壹錢　生地 壹錢　火麻仁 叁錢　夏枯草壹錢

川貝壹錢　旱蓮草弍錢　雲渣肉柒分　天竹黃叁錢

生麥芽弍錢　連喬弍錢　白蜜糖叁錢沖　同煎服

此方宜於平日無事時，檢服一、二次，則家內人等，可免發生此症，縱或有之，則其毒已輕減，亦易於為力。倘家內人口有十人以上，則雙倍檢服，十人以下，則服方檢服可也。

痘症初起時宜服之藥品。

紫草茸弍錢　蒲公英壹錢　桃仁壹錢 去皮打　牛蒡子 弍錢
扁束壹錢　川紅花壹錢　郁李仁 壹錢　生白芍 弍錢
雲苓弍錢　雲梨乾弍錢　□白 弍錢　紫苑 壹錢
浙貝壹錢　連喬心弍錢　丹皮 弍錢　生地 弍錢
生甘草
枝子

凡痘症初起時，宜先照此方服食，清解其毒（天竹黃參錢）身體強壯者（不能辨識…………）饕漿時，即停止，便可痊愈；身體虛弱者，則須以□□補助之品投之□，（如參朮北芪之類）方可告痊。此則辨症用藥，因時變通，不能執一以論耳。

附錄辨痘症之虛實寒熱法（略）

省躬草堂謹啟

民國癸亥年十月

一九二零至二一年度董事局會議紀錄（東華醫院董事局一九二一年五月廿九日、六月十九日會議紀錄——印送五千張治癲狗症藥方）

【資料說明】以下醫治瘋狗症藥方由中醫師擬來，由東華向坊眾刊發，說明東華提供醫療訊息之工作。

辛酉四月廿二禮拜日會議事宜列左（一九二一年五月廿九日）

三、本院醫師林芷湘先生擬來治癲狗咬傷葯方一帋，請公定。公議用林芷湘先生名字，照為刊發，以便萬急於一時之用。

辛酉五月十四禮拜日會議事宜列左（一九二一年六月十九日）

五、林芷湘先生所擬之癲狗咬傷方印五千張，價銀柒元，公議該款由總理派數支結。

外界來函一九二零至二一年（東華醫院外界來函一九二一年四月十二日——街坊送來治癲狗症藥方）

【資料說明】以下來函內附由威海嶺南總會送來治療瘋狗症藥方及治理方法，請東華轉贈與公眾。

東華醫院

大董事先生大鑒：近日香港大光報有論及瘋狗有咬傷人之症，發現各醫院有徵求葯方以治此宗症者云云。茲威海鳳林□（村名）王君閱報後，頗具熱心，送來葯方一件、葯料二包，是治瘋狗傷人之病，敬將附呈，請

校驗□是否可用，并希 示覆。此致，并請

善安

鄉愚弟李翼之□ 威海嶺南總會□□ 四月十二日

列位先生均安

愛照不宣

愚□宋寶鑫叩肅

治瘋狗咬葯說明書

瘋狗之狀態與普通狗稍異，耳落而尾拖，頸硬而頭直，向前行時不能反身後顧，人既遇瘋狗，無論已被咬，或未咬而啣衣，則其毒氣已接觸。若自昧不覺，而毒氣已化為虫，傳佈經絡，血滯不通；醫書云，瘀熱在裏，其人發狂，設不經早治，或雖治之，而未得其法，急則七日，緩三、四十日，至緩百日，必仍復發，發後已不及救葯，三、四小時即斃命，其死時之慘狀，更非筆墨可能形容也。若欲驗中毒與否，試將芭蕉扇向被毒者重扇，見風即身縮不安，試以鑼聲，驚惕欲遁者，即中瘋狗之毒矣。急用□□殺蟲散治之，方列如下：班蝥一个分足付用、石龍骨、滑石麪、古城石灰、細碗碎瓷、各一錢二分，共分細末，晚稀米飯調服。溫帶下被咬病人，春季待六、七日服劑，夏季三、四日，秋季七、八日，冬季九、十日，訖忌入厠一日，餘無忌。

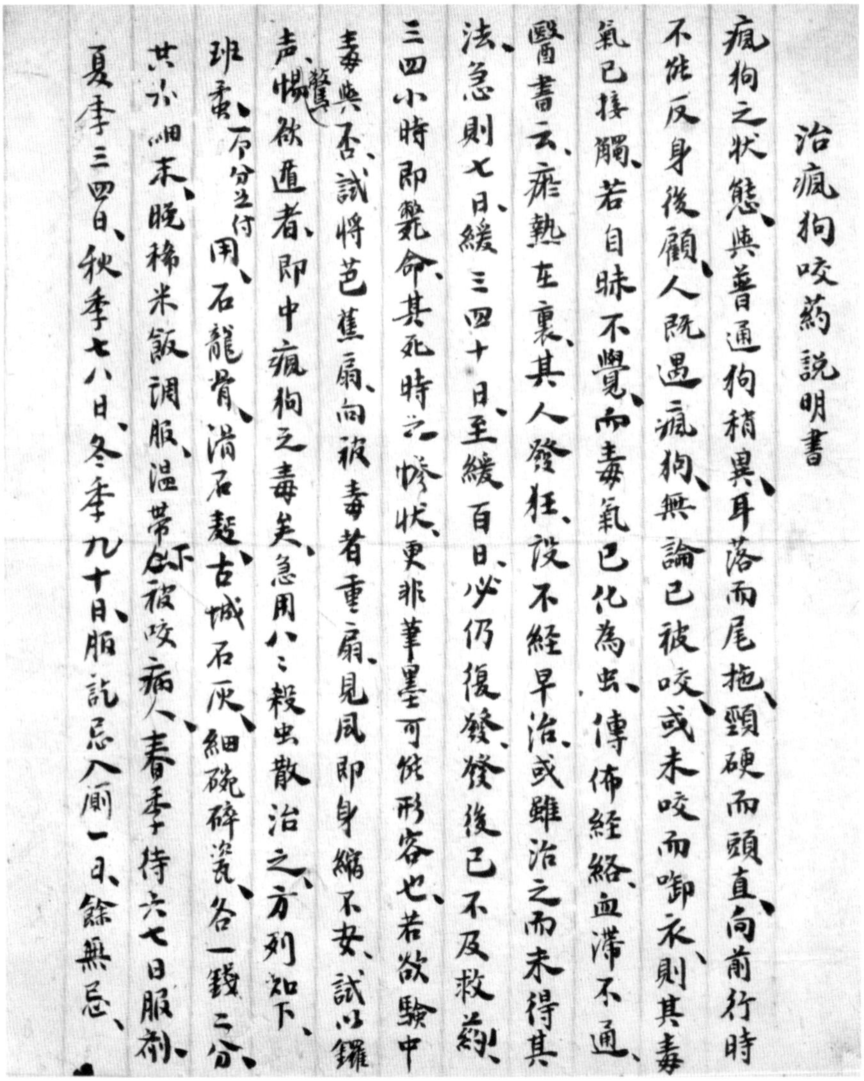
治瘋狗咬葯說明書

瘋狗之狀態、與普通狗稍異、耳落而尾拖、頸硬而頭直、向前行時不能反身後顧、人既遇瘋狗、無論已被咬、或未咬而啣衣、則其毒氣已接觸、若自昧不覺、而毒氣已化為虫、傳佈經絡、血滯不通、醫書云、瘀熱在裏、其人發狂、設不經早治、或雖治之而未得其法、急則七日、緩三四十日、至緩百日、必仍復發、發後已不及救葯、三四小時即斃命、其死時之慘狀、更非筆墨可能形容也、若欲驗中毒與否、試將芭蕉扇、向被毒者重扇、見風即身縮不安、試以鑼声、驚惕欲遁者、即中瘋狗之毒矣、急用八〻殺虫散治之、方列如下、

班蝥、一百分五付用、石龍骨、滑石、起古城石灰、細碗碎瓷、各一錢二分、共分細末、晚稀米飯調服、温帯下被咬病人、春季待六七日服劑、夏季三四日、秋季七八日、冬季九十日、服訖忌入廁一日、餘無忌、

「治瘋狗咬葯説明書」原件圖

驗方新編(《驗方新編》,光緒三十一年歲次乙巳冬月鉛刻——序文部份)

[資料說明] 發信人為墨西哥華僑梁夢九,捐贈《驗方新編》一書鉛版給東華醫院,希望可供刷印分贈,以惠行旅,以遍鄉曲,該書內載治療各病之藥方。

中國醫學日墜,療疾恒資古方,選刻方書,久推《驗方新編》為最著,風行海內外數十年,然傳刊既多,時虞舛誤。

李君夢九,旅墨洲有年,習知旅人篤信中國方藥,每慮坊本錯誤貽害,爰校正印送若干本,猶歉然於流傳之未普,倡議購置鉛版三副,分存廣東廣濟醫院、香港東華醫院、上海廣肇會館,供人刷印分贈,以惠行旅,而遍鄉曲,意至美也。未匝月同人捐資逾於剞劂之費,乃併以餘款印書濟世,而夢九之善願以成。不佞時秉節美都,夢九函來屬序。不佞以是書久已家置一編,毋待論贊特喜。

夢九博施之誠,而知先其本,務以嚮人為善也。述其緣起,為印書贈藥者告焉。

光緒乙巳(一九零五)仲冬

出使美墨祕古國大臣番禺梁誠書

一九二七至二八年度董事局會議紀錄

(東華醫院董事局一九二八年十一月七日會議紀錄——印送《驗方新編》)

【資料說明】 總理派數刊印三千本《驗方新編》分贈各界，至一九三四年東華仍繼續印派該書。

戊辰九月廿六禮拜三會議事宜列（一九二八年十一月七日）

（六）鄧肇堅翁曰：前由李夢九先生送出《驗方新編》版存院，查上年總理所印每本約一毛七仙*，可否由當年總理刊印多少分派，請公定。

羅延年翁倡議：刊印三千本分送，該印費由當年總理十四位派數。

伍華翁和議，眾贊成通過。

一九三三至三五年度董事局會議紀錄（東華醫院董事局一九三四年八月十七日會議紀錄——印送《驗方新編》）

甲戌七月初八日禮拜五會議事宜列（一九三四年八月十七日）

（十七）、宣佈福華印務公司來函稱，現有本港慈善家委托印《驗方新編》，擬借本院電版開印等語，如何請公定。

冼秉熹翁倡議：現本院不日開印，未能借用，可照函復前途知照。

梁鑾石翁和議，眾贊成通過。

一九三一至三二年度董事局會議紀錄（東華醫院董事局一九三二年四月十三日、四月廿二日會議紀錄——預防腦膜炎）

【資料說明】西環痘局被改建，給與政府收容腦膜炎病人之用。

壬申三月初八日禮拜五會議事宜列（一九三二年四月十三日）

（三）、宣佈華民政務司第一百一十五*號來函稱，頃接衛生醫官來文云，現在凡屬腦脊膜發炎症，悉在堅尼地城皇家傳染症醫院隔離醫治。現此項流行症尚少，倘若增加，則恐有不敷收容之勢，拟請將西環痘局預為佈置，以便將來應用等情。公議推舉主席先生與華民政務司磋商，然後定奪。眾贊成通過。

壬申三月十七日禮拜五會議事宜列（一九三二年四月廿二日）

（三）、陳廉伯翁宣佈：前期叙會，華民來函拟請將西環痘局預為佈置，以便腦脊膜症醫治之用一節。昨與華民磋商，先將痘局撥一部份為痘症留醫之用，其餘借與政府為收容腦脊膜症之用。至如何預為佈置修理與及醫治病人等費用，均由政府支理。一俟該症消滅後，即將痘局交還本院料理，經照复函華民在案。眾贊成通過。

一九三一至三二年度董事局會議紀錄（東華醫院董事局一九三二年六月廿二日、一九三二年六月廿四日會議紀錄——預防霍亂）

【資料說明】總理同意政府以西環痘局收容霍亂病人，各總理與職工需注射預防針。

壬申五月十九日禮拜三特別會議事宜列（一九三二年六月廿二日）

主席林蔭泉翁曰：今日下午華民政務司活大人約弟及夏從周先生、鄺子明先生到署叙會。當時羅博士亦在座，關於本港近日有霍亂症發生，亟應先事防維，及別籌安置辦法。現議例局擬指定一地點為療治此項霍亂症之用，故欲借本院西環痘局預為佈置，以備收容霍亂症隔離醫治，以杜傳染，而保公安，並聲明所有費用概由政府支理云云。

夏從周翁曰：現政府既有別籌安置辦法，倡議應將本院西環痘局先撥一部份為痘症留醫之用，其餘暫借與政府為將來收容霍亂症病人之用，至應如何佈置修理，與及醫治病人等費用，請由政府支理一切，一俟霍亂症消滅後，即將痘局交還本院管理可也。

鄺子明翁和議，眾贊成通過。

林蔭泉翁曰：茲為杜絕霍亂症傳染起見，特提議致函三院中西醫生，嗣後如有霍亂症到院留醫者，該經理醫生須即報知掌院西醫生，另行安置，以杜傳染，而保公安。

眾贊成通過。

壬申五月廿一日禮拜五會議事宜列左（一九三二年六月廿四日）

（七）宣佈潘錫華醫生來函。關于霍亂症預防法，擬請各總理及其家屬先行注射預防針，其次院內男女看護、職工，均宜同時舉行等情，公議復函感謝，並應樂予贊同也。

〔第三章〕

－安置難民－

前言

難民類別

東華的難民服務最早可追溯至一八七三年，即東華醫院成立後的第二年，當時的難民服務主要是幫助病癒者及其他流落香港的華人返回原居地。一八七零年代至戰前，受惠於東華難民服務的華人可分為四大類：一、返國華工。早年離鄉別井到海外工作，至晚年貧病交加，在外地無依無靠，取道海路經香港返回故里者；二、被拐騙者。知識水平較低、自主能力薄弱的婦孺，被拐賣或誘騙而流落異鄉的受害者，她們主要是一些被販賣往娼寮、賣為人妻妾，賣作奴僕的婦女，或一些被拐賣作童工、童妓或養子的兒童，僥倖獲救但卻不知如何自處，東華會提供協助：為年輕婦女招人擇配、為難童找尋合適的收養家庭，或將受害人遣回原居地；三、難兵。清末民初，中國內地戰亂頻仍，參軍者很多僅為求餬口，或是被迫徵召入伍，其實並不熱衷戰事。當軍隊解散便無法找到生計，甚或為逃避戰火，甘願當逃兵，大量流徙來港；四、戰爭難民。因逃避戰爭而從家鄉逃至香港的難民，尤以中日戰爭爆發後的數量為多。從滯港難民的類別與數量的多寡，可觀察當時中國以至整個亞太地區的情勢，其變化是了解中國或鄰近地區的政經局勢發展的關鍵。

從何處來

從現存有關難民的資料來看，曾受惠者有來自中國、東南亞、美洲、歐洲、非洲等地。來自中國不同地區的難僑，多是被拐騙的婦孺、逃避戰火的難兵或天災人禍的災民。受戰爭影響而逃難者，多會來自戰區，粗略估計，兩廣的數量仍較多。從美、加或歐洲經港返國而接受東華幫助者比較罕見，這可能與該等地區的僑民經濟環境較富裕有關。

從東南亞返國的華工難民數量相當多，尤其是馬來西亞的庇能（今檳城）、山打根、美利，及新加坡、印尼等地。來自東南亞的難民多數是橡膠園或礦場的工人，因工意外受傷導致殘廢，或因水土不服而染病，或年老無依，被當地僱主或政府離棄而遣送回國。由於當時的香港、馬來亞聯邦及新加坡同為英國殖民地，皆由華民政務司統管華人事務：馬來亞聯邦及新加坡處理返中國的難民不但設有固定的遣送程序與機制，還提供遣返難民的費用，如難民從東南亞乘船至香港的船費及伙食費，從香港返回原居地的定額川資、伙食等，遣返津貼費甚至會考慮到路程遠近、交通設施等因素。從一九三零年東華代星馬遣返難民的費用清單[1]內可以看到，返回距香港最近的番禺、香山、南海，水腳為一員五毛，川資為二員五毛，返回離香港較遠的廣西省容縣、北海，水腳為二員六毛，川資為八員。遣送難民的費用有時會由難民工作地點的華司預先支付，但大部份會先由東華遣送，再將被遣返者名單及費用呈報香港華司，請香港華司代向難民僑居地收回費用。

從東南亞經港返國的華工，以一九三零年代初的數量較多，單是一九三一年農曆八月二十七日（西曆十月八日）自馬、星經港返國的一次遣返，已有六千九百六十三人，一九三一年由馬、星遣返的華工難民接近二萬九千萬人[2]。這批難民大多是橡膠園的僱員，受全球經濟蕭條影響，橡膠價格大跌，大量橡膠園倒閉，失業華工頓時成為當地社會經濟負擔，故當地政府寧願提供補貼將華工遣返中國，作為返回內地的中轉站香港，與星馬一樣，同為英國殖民地，道義上有遣送責任，作為當時香港最具代表性的華人慈善組織，這項神聖的工作，自然地就由東華醫院承擔了。

往何處去

流落香港的華人，由於籍貫不同，所操方言各異，留港居住可能會有語言障礙，在港謀生競爭力又不強。東華處理的方法，一般會遣返原居地，相同籍貫或來自相鄰地區者會被集體遣送。至於不獲遣返者，通常是無法確認身份者，少小離家而不知祖籍何處，或因染上精神病而無法得知原籍；也有因家鄉無以為生，或早已家破人亡，流落在外而不願回里者。一份一九二三年關於東華棲留所收容者的背景調查顯示，無法返鄉的難民，原因有多種，可分兩大類：一、須接受治療或須人照顧者，年老殘疾不能行動、失明不能自理、患花柳症、癱症行動不便；二、來歷不明者，家破人亡、幼時遭拐賣而不知原籍何處。這些人無法決定自己的命運，也不知何所以終，只能投靠東華，在棲留所內聊渡餘生。對於因各種因素而無法返回故里的難民，東華除了暫時安置在棲留所，亦有其他轉介至內地慈善團體：如廣州的華僑安集所、方便醫院，及外省的善堂。

從歷年可考的被遣難民數目來看，人數成千上萬，遣送工作極為繁複且工作量大，東華的遣送機制也隨着不同時代而演變。在一八七零年代，東華提供的難民服務僅為遣送回里，並為路途較遠或需要護送者提供護送人、派發伙食費用等。在十九世紀，東華遣送的難民每年約為數百人，進入二十世紀以後，每年從一千到四千名不等，在一九三零年代的特殊時期更大幅上升，一九三一年達二萬九千人，一九三二年為七千五百三十五人，一九三四年為一萬一千九百一十五人[3]。處理日漸繁重的難民事務，東華難以獨力支撐，必須與其他私人或政府部門緊密合作，例如與香港或外國政府的華民政務司、中國內地的善堂或醫院、各商會、各輪船公司等。合作機構提供的協助有：本港或外地華司提供遣送難民的費用、各善堂或商會協助安排遣送或護送難民安全返里、各輪船公司減收或免收水腳船費等，凡此種種皆可見到東華複雜的社會聯繫網絡，橫跨香港境內外的各官方或非官方部門。在香港，除了東華醫院，似乎沒有其他機構具有如此廣泛的社會網絡，也因此可以理解為何港府將複雜繁瑣的難民事務交托東華處理。東華的海內外社會網絡，也因應着難民服務的需求增加，而不斷擴張。

東華提供的醫療服務是受醫院規條所限制的，但難民服務是因應社會當時的需求而逐漸衍生的功能，故沒有一定的成規。由於中國政局不穩，中國流動人口相當波動，東華是當時唯一有能力可幫助政府處理這個棘手問題的機構，因此政府對東華的依賴隨着難民人數增長而增加，而東華本身也因應了難民的需求，不斷擴大服務範圍，成為香港政府處理難民事務的唯一可靠夥伴。

香港政府一般會將無法處理的難民事務轉交東華，東華提供人力以處理難民問題，再向政府取回支出。從華司與東華之間的往來書信來看，政府處理難民的態度雖稱不上積極，但卻相當嚴謹，對每一個個案，華司都會和東華書信往來討論處理方法，香港華司對難民處理的態度既有人道考量，不會任其自生自滅；另一方面也有管治上的考量，為了維護香港的社會安全與秩序，政府必須將這些沒有固定職業或居住地的難民送至香港以外的地方，以免造成社會動亂。

難民服務雖不是東華的既定工作，卻是極具人道精神的慈善服務，從東華協助流落異鄉者歸鄉的過程，我們可以感受到十九世紀末至二十世紀上半期，中國人經歷着顛沛流離的艱苦歲月，生的悲痛與無奈，在資料的字裡行間表露無遺，現代人細讀這些有關過去苦難日子的紀錄，更應該珍惜當下的幸福。

[1] 請參閱表 II-3-1 一九三零年失業華工資遣費用，頁二八六，資遣費用根據《東華難民信簿》匯集而成。

[2]〈一九三一年致華司函件〉、《一九二五／一三五年度東華致外界函件》：第一號農曆十二月二十七日、第二號農曆二月十四日、第三號農曆四月十六日、第四號農曆七月十三日、第五號農曆八月十二日、第六號農曆八月二十六日、第七號農曆八月二十七日、第八號農曆九月十六日、第九號農曆十一月初一、第十號農曆十一月十五日。

[3] 有關難民的統計，主要參考歷年的徵信錄及函件，兩者數據時有差異，這裡選取較高的數字。

同治癸酉十二年徵信錄（一八七三年東華醫院徵信錄）

【資料說明】在東華醫院創院初期，已開始提供難民服務，這份資料說明東華最早期處理難民的方式，有遣返回籍、招人擇配、招人領養等。這些難民有在東華醫院醫癒後返鄉者，也有由華民政務司轉介者。

是年資遣回籍男難民三十二名計開：

黃官桂（新安）、林福（新安）、曾冠（新安）、林彧（潮州）、周元（歸善）、彭灶生（歸善）、謝德（清遠）、李新（清遠）、劉光（清遠）、戴耀（新會）、黃允（東莞）、王石（新安）、陳連慶（新安）、賴二妹（歸善）、羅炳燦（江西）、李來有（新會）、李德（順德）、黃允文（新寧）、曾堂（花縣）、趙章（開平）、黃昌（新寧）、曾瑞（東安）、黃篆（新寧）、劉日（香山）、周敬從（番禺）、吳雨（南海）、李茂（福建）、陳富周（嘉應）、鄔文（番禺）、梁有（番禺）、林好（南海）、麥周（香港）

是年由本院招人擇配女難民十七名計開：

黃琴（番禺）、黃有（東莞）、李桂金（省城）、蘇有（省城）、李連（省城）、五妹（省城）、劉連好（廣西）、何秀瑗（南海）、孔銀（南海）、盧福金（順德）、蔡嬌（廣西）、梁金鳳（新會）、梁銀鳳（新會）、黃蓮有（未詳籍貫）、陳勝彩（省城由院醫愈）、王新喜（東莞由院醫愈）、葉寬（東莞由院醫愈）

是年資遣回籍女難民十二名計開：

陳香（番禺）、李帶彩（省城）、文轉好（新安）、鄭冬花（雷州）、黃小玉（省城）、鄭銀葉（潮州）、梁妹（水上）、李初一（順德）、李有仔（省城）、張帶彩（廣西）、陳冬喜（東莞）、陳命（東莞）

是年由本院招人承領作女，女難民三名：

林娥（省城）、何彩花（浙江）、盧美（廣西）

是年由　華民政務司分發女難民七名：

梁戴娥（省城）、何月娥（省城）、安仔（省城）、陳有（省城）、何狗仔（順德）、麥新有（南海）、林秀瑗（未詳籍）

現存在院候配女難民一名計開：

羅清桂（新會）

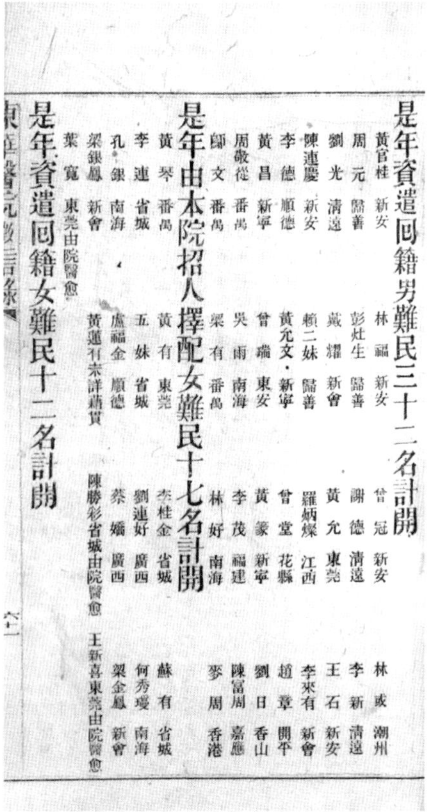

是年資遣回籍男難民三十二名計開

黃官桂 新安　林福 新安　曾冠 新安　林彧 潮州
周元 歸善　彭灶生 歸善　謝德 清遠　李新 清遠
劉光 清遠　戴耀 新會　黃允 東莞　王石 新安
陳連慶 新安　賴二妹 歸善　羅炳燦 江西　李來有 新會
李德 順德　黃允文 新寧　曾堂 花縣　趙章 開平
黃昌 新寧　曾瑞 東安　黃豪 新寧　劉日 香山
周敬從 番禺　吳雨 南海　李茂 福建　陳富周 嘉應
鄧文 番禺　梁有 番禺　林好 南海　麥周 香港

是年由本院招人擇配女難民十七名計開

黃琴 番禺　黃有 東莞　李桂金 省城　蘇有 省城
李連 省城　五妹 省城　劉連好 廣西　何秀瓊 南海
孔銀 南海　盧福金 順德　蔡嬌 廣西　梁金鳳 新會
梁銀鳳 新會　黃蓮有未詳籍貫　陳勝彩省城由院醫愈　王新喜東莞由院醫愈
葉寬 東莞由院醫愈

是年資遣回籍女難民十二名計開

東華醫院徵信錄　六十一

原件圖，來自一八七三年東華醫院徵信錄，六十一頁。

致政府書函一九二四至二六年 第八十六號（東華醫院致政府書函一九二五年五月三十日）

【資料說明】 中國人一向重視傳宗接代，很多沒有子嗣的家庭者，會領養男性孤兒作養子以傳宗接代。此例中之男童張蘭因無所依靠，在東華留院已久，且家鄉遭逢兵災無法回鄉，適逢一蔡姓男子想領養為子，故約法三章以保障蔡姓養父及養童張蘭雙方之利益。從其三款條件之訂立，可看出時人重視子嗣及男童教育之觀念。

第八十六號

卓大人鈞鑒，敬稟者：前奉三十五號

鈞諭。遞來失路男童張蘭一名，留院經有兩月之久，並無親屬到領，又因惠州兵燹，恐難妥為遣

發。茲有男子蔡畧，欲用歌賦街成與建造店担保，將男童張蘭領為育子，張蘭亦甚願意。現敝院與

蔡畧定允條件三欵，謹抄錄奉呈，希為

卓奪，如蒙

恩准，俾張蘭得安身之所，寔為

德便。專此。並請

勛安

東華醫院董等頓 乙丑又四月初九日
西曆五月三十號

謹將條件三欵計開：

（一）蔡畧領受張蘭回家之後，要供其讀書六年，並不得虐待一切。

（二）張蘭原係獨子，如日後成立受室，生男當先繼其養父蔡姓之祀，惟木本水源，血統所繫，一俟蔡姓繼祀有人，任由張蘭復歸本宗，以符追遠之義，蔡畧不淂阻抗。

（三）張蘭隨蔡畧回家後，宜受約束教誨，用心求學，以期造就，毋負蔡姓教養之恩；如有行為不端等弊，許蔡畧送還東華醫院安置。

東華醫院函件［東華致外界函件］一九二八至三三年　第叁拾五號
（東華醫院致政府書函一九二九年二月十九日）

【資料說明】　一對身世坎坷的母子的相認過程，而東華醫院在此案例中扮演了安排親屬團聚的角色。

第叁拾五號

那大人鈞鑒：敬稟者前一九二七*年七月十九號奉到一百一十九號
鈞諭。送來男童陳英，十歲。據婦人張連係惠州稔山人，該童乃其子，為其先夫陳水養所生。陳已故七年，遺下產業被其叔陳松賣去，并前年又將氏賣與男子邱為妻，並奪氏子。去年偕後夫來港謀生時，偶遇子于途哭訴被叔虐待，且擬將之發賣，故投警局起獲。查陳松向無實業，諒非善類，着敝院查訊該童應歸誰管理，至今仍未能定奪。現該童所患疳積經已全愈，不便長留在院，且其母張連時常到院探望，屢欲領回教育。如何之處，請請為
卓奪。　示復為荷。專此。並候
勛安

東華醫院董事頓　己巳元月初十日
一九二九*年弍月十九號

東華醫院函件［東華致外界函件］一九二四至二六年
（東華醫院致惠愛醫院信件一九二五年五月四日）

【資料說明】 案例詳述了一名丘姓婦人從汕頭輾轉流落香港，最後得東華協助與丈夫親人團聚。

惠愛醫院

列位先生台鑒：敬啟者汕頭公安局由同濟善堂遞來婦人丘氏平一口，係被軍隊拉充挑夫，隨同到汕者。旋因患有神經，撥往本港皇家醫院醫理。查該婦人已于五月三十號由皇家醫院轉送

貴院，茲有男子黃鏡波曾跋涉往汕尋訪，復由汕頭來港，現由夜船上省，親到

貴院認領，到時請交他領回完聚，是所拜禱。敝院每人發給港銀五元*為川費之用，所有丘氏平醫費求為免收是荷。耑此。並請

台安

東華醫院謹啟　乙丑又四月十二日

東華醫院函件［東華致外界函件］一九二四至二六年

（東華醫院致衛生局信件一九二五年五月八日）

衛生局

列位先生台鑒：敬啟者汕頭公安局由同濟善堂遞來婦人丘氏平一口，係被軍隊拉充挑夫，隨同到汕者。施因患有神經，撥往本港皇家醫院醫理。查該婦已由皇家醫院轉送

貴局，再由

貴局轉發惠愛醫院安置。茲有男子黃鏡波係該婦之夫，到省認領，屆時請
貴局轉知惠愛醫院，將丘氏平婦人交與黃鏡波領回完聚，除由本港皇家醫院發給憑信外，特此再
函奉達
希為
荃察是荷。並請
台安

香港東華醫院謹啟　乙丑又四月十六日

東華醫院函件［東華致外界函件］一九二四至二六年（東華醫院致外函件一九二五年五月十七日）

衛生局
局長先生大鑒：敬啟者汕頭公安局由同濟善堂遞來婦人丘氏平一口，係被軍隊拉充挑夫，隨同到汕者，旋因患有神經，撥往本港皇家醫院醫理，查該婦已由皇家醫院轉送
貴局，再由
貴局轉發惠愛醫院安置。茲有男子黃鏡波係該婦之夫，到省認領，屆時請
貴局轉知惠愛醫院，將丘氏平婦人交與黃鏡波領回完聚，除由本港皇家醫院發給憑信外，特此再
函奉達希為
荃察是荷。并請

台安

香港東華醫院謹啟　乙五月初二日

外界來函一九二五年（東華醫院外界來函一九二五年五月三十日）

逕啟者：本月十一日函送婦人丘氏一口，請
貴醫院設法遣送回歸惠州原籍，諒亦早賜照辦矣。現其夫黃鏡波在惠，聞悉丘氏流落在汕，親自前來領回，到堂詢問，但人經送由　貴醫院轉送，現時已否回家，轉囑親自到港，問明相應，備函交由黃鏡波先呈，請將該婦人資遣情形詳悉告知，俾離散之人早知踪跡，得免懸念，昌勝感激，肅此。順請……

（汕頭市同濟善堂）

同治癸酉十二年徵信錄（一八七三年東華醫院徵信錄）

【資料說明】　東華醫院提供難民服務最早可追溯到一八七三年，從該年徵信錄可看到有關難民資料記錄在「病房雜用」項目內，是年遣返者幾乎全為廣東省人士，其中以返省城者為最大宗，遣返人數較多時會有「護送人」隨行；目的地較遠者，如潮汕地區，東華會給予川資飯食。從每位遣返者的支出紀錄，可以推測這些難民，大多數應為在東華醫院醫癒後回鄉者。例如有列明「出院給費返石龍」。有些是由華民政務司轉介與東華者，例如「巡理府發來難民」、「返籍難民」等。

病房雜用：

白雲火船　梁世賢、陳昌、鄭冬花、黃從　四名返澳　銀七錢二分

又　陳新喜、梁世賢、連護送人二名返澳　銀七錢二分

又　陳經隆　一名返澳　銀一錢八分

鄱陽火船　趙有才　一名返澳　銀一錢八分

九江火船　趙坤、邱官、譚煥好、黃業、曾瑞、胡巢、吳雨、許勝、林好、何晚、陸利、倫根、陳汝廣、羅成、袁蘇、趙坤、崔來、洗康、李聯、李順寬、鄧德、周敬從、鄔文　二十三名返省　五毫算　銀八兩二錢八分

又　許添一名連護送人一名返省　銀七錢二分

金山火船　葉五、胡合勝、陳有、何維、袁□、陳寬、陳友金、

梁昆、李進丁、彭河、羅炳燦、劉光、李新、譚造、陳雙喜、曾望、謝德、譚八、何閏、周芬、王金、張三、林昆、鄭英、胡喜、黃賓

共二十六名返省　五毫算　銀九兩三錢六分

保安火船	黃桂、周成　返省	銀七錢二分
同和渡	蕭滿、胡全、李來有　三名返江門	銀五錢四分
勝利渡	樊平、蔡孫氏、陳錦麥氏、陳見委　返新安	銀三錢九分
新泰利渡	宋元、宋天、柯四　三名返海豐連飯食	銀二兩四錢二分六
發興渡	鄭童塔　一名返潮州連飯食	銀一兩零八分
金廣順渡	鍾六、楊祖　二名返海豐連飯食	銀一兩六錢一分
新福利渡	侯長芳　返新寧	銀三錢六分
祥利渡	李才　返東莞	銀一錢八分
義德渡	謝命　母女二名返東莞	銀八錢
新泰興渡	黃長春、王蒲　二名返海豐	銀一兩一錢六分
常和渡	陳朱　返新會	銀一錢八分
永順利渡	王新喜　返東莞復由江門來港	銀五錢八分
金裕興渡	陳順德　返潮州	銀九錢二分
廣隆渡	陳來勝　返陳村	銀二錢八分
新泰合渡	楊為　返海豐	銀五錢四分
何德隆渡	黃桂　返汕頭	銀六錢八分

恒泰渡　張三　回狄海　鄺厚　回長沙　銀六錢
安泰渡　馮順　回石龍　銀二錢二分五
厚德渡　陳培貴　返太平　銀一錢八分
廣順渡　蕭滿　返江門　銀一錢八分
安昌渡　黃允　返石龍　銀二錢
安益渡　陳富周、吳保　二名返海豐　銀一兩四錢三分
永祥益渡　岑□、黃昆、黃允文、馮昌、黃纂、趙章　六名返長沙　銀三兩四錢
永達渡　梁成、溫芳　返東莞　銀三錢六分
長泰渡　姚孫　返省城　銀一錢八分
廣安渡　梁恒　返江門　銀一錢八分
祥泰渡　羅光　返開平　銀三錢
泰興渡　區恩　返開平　銀三錢
路　費　許添出院由省回□　銀五錢零四
又　侯長芳　返鄉　銀一兩四錢四分
又　葉五　返鄉　銀三錢六分
又　難民梁友　返陳村　銀三錢六分
又　王新喜　出院女鞋耳環胭脂水粉梳篦　銀一兩九錢一分二
又　袁秀　返籍難民　銀三錢六分
又　周元　返籍難民　銀五錢六分
又　曾冠　返籍難民　銀二錢

又	賞李希南買餅		銀一錢三分二
又	梁胡氏癲婆出院給費		銀一錢六分
又	戴七出院給費		銀二錢
又	馮順出院給費		銀二錢四分
又	鍾廣出院給費		銀一錢八分
又	孫長出院給費		銀三分
又	曾瑞　巡理府發來難民給費		銀七錢二分
二合棧	何晚、劉光、謝德、李新四名由省返清遠費		銀一兩四錢四分
梁　昆	出院給費	林秋帆手	銀二錢
熊　解	出院給費	黎甘棠手	銀一錢二分八
梁　鑑	出院給費返石龍	黎甘棠手	銀一錢二分八
陳富周	巡理府發來難民	返海豐船費	銀四錢四分一

東華醫院徵信錄（一八八五年東華醫院徵信錄）

【資料說明】 從一八八零年代中期，東華對於遣送難民的工作已經有所分類。一八八五年徵信錄關於遣送難民的資料分別記錄在「病房項」及「雜用項」。合理的推測是，登記在「病房項」內的名單為東華醫癒返鄉者，登記在「雜用項」的是一般的難民。是年醫癒返鄉者有三十名，其他難民一百名。難民乘搭德忌利士、誠記、華洋火船、招商局、太古、旗昌等輪船公司的火船回廣州、廈門、上海及海防等地。

病房項：
河南火船　盧華謙、郭大、鄧寬、馬亨、劉紀修、護送一名、陳璇、陳不、區九、呂成……共
三十名　返省城　銀六兩四錢四分四厘

雜用項：
河南火船　難民　王閏興、饒石、李妹、李居、阮慶、護送人、源常、羅卓、陳金、陳英……
鄭秀、護送人共七十九名　返省城　銀十六兩九錢九分二厘
德忌利士　安南回港難民杜其三、何忠共二名由南澳火船返廈門　銀三兩六錢
誠　記　周滋生、楊智偕往海口惠愛醫局贈醫，由南洋火船，三員二算　銀四兩六錢零八厘又
難民　陳操、陳全、陳斗、李勤、何榮、黃游、高文耀、張文瑷、原文國、原文山、
原文呂、劉庇、羅文德、陳文高、陳文紹　共十五名　由華洋火船返海防　三員算
銀三十二兩四錢
招商局　難民張德勝、李德標　共二名由利陀火船返上海　三員五算　銀五兩零四分
太古行　難民陳全、王某、吳賴共三名，由卑利羅火船返廈門　七毫五算　銀一兩六錢二分
旗昌行　難民范富連由低亞文地火船　返廈門一員五算　銀一兩零八分

東華醫院徵信錄（一九三四年東華醫院徵信錄）

【資料說明】 據一九三四年徵信錄所載，華民政務司送來的難民越來越多，佔東華所遣送難民的絕大部分，是項資料顯示華司送來的難民，遣送船費銀為七百二十八元五分，而在東華醫癒的病人船費僅為六十六元。遣送華司轉介的難民費用一般皆可向華司取回，故東華需要詳細記錄遣送難民的細目，以便向華司取回費用。

六月支難民船費：

華署一百六十二號函難民曹標二名回籍川資銀捌元正

華署一百七十一號函難民蕭金安二十二名回籍川資銀伍拾玖元伍毫正

華署一百八十號函難民黃發名二名回籍川資銀叁元玖毫正

華署一百八十七號函難民曾鴻周十二名回籍川資銀壹拾柒元伍毫正

華署一百八十四號函難民王世興二名回籍川資銀壹元正

華署一百七十五號函難民彭望廷廿名回籍川資銀伍拾陸元伍毫正

難民王幹卿回籍川資銀壹元伍毫正

華署一百八十弍號函難民劉丁發回籍川資銀叁元伍毫正……

資遣費用（東華難民信簿匯整而成）

【資料說明】是次遣返的華工主要來自廣東省，當中又以珠江三角洲為多。

[1] 新寧即今之台山。

表 II-3-1　東華醫院遣送回國華工費用（1930）

遣送地點		水腳 / 元	川資 / 元
廣東	惠州	2	7
	清遠	2	3
	潮汕	2	5
	英德	3.5	4
	肇慶	2,5	3
	增城	2	2.5
	加應州	2	7
	花縣	2.5	2.5
	四會	3	4.5
	高要	2.5	3
	龍川	2	7
	南海	1.5	2.5
	東莞	2	3
	恩平	2	2
	番禺	1.5	2.5
	香山	1.5	2.5
	新會	2	3
	新寧 [1]	2.5	4
廣西	容縣	2.6	8
	北流	2.6	8

政府公函［華民政務司來函］一九一九至二一年　五十八號

（政府致東華醫院書函一九二零年五月，日期不詳）

［資料說明］ 在經費條件許可的情況下，政府一般都會按照難民的請求提供協助，此個案之難民欲返回新加坡，由華司轉介給東華處理。

五十八號

列位總理台鑒：茲有男子陳祥，又名胡瑞春，稱省城人，因家貧被父賣與福建人胡泰，在荷蘭巨港[2]營茶，適私逃回省尋親，而父母已歿，欲仍返新加坡等語，請

卓复為荷。此候

日祉

五月□□

[2]「荷蘭巨港」，指的是當時的荷蘭殖民地印尼巨港。

一九二二至二三年度董事局會議紀錄（東華醫院董事局一九二三年十二月八日會議紀錄）

【資料說明】 棲留所成立於一九零九年，位於東華醫院右側，專門收容無法回家、無依無靠，或等待遣返之難民。這份資料記載了難民的坎坷遭遇，從中可看出當時棲流所所收容的難民的背景及悲涼景況。

癸亥十一月初一禮拜六晚會議事宜列左（一九二三年十二月八日）

廿三、本院栖留所難民經由區廉泉翁訊問清楚，謹將各難民口供抄白一紙，附錄于後以便查究。

……

癸亥十一月初一日區廉泉翁訊問栖流所難民

尤華西，六十歲，福建人，癱症，丁巳年正月來院，據稱欲返福建但無親屬，又不能行動，如福建有地方棲身，亦欲前往云（此人可以送入老人院）。

吳英，七十五歲，清遠人，丁巳十月來院，據稱並無親屬，不能回籍云（此人可以送入老人院）。

吳榮，五十五歲，潮州人，戊午十月來院，據稱尚有祖母在鄉，有兄吳耀臣在威靈頓街六十八*號。

盲無名，八歲，已未二月來院，在街外執來者，此人可送省瞽目院安置。

李全，四十六歲，南海大杭人，已未又七月來院，據稱並無親屬，係由外埠回港者。

譚炳，十三歲，番禺人，已未八月來院，不知父母姓名，由街外執來者。

陳潮，四十九歲，海丰人，庚申四月來院，據稱有姪二人在鄉，不能行動，家又貧窮，無以自養，不能回籍云。
楊清海，七十歲，福建樟州人，據稱十五歲被……（此人可以送老人院）。
尹日，四十二歲，東莞人，花柳癱症，庚申七月來院，據稱並無親屬，不願出院。
魏登全，五十五歲，寶安人，壬戌九月來院，自少無父母兄弟，有妹夫不知地址，不允回鄉云。
黃福，六十二歲，長洲人，壬戌九月來院，並無親屬，不允出院（此人可以送入老人院）。
梁光，五十三歲，香山人，壬戌十月來院，癱症病重，不能起。
莫樹，八十六歲，東莞人，癸亥二月來院，並無親屬（此人可以送入老人院）。
何來興，癸亥二月華署送來。
蘇炳，八十二歲，番禺人，癸亥三月來院，去年曾遣發上省，今又復來院，前又再送往老人院，又自行走回，有姪二人，不可倚靠。
朱珴，廿七歲，上海人，癸亥五月來院，據稱欲回上海須先到上海元步，再要十餘日路程，方可回里。
葉如佳，六十歲，東莞人，癸亥六月來院，有女葉容，在四方街十七號地下造銅鉄生意，曾在□房，由黎端宸□□，如醫愈双，可以行動則願出院謀生，經着醫生再行調治。
李雲池，三十四歲，湖南人，癸亥六月來院，有人携帶則允回籍云。
楊清海，七十歲，福建樟州人，庚申□月來院，據稱十五歲被拐賣往秘魯埠，六十三*歲返祖國，到院三年，並無親屬（此人可以送入老人院）。
黎正，三十五歲，新興人，花柳癱症，庚申十二月來院，據稱有母七十餘歲，生死不知，不願出院云。
歐陽顯，四十一歲，河源人，辛酉三月來院，現不允出院。

東華醫院棲留所

棲留所是一九一零年由劉鑄伯任內發起籌捐的建築。

周安，十八歲，辛酉三月來院，發羊吊不能問話。

練家榮，三十二歲，加應人，辛酉四月來院，不能行動，難以出院。

□官長，十七歲，大埔人，辛酉五月來院，據稱父名陳發，母不知姓氏，前二年由親屬帶來院門口，棄之走去（此人可送瞽目院）。

陳寬，十八歲，辛酉八月來院，現在痘局醫治，漸次痊愈。

曾掌，五十六歲，新安人，壬戌二月來院，癱症，並無親屬。

李海，三十九歲，增城人，壬戌三月來院，花柳症，據稱醫愈則願出院（經着西醫為之打針醫治）。

陳談，廿七歲，歸善人，壬戌五月來院，現今不願出院。

譚標，六十歲，南海人，壬戌七月來院，據稱教會中人，並無親屬（此人可以送入老人院）。

楊福，六十七歲，新安人，壬戌八月來院，並無親屬（此人可以送入老人院）

東華醫院辛未年徵信錄

（一九三一年東華醫院廣華醫院東華東院院務報告）

【資料說明】 東華為居留在棲流所內的小童安排免費教育，為其往後生計考量。

（一）　教授棲留所之小童

未有親屬認領而留居本院棲留所之小童，其中有已及入學年齡者，若任令其閒居所內，拋棄韶光，至為可惜。本院保護兒童會夏蘇力君亦嘗關懷及此，曾函本院謂，兒童會經得青年會之同意，担任義務教育。董等據此，當即函詢青年會，即蒙該會允許，並定每逢星期一三五到所教授小童，俾得相當之教育。

政府公函［華民政務司來函］一九二三至二四年　五十三號
（政府致東華醫院書函，日期不詳）

第五十三號

夏大人鈞鑒：敬稟者客歲十一月廿三由一百十八號鈞諭，遞來文島難民張秀清一名，係湖南人，着飭人護送回里，該費用係由好時洋行支給者。查該難民張秀清係有神經病，問其里居只云湖南大西洋人，且言語不通，湖南省路途遙遠，難以覓人護送，茲留院經有半年之久，如何之處？請為設法安置是荷。專此，並請

勛安

東華醫院董事等頓

政府公函［華民政務司來函］一九二三至二四年　七十號
（政府致東華醫院書函，日期不詳）

七十號

列位總理台鑒：

現飭麥基沙展往　貴院帶湖南人張秀清往癲房，屆時祈交予帶去為荷。

一九三五至三六年度董事局會議紀錄（東華醫院董事局一九三五年十月十八日會議紀錄）

【資料說明】棲留所於一九三五年定案撤銷。此次會議討論取消棲流所後的難民安置問題。

乙亥九月廿一禮拜五會議事宜列左（一九三五年十月十八日）

四、冼主席曰：是年办理院務各事，尤以取銷栖流所為最有成績，而令社會人士所贊許者。查栖流所由一九一零*年庚戌歲劉鑄伯翁任內發起籌捐建築，至今廿七年之久，該所原為來往暫時栖息難民候遣回里起見。計所內人數約七十餘名，有由國家醫院撥來者，有由華署及差館發來者，亦有由本院醫愈無家可歸者，有因廢疾不能回里者，歷廿餘年。查其中居留多在八九年以上，而尤以一九一二*年壬子歲起入所居留，至今廿四年之久；又有由一九一四*年甲寅歲居留至今廿二年，又有由一九二四*年甲子歲至今十二年矣。查居留所內者均屬老弱殘廢，年復一年，虛糜善款，遂即實行，將所內老弱人等設法遣送。其屬於脚氣、脚軟病者，則轉送省方便醫院療養。至留所候領之兒童，內有肇慶□小童二名，則由院役將其護送返肇慶，交公安局收容，請其查傳給領。其餘地址不明，無家可歸者，則送往九龍青年生活社安置，使其學習工藝，得以謀生。該聾啞女子則送往國家醫院安置。今遣送完畢，即將栖留所撤銷，年中經費則節省五千餘元。公議將办理經過情形，呈報華民司憲，並請嗣後如有小童請送別處安置，因栖留所既已裁廢，已無妥適地點可以將其收容也。

眾贊成通過。

東華醫院函件［東華致外界函件］一九三零至三一年（東華醫院致外函件一九三一年三月十一日）

［資料說明］ 東華醫院收容有病難民留醫，但因不設神經病房，故不收留神經病難民。

堤岸廣肇公所

偉吾先生大鑒：敬復者，茲由大中華船辦房帶來無名癲仔，敝院經照收留。如貴埠再有神經病人，請不可再交來，因敝院未有另設神經病院也。特此函覆，希為 荃照是荷。專此。並候

台安

東華醫院謹啟

辛（未年）元（月）廿三（日）

致政府書函一九三九至四一年 第三十一號（東華醫院致政府書函一九三九年三月四日）

【資料說明】中日抗戰以來，大量難民從中國內地逃往香港，從信函得知，東華醫院負責管理的難民營分佈在深圳及香港各區，一直以來東華收容難民係奉政府委任辦理，然而，此信提及當時有西洋人士前來，指責東華無權管理難民，應由政府管理。顯示港府難民政策於一九三零年代末有所轉變，這可能與香港政府在中日戰爭期間標榜中立的政治立場有關。

第三十一號

嘉大人鈞鑒：敬稟者查敝院所管理之深圳難民營自去月廿一號日機轟炸深圳後，即將所收容之難民移送火車卡安置。至辦事處則遷返粉嶺學校及在空地收容多數難民，并在該處陞懸敝院旗幟以資認識。至廿六號，有一西人到處，謂所有難民歸由政府辦理，強逼將旗落下，該處辦事人無法與抗，迫得將旗收回，隨由該營主任林培生先生將此事向兆五報告。當時兆五以收容難民，係奉政府委任辦理，在未接奉正式命令收束之前，無論何人實無權強逼將旗落下，故着仍舊陞懸。但該西人係屬何人，有何權力以強制下旗，敢請

大人代為查究，俾明真相。迨後，又有一西人到辦事處約請林培生先生於禮拜一日往見司徒永覺醫官，屆期林君往見。據司徒永覺醫官謂，所有收容難民事務概歸政府辦理，毋庸敝院兼顧等語。現經遵照辦理，暫將辦事處結束，至所存粮食及物件則寄存在粉嶺茶室，聽候解決，茲謹將辦理經過情形呈報，希為

鑒察是荷。此請

勛安

東華醫院董事等頓　一九三九*年三月四號
己卯元月十四日

致政府書函一九三九至四一年　第三十三號
（東華醫院致政府書函一九三九年三月十一日）

【資料說明】 由於東華醫院的慈善形象與服務社會的角色，已廣泛被民間大眾認可，故政府收回東華醫院安置難民的權責後，社會輿論因不明真相，指責東華醫院無故停止救濟難民，多有不滿。東華醫院於是去函華司，請其繼續准許東華醫院救濟難民，倘政府禁止東華救濟難民，必須將原因向大眾宣告，以免東華醫院遭受不白之冤。

第三十三號

嘉大人鈞鑒：敬稟者溯自中日戰事發生，荷蒙政府准許敝院收容各地避港難民，使忘流離之苦。辦理以來咸皆稱善，中經遷移深圳益更努力，日臻完備，方期繼續工作，為難民謀福利，以仰副政府軫念災黎之至意。詎自日機轟炸深圳，將難民遷回新界後，政府竟將管理轉移。此後敝院退處無權遣發收容，兩無應付，以是招引坊眾煩言，時加指責。現接香港各界賑濟華南難民聯席會公函，對於此事有所詰問，謹將原函奉呈，希為

察覽。竊思敝院為本港華僑唯一公眾慈善機關，歷年港內及國內災情，靡不致力救濟，頗邀時譽。今

在此戰事期間，竟無權收容難民及救濟工作，無怪社會人士不滿，實于敝院前途發生妨碍，用特肅函奉達，敬求

鼎助，使敝院得以繼續參與致力於救濟難民工作，以解坊眾之惑。倘仍不獲解決，則為院譽計，祇得將此事向坊眾宣佈，俾知真相，以明是非而已，抑亦可以減輕董等責任，否則與董等個人前途關係不淺也。至何以答復夾呈之函，佇候

明教。專此。并請

勛安

東華醫院董事等頓 一九三九*年三月十一號

己卯元月廿一日

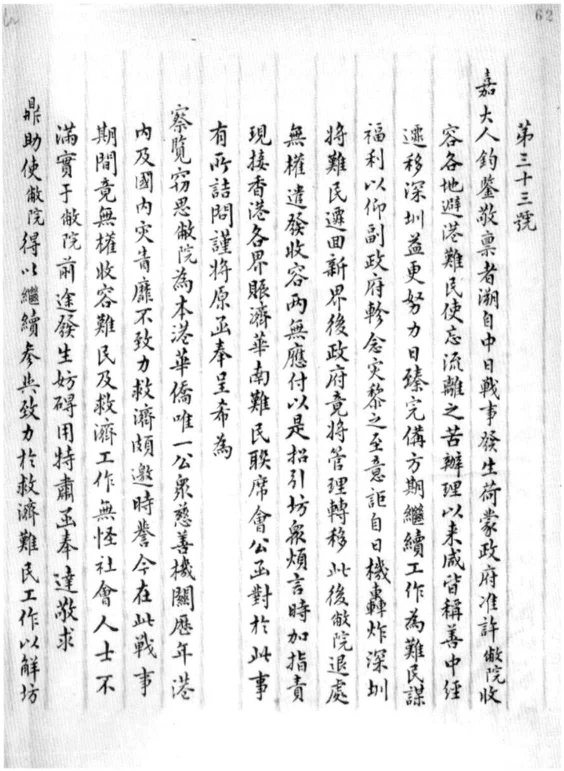

62

第三十三號

嘉大人鈞鑒敬禀者溯自中日戰事發生荷蒙政府准許敝院收
容各地避港難民使忘流離之苦辦理以來咸皆稱善中經
遷移深圳益更努力日臻完備方期繼續工作為難民謀
福利以仰副政府軫念災黎之至意詎自日機轟炸深圳
將難民遷回新界後政府竟將管理轉移此後敝院退處
無權遂發收容兩無應付以是招引坊衆煩言時加指責
現接香港各界賑濟華南難民聯席會公函對於此事
有所詰問謹將原函奉呈希為
察覧竊思敝院為本港華僑唯一公衆慈善機關歷年港
內及國內災青靡不致力救濟頗邀時譽今在此戰事
期間竟無權收容難民及救濟工作無怪社會人士不
滿實于敝院前途發生妨碍用特肅函奉達敬求
鼎助使敝院得以繼續參與致力於救濟難民工作以解坊

一九三九年三月三十一日東華醫院董事局致香港政府書函

致政府書函一九三八年　第九十一號
（東華醫院致政府書函一九三八年六月十六日）

【資料說明】　華南聯席會包括八個慈善團體：東華醫院、中國紅十字會、救濟難民會、香港各界賑濟華南難民聯席會、華商總會（後稱中華總商會）、中華廠商聯合會等。其中，中華總商會與東華關係相當密切，從一九零零成立至一九四八年，十五屆主席中，有十二屆主席曾任東華首總理或總理職位，至於副主席，司庫，司理等，皆曾出任過東華首總理或總理職位。政府重申處理難民事需經華司批準，顯示香港於中日戰爭期間，局勢緊張，政府欲保持政治中立有關。

第九十一號

那大人鈞鑒：敬稟者敝院昨接香港各界賑濟華南難民聯席會來函，略以敵機狂炸廣州，市民死傷奇重，災情浩大，難民復流離困頓，亟待救濟。經第二次代表大會，議決推舉敝院選派代表，會同華商總會代表、中華廠商聯合會代表，於本月十六日，趁輪前赴廣州調查災情及散賑工作等由。又查該會決議案，關於救濟事項，由敝院及中國紅十字會、救濟難民會等八團體負責。昨經敝院例會討論，以敝院一千九百三十年所訂立之則例第四款法團之宗旨壬項下載「港外華人慈善事宜先得香港華民政務司允許則提倡協助及繼續辦理[3]」之規定，須先獲得大人允許，方可參與，當經以未便選派代表參加工作理由，函復該會查照，茲以事屬公益，敝院應否派員協助，用謹肅函奉達，敬求指示，以便進行為禱。此請

勛安

東華醫院董事等頓

一九三八*年六月十六號

戊寅五月十九日

[3] 此一九三零年東華則例中第四款法團宗旨壬項之「港外華人慈善事宜先得香港華民政務司允許則提倡協助及繼續辦理」，查該一九三零年之則例裡，並無壬項（第九項），該信所言之內容實記載在第八項，然又和東華索引不盡相同。Tung Wah Hospital Ordinance 1930, "The objects of the corporation shall be as follows – (h) the promotion, execution, assistance or maintenance of any charitable work among Chinese outside the Colony which has been previously approved by the Secretary for Chinese Affairs"。

致政府書函一九三八年　第一百三十二號（東華醫院致政府書函一九三八年十月十三日）

【資料說明】 在東華匯報給華司的函件內，提到是年七月一日至九月三十日的短短三個月內，東華共接待難民九千二百六十二名，遣返七千六百四十名，治癒回鄉者一千六百一十六名，共花費五萬二千二百九十九元九角三分。

第一百三十二號

那大人鈞鑒：敬稟者查由西歷七月一號起，至九月三十號止，敝院招待各地兵灾難民共九千弍百六十二名，資遣回籍共七千六百四十六名，尚留存在院者一千六百一十六名，該招待費用共銀五萬弍仟弍百玖拾玖元玖毛叁仙，所有進支數目經由核數員周鎰畬先生核妥，茲將進支數目表一紙奉呈察核。查進支比對尚餘銀玖仟四百叁拾元零壹毛叁仙，現計由十月一號至十二號止，支出費用銀陸千零捌拾玖元五毛壹仙，實祇存銀叁千叁百四拾元零陸毛弍仙，日間又須遣發難民回籍，是則所存無幾。而近日華南局面似有變動，港省密邇來港難民當必甚眾，需款亦必更巨，為此懇請

大人代求政府預支五萬元，俾資應付，伏祈

俞允為感。此請
勛安

東華醫院董事等頓

一九三八*年十月十三號
戊寅八月二十日

致政府書函一九三八年 第一百六十三號
（東華醫院致政府書函一九三八年十二月十六日）

【資料說明】 為收容中日戰爭期間的避港難民，政府於市區及新界開設難民營，惟新界位置偏遠，難民多不願往新界難民營。此函件為東華向華司轉達九十名難民不願遷往新界錦田的詳情，東華認為市區的難民營，不應只收容緊急難民及聖約翰救難隊等機關所轉介之難民，而東華轉介的難民卻送往新界，實有損東華聲譽，可見時人視新界為荒蕪之地。

第一百六十三號

嘉大人鈞鑒：敬稟者查自中日戰事發生，敝院即於去年八月起着手收容各地避港難民，荷蒙 政府協助撥出舊國家醫院、域多利監房、九龍舊巡理府三處，以為難民住宿，予以便利，至所感謝。近以政府在新界錦田及京士柏、北角等處設立難民營，將難民遷往居住。敝院經遵奉醫官命，將域多利監房及舊巡理府之難民轉送京士柏難民所安置，將該兩址交回。至現在舊國家醫院所收容之難民，截至本月十二日止，尚存六百餘人；而京士柏祇有二百五十張床位。除此名額外，所餘之難民則應轉送北角收容，但司徒永覺醫官不允收留，謂須送往錦田安置。敝院亦經遵照，輸送其中

in the New Territories, being prevented from entering the urban area by a particularly efficient policing system along a line drawn between Taipo and Castle Peak.

The sanitary conditions and lack of housing accommodation and water supply called for concerted action in December. The Emergency Refugee Council, the Wai Yeung Association, the Tung Wah Hospital Committee and allied Chinese charitable bodies were approached and asked to assist in establishing camps in Chinese territory just across the border. At the same time St. John Ambulance Association was asked to furnish medical aid to the camps in Chinese territory. As the result of intensive propaganda in the New Territories, the bulk of the refugees were induced to return to their villages in Kwangtung. By the end of 1938 there were about four thousand refugees in Government camps in the New Territories apart from those in the towns and villages of the New Territories, and about three thousand in Government camps in the urban area.

In addition, there were in an interment camp rather over 1,100 Chinese soldiers out of an original total of about 1,300 healthy and wounded soldiers who had sought safety in these territories during the operations on the Hong Kong-Kwangtung border at the end of November.

Some idea of the extent of the refugee problem can be gauged from the fact that 305,957 more persons arrived in the Colony by railway and by ocean and river steamer than departed. This figure does not include numbers arriving by sampan, junk, ferry, launch and on foot. It represents an addition of more than one third to the normal estimated population of the Colony. As might be expected, a proportion of the cases of cholera, small-pox and cerebro-spinal meningitis which had to be dealt with in the Colony were imported from Kwangtung and other infected parts of China.

One of the more remarkable features of the situation in connexion with the refugee problem in Hong Kong in 1938 was the immediate response on the part of all classes of the community to appeals for help for the refugees. So much was this the case that it was found necessary to warn organizations of the desirability of working through a single co-ordinating voluntary body.

In order to stimulate further the generous response for help for the refugees, not only in the colony but in South China as a whole, in the autumn of 1938 a Hong Kong and South China Branch of a fund called the British Fund for the Relief of Distress in China was opened. Up to the 31st of December, 1938, the total contributions to this branch of the Fund amounted to $389,824.16. The Fund was organized with the idea of centralizing, as far as possible, all charitable efforts at obtaining donations for the relief of distress in South China, including Hong Kong. It did not itself undertake any actual relief work, this being entrusted to such existing relief bodies as were equipped for this purpose, and, in particular, to the Hong Kong Emergency Refugee Council.

On the 14th of December, 1938, a Chinese Sub-Committee of the Fund was appointed to canvass for further subscriptions from the Chinese community.

東華醫院協助政府處理難民問題

【資料說明】 中日戰爭爆發後，大量難民從中國內地湧入香港，以下報告顯示一九三八年從陸路及海路抵港的難民多達三十萬六千人，政府急需於港九、新界設置難民收容所，安置難民；而預防霍亂、天花、腦膜炎等傳染病流入，對香港社會公共衛生安全，至關重要。政府認為東華醫院，作為全港最早創立的華人醫院，可領導其他本地慈善團體協助政府處理難民問題，給予東華醫院在難民服務上的正面評價。

[4] Victoria Gaol，維多利亞監獄。Gaol 為 jail 之古老寫法。

難民一部份前往，彼等沿途痛哭，咒罵敝院將其送往死地，及抵錦田，相率不允入內。經英警威脅方含淚進前，惟所餘未及輸往之難民，聞係送往錦田，均不願往。隨于十三日下午全體來院請願，擁塞院門，歷經勸諭，不允散去，僉謂錦田水土惡劣，無異就死，若必須送往，則寧願死于主席車下等語。迨後，勞冕儂、楊永康兩位總理到院，亦被圍困，幾經艱難，始得於十時後脫身離院而去。茲查北角難民所有床位一千二、三百張，現時在所居住之難民祇得五百人以下，是則所餘之額甚多。現據總醫官司徒永覺稱，該所祇收容由緊急難民會及聖約翰救傷隊送往之難民，其餘別機關所送往者概不收容等語，似此措施顯有歧視。蓋敝院為港中最大慈善機關，所收難民自應准予送往居住，今北角祇許以一救傷機關及一臨時難民會，而准其有特權收送難民，而敝院為港中著名慈善團體，歷年辦理救濟事務，早著聲譽，為各地人士所擁護，今竟不能收送難民，誠恐中國人民對于此舉於敝院有所誤會。蓋在明白事理者則知為政府之所命，而不知者則以為敝院放棄責任，不予收容，肆其詆毀，則將來樂善人士將不予敝院以協助也。用是披瀝下情，伏祈

大人與政府商洽，准予敝院繼續收容難民，送往各所安置，否則，在此時期若敝院不能收容難民，則竟直放棄救濟慈善事業，殊於敝院前途有碍也。至舊國家醫院之難民，除自動離去外，截至昨十四晚止，尚餘二百零五人，內有四十五人定于今日遣回上海，又于今日送七十人往京士柏難民所外，刻下僅存九十人而已。今舊國家醫院須于今天正午交回政府，則此所存之難民九十人，既不允遷往錦田，究應如何安置，尚祈

卓奪示遵為禱。此請

勛安

東華醫院董事　等頓　一九三八*年十二月十六號

戊寅十月廿五日

"Relief Measures"

Hong Kong Adminishative Report
1938, Appedix II, pp63-64.

By the end of 1937 the Shanghai Refugees Committee had practically concluded its work. Most of the non-Chinese refugees from the North had returned to their homes, but the Colony was faced, during the ensuing year, with a much larger influx of Chinese from neighboring territories consequent upon the Japanese invasion of South China. The various relief organizations in Hong Kong including the Tung Wag Hospitals Committee,—the oldest Chinese charitable institution in the Colony,—the Street Sleepers Shelter Society, the Society for the Protection of Children, the Little Sisters of the Poor, the Salvation Army, etc., did their utmost to cope with the great increase in destitution which resulted from the influx of refugees from the affected parts of China, but their combined resources were quite inadequate to meet the task and Government was obliged to step in and to take over the major part of the burden.

In the earlier part of 1938 the Tung Wah Hospital Authorities were entrusted with the care of homeless and friendless refugees. Several buildings were lent to this body for the purpose, including the former Government Civil Hospital, a portion of the former Victoria Gaol [4] and a building, which had served as the Kowloon Magistracy. By May some 2,648 of such refugees were receiving food and shelter in this way. Many thousands were repatriated through the good offices of the authorities in question, a total of over 30,000 being reached between July, 1937, and June, 1938. Needless to say, this number formed but a small proportion of those who sought asylum in these territories. Tens of thousands of refugees packed into the already crowded tenements and the average number of persons to each floor of the typical three storied Chinese houses rose from an average of eighteen to sixty. Many could find no accommodation and slept in the streets. A census taken in June, 1938, by the Police Department estimated the number of street sleepers at 27,000. Sanitary conditions deteriorated as might be expected and a severe outbreak of cholera was superimposed on an even more severe epidemic of small-pox. To relieve these conditions Government decided to undertake a scheme for the housing of some 5,000 persons in the urban area. Three camps were built, one on the Island at North Point, a second at Ma Tau Chung and a third at King's Park,—the last two being situated on the mainland. These camps were designed to hold about 5,000 persons and cost about $500,000 to build.

The administrative, medical and health duties of the camps were the responsibility of the Director of Medical Services and his staff, with the assistance of a Committee appointed by the Governor.

Welfare work, education and industrial activities in the camps were handed over to representatives of a voluntary organization—the Emergency Refugee Council—which came into being on the 11th of June, 1938, and which was, later, regarded by Government as the chief co-ordinating body for the refugee relief associations in Hong Kong.

Whilst the urban area camps were being constructed a new situation arose in the rural areas owing to the extension of hostilities to Kwangtung.

The landing of Japanese troops at Bias Bay on the 12th of October, followed by the taking of Canton, nine days later, intensified the refugee problem and many thousands poured across the frontier into the New Territories. A matshed camp was rapidly established at Pat Heung which eventually housed 5,000 refugees.

Later, as the result of a further extension of the Japanese activities on the Hong Kong-Kwangtung border, additional camps in the form of railway trucks were opened at Fanling close to the border. These provided accommodation for another 3,000 to 4,000 refugees.

A large number of refugees scattered to the villages

東華醫院徵信錄（一九二七年東華醫院徵信錄——難民船費）

【資料說明】根據一九二七年徵信錄記載，東華負責遣送的難民來自中國不同省份，多來自廣東省，大抵可分為以下各類別，醫院醫癒病人、自投到院求助者、警署轉介者、澳門鏡湖醫院轉介者、華務司轉介者、招商局轉介者、內地外輪船轉介者，以及轉送往省城方便醫院的腳氣病病人。歸鄉路程中，東華會派護送人照顧病人安全。

病民陳氏妹轉玖龍醫院舟車費　銀壹元

病民嚴林醫愈出院給上省川資　銀捌毫

病民趙均返大埔給車票費用　銀壹元壹毫

墨西哥埠遣回神經病民張志蘭返西樵給川資　銀伍元

病民蘇兆佳醫愈出院返高要給船費　銀柒毫

病民黃偉醫愈出院返江門給川資　銀弍元柒毫

病民陳耀醫愈出院返梧州給川資　弍元三毫……

脚症病人廿伍名上省方便醫院由院落船轎費　銀柒元五毫

脚症病人廿五名上省到方便醫院轎費（八算）省毫弍拾元伸港銀壹拾五元肆毫四仙

孔木、陳池護送脚症病人上省，每人每日工食　銀壹元捌毫計弍天共銀柒元弍毫……

廣西輪船丁卯元月拾柒難民船票　銀肆毫

警署發來難民余倫回籍川資　銀壹元

張成玉難民求給返汕船票及費用　銀壹元伍毫……

鏡湖醫院送來難民凌拾回籍川資　銀四元

華署六十肆函送來難婦譚氏逢回籍川資　銀壹十伍元

國家醫院送來難民彭定基回籍川資　銀七元二毫

外界來函一九一八年（東華醫院外界來函一九一八年一月廿九日）

【**資料說明**】不少難民由歐洲經港返國，此為失明華工由倫敦返華的例證。該華工因在倫敦染上眼疾，醫治無效，導致失明，流落在倫敦無依無靠，由倫敦工商公會送到香港，托東華醫院將之遣送回鄉。

東華醫院列位董事先生大鑒：啟者今有盲人一名，原籍東莞縣彩邊村人氏，一向出海行船當水手職業，不料船到倫敦竟遇眼疾，醫葯無效，兩目全盲，在倫一向居住敝會，情形可憐，同人等不引（忍）任其流落他邦，故提倡勸捐船費，今荅（搭）日本輪船回國，如安步之日，請

列位善士仁人，親到輪船帶他回

東華醫院暫住一二天，然後委人帶蔡有直送到其彩邊村家中，則感大德無涯矣。

謹此，並頌

善安

西曆一九一八*年正月廿九日　倫敦工商公會同人等謹啟

政府公函［華民政務司來函］一九二四至二五年

（政府致東華書函一九二四年十二月十二日）

【資料說明】往美謀生的華工，不一定晚年都薄有積蓄，生活穩定。個案為出生於美國的男童因父親去世，獨自潛逃到香港，無依無靠，香港警署將之發給東華，請東華協助難童尋找其中國親屬。

茲由警署來男童湯姓者，約十五歲，美國產也。查其父前在美國娶一大呂宋婦人所生，數年前回港，又娶一婦人，後帶回其本鄉居住，據該童稱乃廣九鉄路大江墟村邊（或車陂）車站福山村湯姓云，報聞其父已在美國身故，□詎月前該童潛逃來港，今無家可歸，茲已飭警署今晚將其送院候訊，請查認其親屬示复，此候

日祉

十二月十二日

東華醫院函件［東華致外界函件］一九二一至二二年
（東華醫院致廣仁善堂函件一九二二年五月一日）

【資料說明】此為越南難民的案例，該難民為十五歲兒童，因無父無母且雙目失明，由越南堤岸廣肇公所轉介至東華醫院，請東華照料，東華遂將之轉介給廣仁善堂，請對方將失明兒童轉送至廣州瞽目院。

廣仁善堂

列位先生台鑒：敬啟者去年十一月由越南堤岸廣肇公所遞來盲童葉良一名，年十五歲，並無父母，流離無依，着敝院將該童送入廣州瞽目院安置，未審瞽目院規例如何，可由

貴堂將該童代為送入否？希為

示知，俾得將該童送上

貴堂轉送瞽目院安置，則不獨身受者感激已也。耑此，即請

台安

東華醫院盧頌舉等謹啟壬四月初五日

政府公函［華民政務司來函］一九二三至二四年　一百卅七號
（政府致東華醫院書函九月，日期不詳）

【資料說明】美利埠位於今之馬來西亞，由美利經東華遣回原籍者，為數眾

多，函件說明一個來自美利的難民，因工傷失去右手，只能被資遣回家。可見華工生活相當艱苦，遇事只能聽天攸命。

一百卅七號

列位總理台鑒，送上男子陳桂，乃前在美利埠亞細亞煤油公司，前因事致失其右手臂，現來港求領小販牌，又乏資本，愛莫能助，惟資遣回家，□他有祖母在鄉，並聞此候

日祉

九月□□日

政府公函［華民政務司來函］一九二三至二四年　一百十九號（政府致東華醫院書函一九二三年十一月廿二日）

［資料說明］ 由印尼文島遣回的神經病者張秀清，因無法得知其家鄉在何處，只能送在香港精神病院收留。

一百十九號

列位總理台鑒：送上由文島[5]遣回難民張秀清，湖南人，似有神經病，請飭人發送回里，費用由好是洋行給回。此候

日祉

十一月廿二日

[5] Banten，或有譯為「萬丹」，位於今印尼爪哇。

東華致外界函件（難民事宜）一九二五至三五年（東華醫院致外界函件一九三一年十月八日）

【資料說明】 一九二零及三零年代，大批僑居於印尼、馬來西亞的華工，被當地政府遣返中國。華工回歸潮在東南亞引起了不少社會問題。當時遣返機制一般先由當地政府或慈善團體支付盤川，送至中轉站香港，再由港府促請東華與中國各地政府或地方組織連繫，安排歸鄉。一九三一年十月八日東華醫院致政府函件中就提到協助歸鄉人數達六千九百六十三名，其中六千七百四十四人來自馬來西亞的庇能（今檳城），一百四十人來自星洲（今星加坡），七十九人來自山打根，而庇能難民回鄉共需川資十七萬七千多元，山打根難民需川資四百一十六元五角，至於星加坡難民回鄉所需川資則不詳。是年東華醫院經常費用支出為二十七萬三千多元，可見一九三零年代遣返難民是東華的主要工作。

活大人[6]鈞鑒：敬禀者　接奉一百二十四號*函，送來山打根難民陳合等三人。又一百八十百號*函送來⿰口庇⿰口能難民粱生等三百七十二名。又一百八十八號函送來山打根難民黃貴廷等三名。又一百八十七號*函送來山打根難民鄧雲如等三名。又一百九十三號*函送來⿰口庇⿰口能難民張星等六十名。又一百九十八號函送來⿰口庇⿰口能難民羅亨等二百七十八名。又二百零一號*函送來⿰口庇⿰口能難民黃卿等一百四十九名。又二百零七號*函送來⿰口庇⿰口能難民許連等共弍百五十名。又二百一十號*函送來⿰口庇⿰口能難民羅妹等八十五名。又二百一十一號*函送來⿰口庇⿰口能難民黃漢等共四百壹十六名。又二百一十四號*函送來⿰口庇⿰口能難民陳悦等八十三名。又二百二十號*函送來⿰口庇⿰口能難民郭漢等四百六十七名。又二百二十六號*函送來⿰口庇⿰口能難民鄧鄧儒等共八十五名。又二百二十八號*函送來⿰口庇⿰口能難民羅其等共四百四十二名。又二百□八號*函送來⿰口庇⿰口能難民陳偉希等共壹仟壹百零弍名。又二百三十三號*函送來山打根難民黃六等七十名。又二百三十八號*函送來⿰口庇⿰口能難民梁四等五十六名。又二百七十八號*函送來星洲難民吳彬等一百四十名。又二百四十五號*函送來⿰口庇⿰口能難民梁德等一仟一百九十八名。又二百四十六號*函送來⿰口庇⿰口能難民鍾容等一仟二百九十五名。又二百四十七號*函送來⿰口庇⿰口能難民崔生等二十八名。又二百五十一號*來函送來⿰口庇⿰口能難民梁安等三百七十八名。着代遣資回里，謹將各難民川資船脚及伙食什用開列。請將該款交還敝院。請記是荷　此候

勛安

東華醫院董事頓　辛八月廿七日

一九三一*年十月八日

計開

一百二十四號*函送來山打根難民列

陳合等三名

合共支川資船脚銀弍拾弍元正

一百八十四號*函送來吪喏難民列
梁生等三百七十二名
合共支川資船脚銀弍仟九百五拾□元正

一百八十八號*函送來山打根難民列
黃貴廷等共三名
合共支川資船脚銀壹拾五元正

一百八十七號*函送來山打根難民列
鄧雲如等三名
合共支川資船脚銀四拾叁元五毛正

一百九十三號*函送來吪喏難民列
張星等共六十名
合共支川資船脚銀叁百六十七元正

一百九十八號*函送來吪喏難民列
羅亨等共弍百七十八名
合共支川資船脚銀弍仟一百□□元八毛正

二百零一號＊函送來吡喃難民列

黃卿等共一百四十九名

合共支川資船脚銀壹仟壹百壹拾四元四毛正

二百零七號＊函送來吡喃難民列

許連等共弍百五十名

合共支川資船脚銀壹仟八百八拾叁元叁毛正

二百一十號＊函送來吡喃難民列

羅妹等共八十五名

合共支川資船脚銀伍百弍拾七元七毛正

二百一十一號＊函送來吡喃難民列

黃漢等共四百壹十六名

合共支川資船脚銀叁仟壹百二拾壹元八毛正

二百一十四號＊函送來吡喃難民列

陳悦等共八十三名

合共支川資船脚銀四百九十九元壹毛正

二百二十號＊函送來吡㖫難民列

郭漢等四百六十七名

合共支川資船脚銀四仟零零四元弍毛正

二百二十六號＊函送來吡㖫難民列

鄧儒等共八十五名

合共支川資船脚銀七百叁拾弍元七毫正

二百二十七號＊函送來吡㖫難民列

羅其等共四百四十二名

合共支川資船脚銀叁仟弍百零叁元四毛正

二百二十八號＊函送來吡㖫難民列

陳偉希等共壹仟壹百零弍名

合共支川資船脚銀九仟七百四拾七元正

又支散工車費什用銀六拾十八元四毛五仙正

二共支銀九仟八百壹拾五元四毛五仙正

二百三十三號＊函送來山打根難民列

黃六等七十名

合共支川資船脚銀叁百六拾六元正

二百三十八號*函送來⿰口庇⿰口能難民列

梁四等共五十六名

合共支川資船脚銀叁百□□式元壹毛正

二百四十五號*函送來⿰口庇⿰口能難民列

梁德等共壹仟壹百九十八名

合共支川資船脚銀九仟七百八拾六元七毛正

又支散工車費什用銀八拾元零八毛正

二共支銀九千八百六拾七元五毛正

二百四十六號*函送來⿰口庇⿰口能難民列

鍾容等共壹仟式百九十五名

合共支川資船脚銀壹萬叁仟零七拾五元六毛正

又支散工車費什用銀九拾六元七毛正

二共支銀壹萬叁仟壹百七拾式元叁毛正

二百四十七號*函送來⿰口庇⿰口能難民列

崔生等共二十八名

合共支川資船脚銀式百零五元六毛正

二百五十一函號*送來庇能難民列

梁安等共三百七十八名

合共支川資船脚銀叁仟叁百零五元壹毛正

[6] 活大人是指 Wood, Alan Eustace，一九三三至三四出任華民政務司。一九三一年，為署理華民政務司。

東華致外界函件（難民事宜）一九二五至三五年　第八號

（東華醫院致外界函件一九三零年代）

【資料說明】 函件列明受南洋橡膠園倒閉牽連而被遣回中國的難民名單、及難民遣返所需川資。

第八號

活大人鈞鑒：敬稟者前奉二百七十八[7]號函送來庇能難民王有等二百六十名、又二百八十二號函送來庇能難民雷連等六名、又二百八十五號函送來庇能難民李毛等一百三十五名、又二百八十八號函送來山打根難民李氏好等五名、又二百八十九號函送來庇能難民黃田等十六名、又三百零二號函送來山打根難民陳祥等二十三名、又三百零四號函送來庇能難民李生等五十四名，着代資遣回里。謹將各難民川資、船費分列於後，請將該款交還敝院消記是荷。此候

勛安

東華醫院董事頓

計開

二百七十八號函庇能難民列

王有　川資八元　水腳二元六毫	洪超　川資二元五毫　水腳二元五毫	趙梅　川資七元　水腳弍元
馮池　川資三元　水腳弍元	葉毛　川資七元　水腳弍元	吳福　川資二元五毫　水腳一元五毫
陸初　川資二元五毫　水腳一元五毫	胡竹　川資三元　水腳弍元	王雄　川資四元　水腳二元五毫
陳就　川資八元　水腳二元六毫	何春　川資八元　水腳二元六毫	陳新　川資八元　水腳二元六毫
夏亨　川資三元　水腳二元五毫	邱七　川資五元　水腳四元五毫	張瑞　川資二元五毫　水腳弍元
邱貴　川資二元五毫　水腳二元五毫	李杜　川資二元五毫　水腳二元五毫	何生　川資二元五毫　水腳弍元

（名單共八頁，此略）

[7] 原件函件號數及銀碼為花碼。

致政府書函一九二四至二六年　第九十六號（東華醫院致政府書函一九二五年六月十一日）

【資料說明】　此為由星加坡轉介回港難民，該難民身世悽涼，因工傷失去右手而不能繼續工作，須返回中國，途經香港時被人盜去路費，因此由政府轉介給東華處理，東華遂發給船票俾其回鄉。

第九十六號

卓大人鈞鑒：敬稟者接奉一百零六號

鈞諭遞來難民農福一名，各節拜悉一切。經由董等訊問，據稱年四十四歲，廣西潯州人，到星埠新山種植為業，因被樹壓傷，舁入國家醫院調理，割去右手一隻，並謂由星埠國家醫院所給之川資在船被人盜去，現欲求給川資回里，董等擬發給船票費用，由梧州船遣發回籍，特此奉覆，希為

荃察是荷，並請

勛安

東華醫院董等頓　乙丑閏四月廿一日

西曆六月十一號

致政府書函一九二零至二一年　第一百二十二號
（東華醫院致政府書函一九二一年七月廿八日）

【資料說明】　二十世紀初期大量勞工從中國內地移居香港，由於香港並無管制中國內地流入人口，因此人口流動性極大。這份資料的十四歲男童陳秋，從中國內地步行至香港尋工，然而因為尋工不獲，又無親屬依靠，故在港流離失所，這樣的例子在一九二零年代，俯拾皆是。落難男童陳秋最後由華司送交東華。由於陳秋是東莞人，東華遂聯繫東莞商會，將陳秋帶往東莞善堂，再傳其父母將之領回。

第一百二十二號

羅大人鈞鑒，敬稟者：昨奉一百零六號
鈞諭遞來男童陳秋一名，各節拜悉一切，經由董等詢問，據稱東莞人，年十四歲，由廣九車路沿行到油蔴地，尋工不獲，並無親屬在港，父名陳德，母名阿細，有兄妹四人在東莞城大巷第三號門牌居住，現欲回鄉與父母完聚，奈因家貧，父母無船費來港取領云云。董等擬將該童託東莞商會飭人帶至東莞城善堂處，得其父母領回，較為妥便也。合否之處，希為
示覆是荷。專此。即請
勛安

東華醫院董事等頓　辛六月廿四
西七月廿八

東華醫院函件〔東華致外界函件〕一九二一年
（東華醫院致政府書函一九二一年七月卅一日）

東莞商會

列位先生台鑒：敬啟者昨由華民政務司遞來男童陳秋一名，據稱東莞人，年十四歲，由廣九車路沿行到油麻地，尋工不獲，並無親屬在港，父名陳德，母名阿細，有兄妹四人在東莞城大巷第三號門牌居住，現欲回鄉與父母完聚，奈因家貧，父母無船費來港取領云云。素仰貴商會惻忍為心，關懷桑梓，用特耑函奉懇請由貴商會飭人將該童帶至東莞城善堂處，傳其父母領回，免至久留敝院也。如何之處，希即示覆為荷。專此。即請

台安

東華醫院謹啟辛六月廿七日

政府公函〔華民政務司來函〕一九二三至二四年　六十四號
（政府致東華醫院書函一九二四年五月，日期不詳）

〔**資料說明**〕二十世紀初中國內地很多孩童被拐賣來港，這份資料說明一個難童被安置及遣回故里的過程：警署將之交予東華醫院處置，東華於是暫時收容，並去信其父將之領回。

六十四號

列位總理台鑒：由警署遞來男童黃文，稱說十九*歲，被人由省拐來港，失路不知其人現在何處。有父母在省，並有兄在筲箕灣，請查□親屬領返，並希示復。此候

日祉

（五月□日）

東華醫院函件［東華致外界函件］一九二四至二六年

（東華致外界函件一九二四年五月十四日）

任卿先生台鑒：專啟者敝院接到本港華民政務司來諭，並遞來被拐男童黃文一名，據稱年十七歲，高要人，向在廣州英隆號學師，被拐來港，有兄在本港筲箕灣作工，屢尋不遇，並謂

閣下係伊之父親等語，用特函達

台端，如黃文果係

閣下之子，請即來港領回完聚，否則務懇

示覆一音，以便再行查究為荷。此請

台安

東華醫院謹啟　甲子四月十一日

致政府書函一九二四年　第一百八十一號（東華醫院致政府書函一九二四年十月八日）

【資料説明】被拐賣逃脫後迷路男童鄭全，經由東華醫院及汕頭存心善堂等機構協助，終能返里。這是一個典型東華醫院將難民轉介到善堂發落的例證。然而，儘管已轉介給善堂，東華仍要負責跟進後續情況，並匯報給相關單位。

第一百八十一號

活大人鈞鑒：敬稟者接奉一百六十四號

鈞諭。遞來失路男童鄭全一名，經是日請潮州八邑商會派員到院訊問。據稱十四歲，惠來縣葵潭鄉人，係因被拐潛逃來港者，父名鄭照霖，在鄉居住，若送至汕頭搭普甯船便可返到葵潭鄉等語。

董等擬將該童交汕頭船辦房帶至汕頭，託存心善堂代為遣發回籍，合否之處，仍希

卓裁示覆為荷。專此，並請

勛安

東華醫院董等頓　甲子九月初十日
西曆十月八號

東華醫院函件［東華致外界函件］一九二四至二六年
（東華醫院致潮安輪船公司信件一九二四年十月十一日）

潮安輪船公司

列位先生台鑒：敬啟者茲有難童鄭全一名，係由華民政務司遞來着遣回籍者。據稱惠來縣葵潭鄉人，因被拐潛逃來港，父名鄭照霖，在鄉居住，現擬將該童附託貴公司潮州輪船辦房帶至汕頭存心善堂，再求存心善堂遣發回里，交伊父領回完聚，如何之處，即希示覆是荷。專此奉懇，並請台安

東華醫院謹啟　甲子九月十三日

東華醫院函件［東華致外界函件］一九二四至二六年
（東華醫院致汕頭存心善堂信件一九二四年十月十六日）

汕頭存心善堂

列位先生大鑒：敬啟者茲有難童鄭全一名，係由華民政務司遞來着遣回籍者。據稱惠來縣葵潭鄉人，被拐潛逃來港，父名鄭照霖，在鄉居住。今將該童託潮州輪船辦房送上，求

貴堂查問清楚，資遣回里，交與伊父領回完聚，諸□
□□
照拂，並希
示覆為荷。專此。並請
台安

東華醫院謹啟　甲子九月十八日

政府公函「華民政務司來函」一九二九至三零年　第二百七十八號（政府致東華醫院書函一九二九年九月廿五日」

【資料說明】 一九二九至三二之三年之間，經香港返回內地的東南亞難民暴增，以往每年只有數百，一九三零有二千三百五十一人，一九三一增至二萬九千人，一九三二為七千五百三十五人，難民來源又以吡𫫇（庇能）[8]為多。原因是一九二九年爆發世界經濟危機，樹膠生產供過於求，從一九一九年每磅二先令七十五便士，到一九二九年下調至十點二五便士，一九三一年降至三點五便士。當時馬來亞聯合邦華僑十大職業排行榜榜首即是橡膠種植，因此橡膠產業發生問題，華工首當其衝，倒閉者眾，華工失業無依。一九三零年九月十三日《星洲日報》更報載一樁令人鼻酸的新聞——一小膠園主王文國因債台高築，將妻兒砍殺後自殺並縱火焚房，一家九口六死三傷。

第二百七十八號

列位總理台鑒：送上由吡𫫇（庇能）[8]遣回難民二百六十*名，請資遣回里[9]，列單來署。是荷。此頌

日祺

（九月廿五日）

（為方便省覽，名單共九頁，僅示首二頁，並將各頁列表顯示）

編號	姓名	年齡	籍貫
1	王有	六十	容縣
2	洪超	八十	東莞
3	趙梅	六十四	惠州
4	馮池	五十八	新會
5	葉毛	六十	龍川
6	吳福	四十九	南海
7	陸初	五十二	南海
8	胡竹	廿九	新會
9	王雄	五十五	開平
10	陳就	六十二	容縣
11	何春	六十一	容縣
12	陳新	六十二	容縣
13	夏享	六十三	肇府
14	邱七	廿二	連州
15	張瑞	六十八	增城
16	邱廣	七十六	龍門
17	李杜	四十五	花縣
18	何生	五十三	增城
19	黎生	五十八	四會
20	樊富	三十八	惠州
21	陳杜	五十八	惠州
22	趙生	四十五	清遠
23	何昌	五十七	增城
24	周利	四十七	香山
25	何仙	六十	清遠
26	廖生	五十八	新興
27	張波	七十二	增城
28	劉興	五十九	高要
29	梁堂	七十四	新會
30	唐安	六十二	增城
31	李詹	七十三	從化
32	林中	五十二	英德
33	李敬	五十六	北流
34	陳南	六十五	廉州
35	梁祝	五十八	南海
36	容桂	五十二	惠州
37	趙山	五十四	廉州
38	吳瑞	四十七	惠州
39	李千	三十二	新寧
40	陳邦	四十二	陽山
41	陳榮	六十	清遠
42	蔡春	六十四	高要
43	張福	三十八	高要
44	陳三	六十二	東莞
45	郭寬	七十一	增城
46	池福	七十三	增城
47	池桂	七十三	從化
48	李和	六十二	清遠

[8] 有時又作「庇能」，即現今之檳城，Penang。

[9] 二百六十名人內，百分之五十四為廣府人，百分之二十九為客家人，百分之十三為潮汕人。

東華醫院辛未年徵信錄（一九三一年東華醫院廣華醫院東華東院院務報告）

【資料說明】 一九二九年，世界貿易不景氣已開始，而一九三零至一九三二年，對馬來亞影響最深，大批華人失業，馬來西亞政府撥出數百萬元，將華工遣返中國，一九三零年十月二十二日，失業華工向華民政務司與中國駐檳城請願，要求代尋職業，二十七日平章會館與中華總商會召開了全檳城華人社團聯席會議，討論組織檳城救濟失業華僑委員會，會議由華民政務司主持，決議協助政府和領事館資遣老弱華工回國，將年輕者暫置於木寇山。遭遣返華工多為老弱殘病者這點，可由這些東華難民信中的華工資料得到確認。

辛、雜記

（二）請發被遣回籍華僑之伙食

本院代政府遣發華僑，其在院時伙食之供給，向未計及，惟是年南洋群島土產低落，華僑多數失業被遣回籍，過港者每次均有數百計，全年人數竟達一萬玖仟餘名，且在院逗留恒有數日之久，伙食一門支銷甚鉅，且每次均須另僱員役為之照料，所耗不貲。董等遂懇請華民政務司，要求星州政府將該項伙食費給還。計每日每名收回伙食叁毫，幸蒙俯准，卒由星州政府補回伙食費共一萬玖仟餘元，而本院經費乃得資彌補，於此益□華民司憲對於本院愛護拳拳之德意而為董等所永矢弗諼者也。

政府公函［華民政務司來函］一九三三年　第三百九十四號
（政府致東華醫院書函，日期不詳）

【資料說明】 流落香港的散兵主要為國民黨駐廣東省散兵，在一九三零年代被招募入伍以穩定地方治安、或抵抗外侮如日本侵略者。由於很多散兵並非自願從軍，或並不忠於軍隊，故遇事逃的逃，散的散，從中國內地流落至港者為數不少。由於人數在一九三零年不斷增加，有些自動到東華求救，英殖民政府亦不願散兵留在香港，故將部份送往東華醫院請代為遣回內地。從這些須遣送的散兵名單裡，可看到滯留在港的內地散兵主要為廣東、廣西的年青人。

第三百九十四號

列位總理台鑒：啟者送上散兵十四名，如何處置尚希

卓裁。此候

日祉

香港華民政務司

計開：

王石亭廿五*歲 廣西人　黎福廿六*歲新會　黃漢廿四*歲惠州　何枝卅歲番禺

朱桂華卅歲 廣西　梁南廿九*歲廣西　柳成廿四*歲惠州　葉仁四十一*歲羅定

陳一丈廿五*歲北海　陳全廿歲 西樵　周肅十九*歲官窰　李珠十六*歲三水

陳應廷廿四*歲羅定　鄧生瑞廿歲高州

政府公函［華民政務司來函］一九三四年　第七十六號
（政府致東華醫院書函，日期不詳）

第七十六號

列位總理台鑒：啟者

來函第三十七號誦悉，資遣散兵費用，本司誠恐向政府領取該欵甚為艱難，自第一帮散兵自行前往

貴院致生滋擾後，本司即刻函詢警署，將來如再有此等散兵抵港，可否由警察辦理。警署業經應允，並已實行，隨後警署來文詢及此欵可否由東華醫院交還本司，經即答覆，謂由警署資遣散兵之費用，應由政府支給至東華，并遣發第一帮散兵費用。按照該院歷來相傳慈善習慣，本司以為該院亦不希望政府發還等語。對於此件，本司甚望　貴總理予以同意。此覆。順候

日祉

香港華民政務司

政府公函［華民政務司來函］一九三四年　第八十三號
（政府致東華醫院書函，日期不詳）

第八十三號

列位總理台鑒：啟者

來函第三十九號誦悉，本署於二月二十七號及二十八號，復將散兵送

貴院賚遣。此事本司當時未知，深為抱歉，將來如再有此等散兵來署，本司擬設法將其送往警署

辦理，至費用一節，請

貴院將賚遣各帮散兵之費用開列完全及詳細數目至本日為止，送單來署，以便向警署請求發還□

領便是。此候

日祉

香港華民政務司

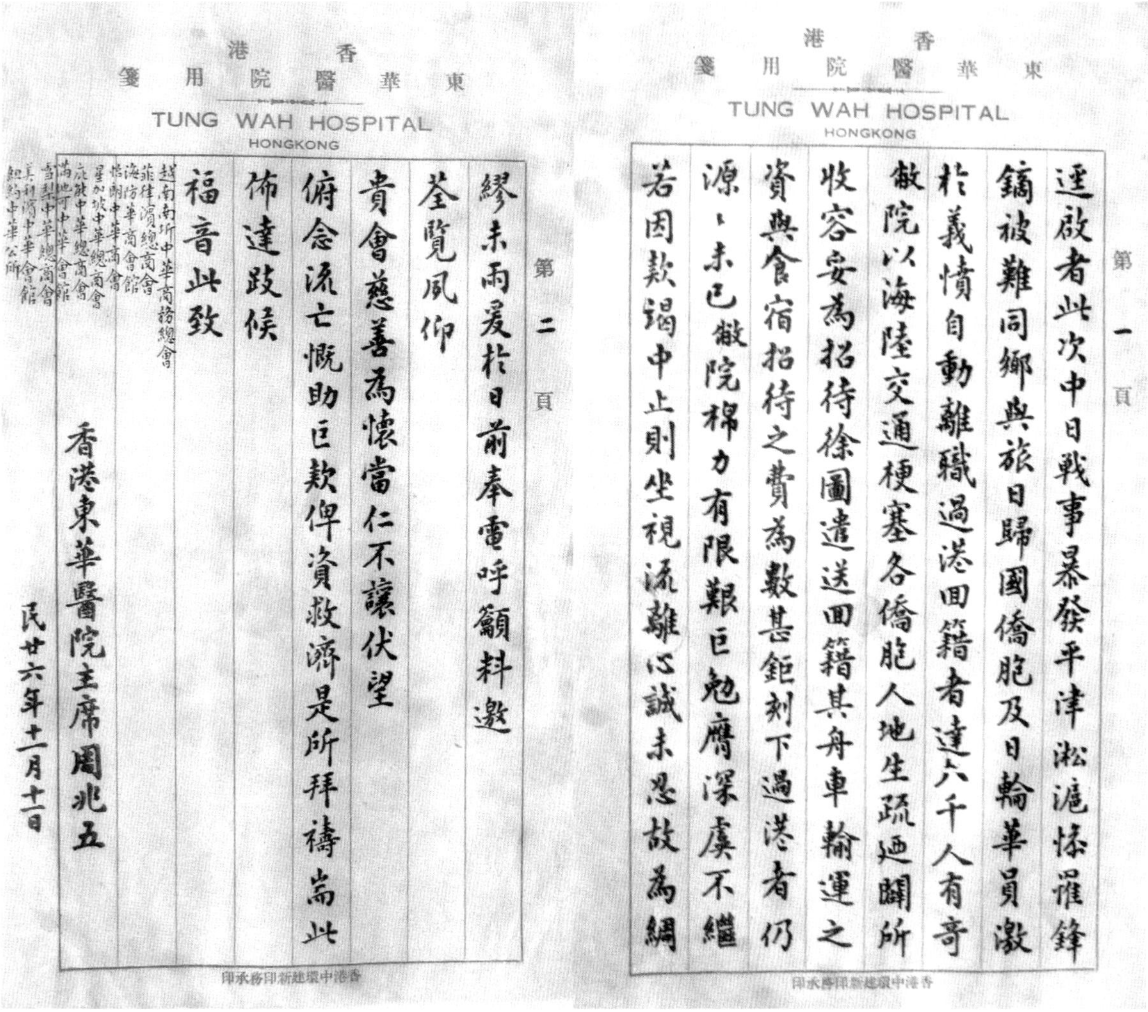

香港東華醫院用箋
TUNG WAH HOSPITAL
HONGKONG

第一頁

逕啟者此次中日戰事暴發平津淞滬烽鏑被難同鄉與旅日歸國僑胞及日輪華員激於義憤自動離職過港回籍者達六千人有奇敝院以海陸交通梗塞各僑胞人地生疏廻顧所收容妥為招待徐圖遣送回籍其舟車輸運之資與食宿招待之費為數甚鉅刻下過港者仍源源未已敝院棉力有限艱巨勉膺深虞不繼若因款竭中止則坐視流離心誠未忍故為綢

香港中環建新印務承印

香港東華醫院用箋
TUNG WAH HOSPITAL
HONGKONG

第二頁

繆未雨爰於日前奉電呼籲料邀
荃覽夙仰
貴會慈善為懷當仁不讓伏望
俯念流亡慨助巨款俾資救濟是所拜禱耑此
佈達跂候
福音此致
越南南圻中華商務總會
菲律濱總商會
海防華商會館
怡朗中華商會
星加坡中華總商會
庇能中華總商會
満地可中華會館
雪梨中華總商會
美利濱中華會館
紐約中華公所

香港東華醫院主席周兆五
民廿六年十一月十一日

香港中環建新印務承印

一九三七年中日全面爆發戰爭後，東華醫院致海外的華人會館請求資助因戰事過港的旅日華僑及自行離職的日輪船公司僱員。

致政府書函一九三八年　第一百零八號（東華醫院致政府書函一九三八年七月廿五日）

【資料說明】 日本侵華後，來自中國內地的難民大量湧入香港。香港政府及東華皆設立難民營收留難民。資料顯示東華難民營內一名北京大學學生流落香港，聽聞北大遷校至雲南昆明後，欲取道當時法屬的越南海防，前往昆明繼續求學，東華總理請求華司代向法領事索取護照以便前行。

第一百零八號

那大人鈞鑒：敬稟者茲有難民王國屏一名，年廿四歲，河北省城縣人，原在北平北京大學讀書，因戰事發生，往漢口避難。現悉北京大學遷往雲南省昆明市設校，故由漢口轉廣州來港，投入敝院難民收容所居住。現擬往昆明該大學繼續攻讀，擬由海防轉往雲南，但海防係法國屬地，須有護照方准進境，用特代懇

大人代向法領事請其發給護照，俾該王國屏得以成行是所至感。順奉上王國屏相片三幀，請為

察核。如何之處，尚希

示復為荷。此請

勛安

東華醫院董事周兆五等頓　一九三八＊年七月廿五號

戊寅六月廿八日

政府公函［華民政務司來函］一九二九至三零年　第一百九十二號（政府致東華醫院書函一九三零年七月廿一日）

［資料說明］　一九三零年代初，為維持社會治安，警署或華民政務司將流落香港街頭的難民送至東華醫院，請其安置或遣返原居地。以下例子說明一個從廣西到澳門工作的青年人，在返鄉途中，因為睡臥香港街邊，以致被賊人盜去所有錢財，走投無路又自殺未遂，故華司給予五元作盤費，請東華醫院助其返鄉。這種落難香港欲以自殺了斷的難民，在此多事之秋比比皆是，從政府轉介到東華醫院的同類例證為數眾多。

第一百九十二號

列位總理台鑒：送上由警署送來男子趙生廿五歲，廣西博白人，向在澳門充當坭工，三日前來港轉輪回鄉，在街邊睡着，所有銀物被人盜去，故而自殺以圖畢命。據云其鄉距離梧州頗遠，雖被遣回梧州亦不能回鄉，故本司已給予五元作為盤費，請將之遣往梧州是荷。此候

日祉

七月廿一日

外界來函一九二四至二五年（東華醫院外界來函一九二四年十二月初五日）

【資料說明】難民許繼隆等十九名在儋州捕魚，遇風沉沒，被法國郵船救回送至安南瓊州會館，從安南再轉來香港瓊崖商會，瓊崖商會繼而將之送往東華醫院請求協助遣發回籍。然因語言不通，東華亦須瓊崖商會派人與難民溝通了解其需求。東華醫院發給每名難民四元及大華丸船票一張，送至海口惠愛醫院，再請惠愛醫院妥為安置並分別遣返回籍，再通告東華醫院。事件完滿解決後，僑港瓊崖商會去信東華致謝照顧鄉親，而海口惠愛醫院亦來信告知難民已穩妥遣送。從處理捕魚難民個案始末，可見東華醫院遣送難民的整體過程其手續之完備、對難民之關懷、以及東華醫院與海外聯繫網絡相當廣泛。

東華醫院

總理鈞鑒：現據西貢瓊雷帮□稱，茲有儋州捕魚船壹隻，在海洋遭風沉破，許繼隆等共壹拾九人的法國郵船拯救，返安南埠瓊州會館籌款送返鄉，但到港恐乏費用，現在敝會無地方安插，並一時難籌着該款，務請

貴院暫為收留，並希給川資，以便□人候輪返梓，免在外淪落為荷。專泐。順頌

日祺

僑港瓊崖商會會長周雨亭謹啟

另附法國政府公文一件瓊雷幫□員一件

中華民國十三年十二月初五日

東華醫院函件［東華致外界函件］一九二二至二五年
（東華醫院致瓊崖商會信件一九二五年一月一日）

瓊崖商會

雨亭先生大鑒：敬復者接奉

台函，並遞來沉船難民許繼隆等壹拾九人，着敝院暫為收留，發給川資，以便候輪回里，免致在外淪落等情，拜悉一切。惟該難民等言語不通，無從查問，未悉當時遇難情形如何，遣回何處為合，又未知遣發費用約需若干。茲特專函奉達，務請

貴會派人來院細為詢問清楚是荷。專此，並請

台安

東華醫院謹啟甲子十二月初七日

東華醫院函件［東華致外界函件］一九二二至二五年
（東華醫院致海口惠愛醫局信件一九二五年一月七日）

海口惠愛醫局

列位善長先生大鑒：敬啟者茲有難民許繼隆等壹拾九名，因在儋州捕魚，全船遇風沉沒，淂法國郵船救回送至安南瓊州會館，轉來本港瓊崖商會，由瓊崖商會遞來敝院遣發回籍者，敝院除每名發

給費用四元外，另給每名船票一張，搭大華丸船送上
貴醫局，到步時，務祈妥為安置，分別遣發回籍，並希示覆為荷。專此，並請
台安
東華醫院謹啟 甲子十二月十三日
附呈香港瓊崖商會一函

東華醫院函件〔東華致外界函件〕一九二二至二五年
（東華醫院致大華完輪船信件一九二五年一月九日）

大華丸輪船
辦房先生大鑒：茲有風災難民吳演珠等十九名，係由
華民政務司遞來，着敝院資遣回里者，特此帶上，求為護送交海口惠愛醫院，以便遣回原里為荷。
專此，并候
台安
東華醫院謹啟 甲十二月十五日

外界來函一九二四至二五年（東華醫院外界來函一九二五年一月五日）

東華醫院

總理鈞鑒：敬復者接讀

大函，敬悉種切該難民許繼隆等遭風船沉遇難情形，有西貢琼雷會館給執證書一紙詳陳，無庸贅述，惟資遣回里一節，據邢君蘭亭云，請

貴院每人給船票一張，並途銀四元，送歸海口惠愛醫局收理，發還家鄉。仰見

善長熱心救濟，惠及難民，聽聆之餘，莫名欽佩，除函達海口惠愛醫局外，謹代被難諸人道謝。

專此肅復，敬請

公綏

僑港瓊崖商會謹啟

中華民國十四年一月五號

外界來函一九二四至二五年（東華醫院外界來函一九二五年一月十二日）

東華醫院

列位善長先生大鑒：敬復者本月十一日准

貴院並

香港瓊崖商會函送資遣儋縣難民許繼隆等十九人來敝院，轉遣返籍。仰見

慈善為懷，殊堪欽佩，業經照名收到，并於今早每名給費用一元，由儋縣帆船遣送返籍。請紓

厪念。除復

香港瓊崖商會外，肅此敬復，并請

公綏

海口惠愛醫院謹啟

中華民國十四年一月十二日

東華醫院徵信錄歷年遣送難民人數

［資料說明］ 根據東華醫院徵信錄及函件所整理有關歷年遣送之男女難民人數，資料偶有出入，現選取數字較多者，可發現難民人數的增減與區內的政經局勢有密切關係，難民流入眾多的年份，對香港社會有一定的影響。

表 II-3-2　東華醫院歷年遣送難民人數（1873-1938）

年份	遣送人數
1873	51
1874	11
1885	507
1886	561
1887	686
1901	385
1902	416
1903-04	1,452
1904-05	833
1907-08	2,493
1908-09	2,066
1910	4,160
1912	2,762
1913	2,023
1914	1,064
1915	777
1916	775
1918	534
1919	718
1920	901
1921	2,014
1922	1,289
1923	1,009
1926	250
1927	499
1928	257
1929	378
1930	3,761
1931	29,000
1932	7,535
1933	7,535
1934	11,915
1938	9,262

表 II-3-3　東華醫院歷年資遣難民統計圖表

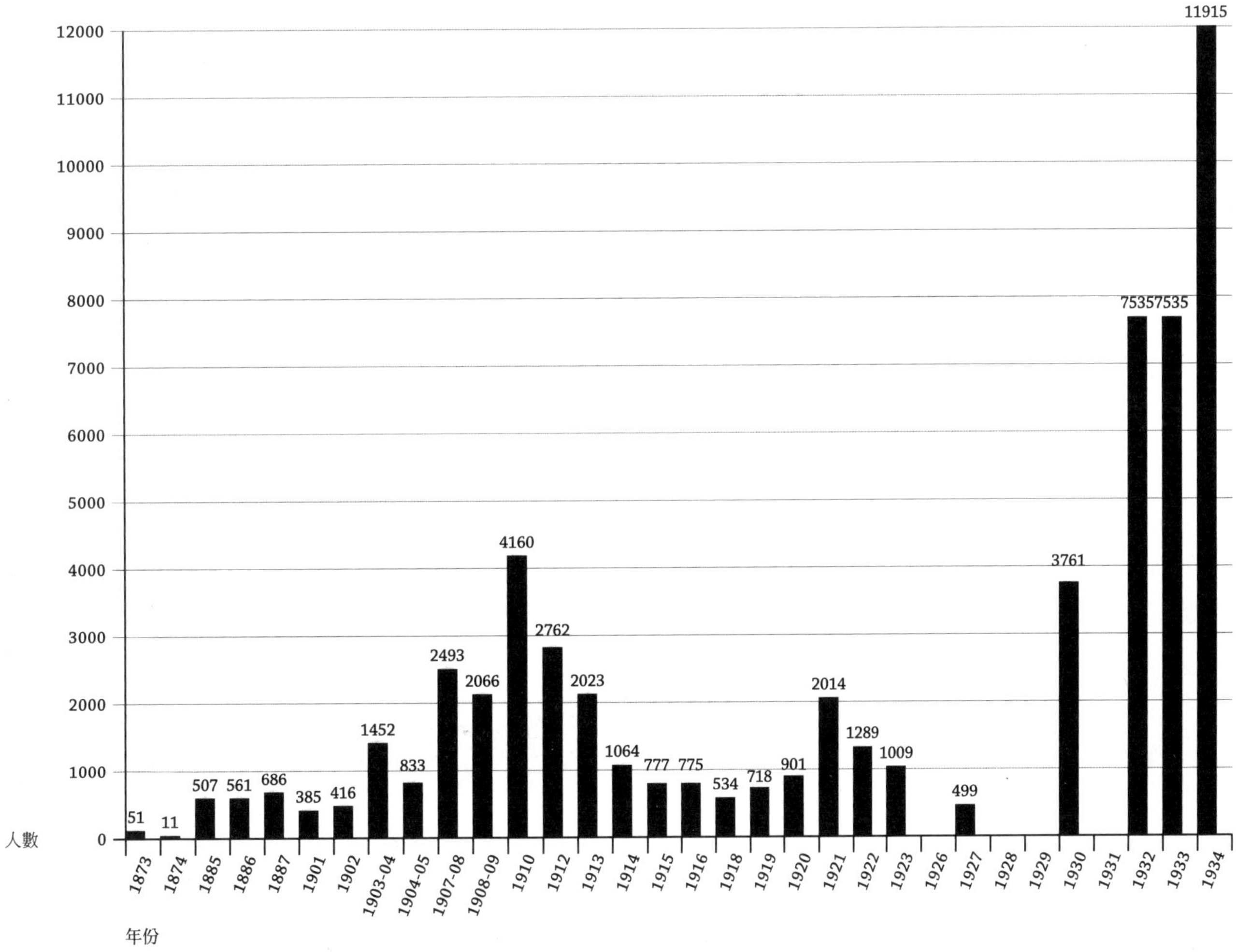

東華醫院庚午年徵信錄（東華醫院及東華東院一九三零年報告書）

［資料說明］ 函件說明東華在一九三零年前後，遣送南洋華工返回中國的過程；程序是先由星州華民政務司將難民轉介給香港華民政務司，香港華民政務司再將難民轉介給東華代為遣返回里，東華的主要工作包括提供食宿和安排交通。

（甲）資遣

是年南洋群島，樹膠錫米，價值低賤，□廠停業，故失業甚繁。其自動返國過港者，不可勝紀。本院收留總數計共三千七百六十壹名，內三仟三百五十名係由星洲華民署遣回本港，由本院妥為遣回原籍，船費由星洲埠發給。其餘四百零六名，內有由本港警署與華民署送來，或自動到院，求為收留遣送者。本院給予難民舟車什費，總共五百零七元四毫。以上兩種難民，停留數天，俱由本院供應伙食，每名平均膳費捌毫，是無形中，本院實耗去叁千零零捌元捌毫，最可感者，省港澳、渣甸、元安、同安、德忌利是等輪船公司，慨允本院請求，發給免費或半費船票，樂善好義，至足欽崇耳。

政府公函［華民政務司來函］一九二四至二五年　第一百六十一號（政府致東華醫院書函一九二四年十月七日）

［資料說明］ 華民政務司將外埠難民送交東華醫院，托其代為遣返中國，費用由華民政務司支付。

第一百六十一號

列位總理先生均鑒：敬啟者送上由日厘[10]遣回男童三名，請查交其親屬領回。現有滙單三，需該民九十元，請飭人來署收取，將該項每人發給川資使費銀卅元。此候
日祉
十月七號

計開
鄺照，十一歲，新寧人氏；程大妹，十三歲，福州人氏；
程何弟，十一歲，福州人氏。

十月初一日

[10] Jeli，位於馬來西亞，以產橡膠著名；當時在東南亞華人，從事橡膠業者為數眾多。

東華醫院函件［東華致外界函件］一九二一年
（東華醫院致華僑安集所信件一九二一年十一月七日）

【資料說明】 華僑安集所，位於廣東省廣州市，是一個收容年老或落難華僑的慈善機構，東華會將無法處置的華僑難民，轉送至該機構請求代為照料、甚至收容。

華僑安集所

列位先生台鑒：敬啟者本港華民政務司由星架波遣回難民程普、姚容二名，係盲目者，據稱並無親屬，亦無妻子。董等再三商議，亦無善法安置，茲擬將該難民二人送上

貴所，每名送回善款五拾元以為養口之用，未知可能收留否。

希為

示知，俾得遵辦是荷。專此。並請

台安

東華醫院謹啟　辛　十月初八日

東華醫院函件［東華致外界函件］一九二一年
（東華醫院致華僑安集所信件一九二一年十月，日期不詳）

華僑安集所
列位先生台鑒：敬啟者前奉
華翰蒙
貴所允將盲目難民程普、姚容二名收留，不勝感激之至，茲由院伴劉聰將該難民二名送上，並由
廣州第十甫廣源號匯上省銀壹百元。謹將銀單奉呈。請蓋
貴所圖章，向廣源號收取是荷。專此。並請
台安

附呈銀單一張

東華醫院謹啟　辛　十月廿一日

外界來函一九二三至二四年

（東華醫院外界來函一九二三年十一月十日）

東華醫院
總值理先生台鑑：敬啟者敝局是期遣送後關貧老華僑七十一名乘搭嶺南輪船回籍，浼託該輪大寫容
盛祥君照料一切，抵港時仰懇
貴醫院點收，仍照前期辦法，除有親屬領回及有願歸家外，其餘希為轉送廣州市東較場華僑安集
所終養。經費殿後滙上，屆時每名給銀十元，萬一滙單未能趕及，先請代為墊支，然後照數扣除

可也。專此。□懇，即請

公安

通惠總局總理謝宝山謹啟

中華民國十二年十一月十日

政府公函［華民政務司來函］一九一四至一五年　六十八號

（政府致東華醫院書函一九一四年五月廿一日）

【資料說明】外國政府每將患病華工視作社會負擔或潛在亂源，一般處置方法是經香港遣回中國內地。這份書信記錄庇能（今日的馬來西亞檳城）政府將患花柳病的華人遣至香港，而香港政府亦希望東華盡速將該批華人轉介至廣州方便醫院醫治，以免滯留香港，滋生困擾，而遣送費用會由外地政府負擔。

六十八號

列位總理大鑒：現接庇能護衛司來文稱，有婦人陳阿十、伍二彩、王金有、陳亞貴、陳亞六因患花柳重病，遣發回里等，因現欲其送往省城醫院[11]調治，以免其日後再回港。其川資費用共須若干，希　示復。此候

日祉

五月廿一日

[11] 東華醫院慣稱廣州方便醫院為「省城醫院」，故此處想必也是指方便醫院。

政府公函［華民政務司來函］一九一四至一五年　九十七號

（政府致東華醫院書函一九一四年七月十日）

［資料說明］　由華司或警署轉交東華醫院處置的難民，其所花費用一般皆由當地政府或香港政府補回，以下函件是華司通知東華取回難民費的例證。此外，函件亦提及前述華司第六十八號來函之庇能遣回花柳病難民，請東華一併取回庇能政府發還的難民遣返費用。

甲六月初七日收
七月十日

九十七號

列位總理大鑒：前接六十二號來函難民川資四十二元四毛。六十四號函難民川費十四元一毫。二十號函難民川費四十八元九毫五仙。請飭人來取。此候

日祉

王細川費三毫請並來取

四十二號來函已悉，現由庇能發來婦人陳十、伍二彩、王金有、陳亞六四名，係患花柳者，茲

送　貴院。其在庇能時，已由該處政府每人給銀三元七毫五仙，又並寄來七十四元八毫六仙銀則一張存署，云遣發該婦人等川資費用外，即分給各婦人等用，請飭人來取該款，照前函派人送往省城方便醫院扣清川費之外，即將餘款分給各婦人為荷

東華醫院函件［東華致外界函件］一九一五年
（東華醫院致廣肇公所信件一九一五年六月廿三日）

【資料說明】 這個遣返湖北難民的個案，清楚說明了難民遣送的過程，難民輾轉從黑龍江、經今天的西伯里亞、伊朗、阿剌伯，抵東非，再由東非伊索利亞咄唎嘓啤埠（Dire Dawa, Ethiopia）中華會館轉託印度孟買遣送回國。函件交代了請廣肇公所安排輪船將難民送回家鄉，並登告白致謝慷慨捐錢提供難民返鄉經費的善心人士，去信咄唎嘓啤埠之中華會館，告知難民遣送的狀況。這批翻山越嶺穿越數大洲的難民的經歷相當奇特，引證二十世紀初華人不辭勞苦往外謀生的艱難。

廣肇公所

列位先生鑒，敬啟者：現有湖北難民八口，係由咄唎嘓啤埠中華會館轉託孟買埠遞回，着敝院遣發回籍者。據所陳始末，謂該難民於民國初年東走黑龍江，北繞西伯里亞，西抵波斯、亞刺伯等國，後入東斐，被外政府轉送出境，流入咄唎嘓啤埠，該埠僑胞憫其失所，倡提簽助資送回國。計合鄰埠捐款共約英金壹百零弍磅，除買船紙大食餘英金六十磅，買單全數滙往孟買，託孟買與

記代買船紙返港，又除船費餘數滙交敝院，並託敝院遣返回籍，該餘款同時滙到，經代照為收妥，旋念
貴埠地與湖北接通，
諸公關怀桑梓，覩此窮民無告，定必體卹有加，敝院即令其由廣大輪船到滬，請
貴公所妥送回鄉，該難民□所依歸國身歿
恩賜，即敝院同人亦深感激。計由孟買滙來餘款寶交二百六十二元九毫七仙*，除代支船票及旅費，並隨身帶小費外，餘銀壹百伍拾元港紙，交託廣大船辦房帶列。祈
查收遣發回里，然後給該民手收還是荷，此請
善安

六月廿三日　東華醫院謹啟

東華醫院告白

啟者：有湖北難民大小共十二人，因逃難斐洲，流入吔咧嘓啤埠，經旅斐僑胞集資遞送回國。轉託孟買埠興記及加利吉打埠陸君與祺，沿途照料，買船來港，函託敝院遣返回籍，並滙有旅斐僑胞籌資支餘之款港紙二百六十二元九毫六仙。敝院經即代買廣大輪船折半船票銀五十元，代支鴻安棧費四十二元四毫，另支隨身小費二十元零五毫七仙，并紙水五元零一仙，給回該難民收用，餘存港紙一百五十元，即於本月廿四日彙交廣大輪船辦房護到滬，另函託廣肇公所遣發回里矣。謹將旅斐僑胞勸捐各善士芳名刊登報端，以彰美德。

計開

東華醫院謹啟

東華醫院函件［東華致外界函件］一九一五年

（東華醫院致吔唎嘓啤埠中華會館一九一五年六月廿八日）

吔唎嘓啤埠

中華會館列位先生鑒：敬復者前□五月廿八日遞來

華輪，詳及

貴埠有湖北難民大小共八口，託孟買與記轉遞來港，着敝院遣送回籍等節，已悉一切。迨六月廿日，該難民大小共十二名，經由孟買埠華僑轉託加利吉打埠天益號遣發到港，並收捐款餘數滙來港紙之二百六十二元*，本擬着該難民交敝院寄宿，以省旅費，詎該難民已交鴻安棧，經有兩日然後到院投報，又不允來院寄宿，共支去客棧租食艮四十二元四毫*，又代買上海船票折半價即五十元，另支隨身小費二十元（按：小數點後數字不能辨認），紙水五元一仙，給還以用，餘港紙一百五十元*，即於廿四日託廣大輪船辦房妥為照料，並餘款全數滙交上海函託廣肇公所遞送回里。此□□□□

鴻依歸得所其盛

德為何，如即專此□□□□

遠□，並附呈告白六張，希為

察存，順請

旅安□

照不宣

六月廿八日　東華醫院謹啟

東華醫院函件［東華致外界函件］一九一五年
（東華醫院致外界函件一九一五年六月廿九日）

列位先生均鑒

來函敬悉，由吉生船遞來湖北難民大小共十二口，並將捐款餘數匯來港紙銀二百六十二元九毫二仙*，經已照函收妥。即代支客棧宿食銀四十二元四毫*，代買上海船票，折半價銀四十元*，另支小費二十元四毫六仙*，紙水四百零一元*給還收用，餘港紙一百五十元*，即於廿四日託廣大輪船辦房妥為照料，並餘款全數滙交上海函託廣肇公所遞送回里，料想前途穩妥，故鄉指日可到，除發吔唎嘓啤埠外，再函奉复以紓

遠注，專此，順請

旅安

乙卯六月廿九日　東華醫院謹啟

東華醫院函件［東華致外界函件］一九二六至二九年（東華醫院致華商總會信件一九二七年六月廿一日）

【資料說明】自一八七零年代以來東華醫院每年皆須遣送大量難民，二十世紀初醫院須將遣送工作制度化以便管理。一九二七年東華醫院寫給華商總會的函件，說明各屬難民之遣返方法以及所需費用等等。

華商總會

列位先生台鑒：敬復者接奉

華翰，並遞來□新嘉坡領事復函，及開列辦法數條各節，拜悉一切。昨敝院叙會，僉謂貴會所擬增□一款甚善，查其第三條，「屬於廣西者，送上廣州為止」，公議凡屬於廣西者，發送至梧州為止。難僑由梧州返鄉，道路崎嶇異常，所定難僑零費□元未免太少，請酌量加給。至第四條，「屬於長江一帶」，及第五條，「屬於北五省與東三省」，□兩款請貴會轉知領事館，照第二條辦法，由　貴館直接資送可也。茲將改訂簡章列呈，希為荃察，並請奉覆前途為是荷。專此，並請

台安

東華醫院謹啟

附呈改訂簡章

丁卯五廿弍

改訂簡章列

（一）每月擬暫先資送二十名。

（二）屬於雲南、琼州、潮州、泉州、漳州者，由領事館直接資送。

（三）屬於廣州、惠州、肇慶一帶，送至廣州為止，除代購船票外，每名另給零費式元。屬於廣西一帶者，送至梧州為止，除代購船票外，每名給零費式元（該處道路崎嶇，所定二元未免太少，請酌量加給）。

（四）屬於長江一帶地方者（請與領事館直接資送）。

（五）屬於北五省及東三省者（請由領事館直接資送）。

（六）如須在港等候船隻，分往各地者，每名每日旅費不淂過壹元，倘在途患病等情，請就近往東華醫院療治，全愈後聽候照送。

（七）各難僑抵港後，如因天時較寒，有需添製棉衣被者，查明屬實後，酌量代為備辦，每名不過陸元。

（八）凡資送難僑，無論屬於何省何地之人，當自星洲啟程時，除按名發給船票外，另各給介紹函一份，書明姓名、籍貫、年歲，並附粘最近照片一張，以昭憑信。有須分送各處者，均一一註，使之親投到院查驗，如臨時發生他項問題，即由敝處分別量予辦理後，再為報知。

加訂三款於左

（一）凡發回之難僑，須問明其允否返回原籍目的地，乃可發遣，否則勿為發遣。

（說明因恐難僑抵港後不允返回其原籍目的地，則將之如何安置？此處甚難辦理）

（二）凡無地址者，及無親屬收留者，敝院不能收納代為遣發。

（三）或有特別事故不能代為遣發時，本院可將理由報知，得臨時停止之。

東華醫院函件［東華致外界函件］一九二二至二五年

（東華醫院致海寧輪船辦房信件一九二四年十月十日）

海寧輪船辦房

列位先生台鑒：敬啟者茲有難童程大妹、程合娣[12]兩名，係由華民政務司遞來，着遣發回籍者。今將該難童託貴辦房遣發，求帶至福州南台上杭街福州總商會，再求總商會送至三保街春興號果欄交其堂兄大同遣回原里。除船票九元外，謹奉上港銀紙捌員為兩童食用及由馬江送至福州等費，另夾上港銀紙肆拾叁元、信一封，統求代交福州總商會妥收。該兩童回里費用、凡各事宜，務祈照拂一切是荷。費

神謝謝，並請

台安

東華醫院謹啟　甲子九月十二日

[12] 從文本可得知，「程合娣」和「程何弟」為同一人。

東華醫院函件〔東華致外界函件〕一九二二至二五年

（東華醫院致福州總商會信件一九二四年十月十日）

福州總商會

列位先生台鑒：敬啟者茲有難童程大妹、程合娣兩名，係由華民政務司遞來着遣發回籍者。今將

該難童託海寧輪船辦房送上，求

貴商會帶至三保街春興號果欄，交其堂兄大同遣回原里，茲託海寧輪船辦房交上港銀紙港銀紙肆

拾叁元，如遣發時，請將該款交與兩童為回里費用，計每名值銀式拾壹元五毫正。凡各事宜，務

祈

照拂一切。專此。奉懇，並希

示覆，順請

台安

東華醫院謹啟　甲子九月十二日

附呈港銀紙四拾叁元正

福州総商會

列位先生台鑒敬啟者茲有難童程大妹程合娣兩名係由華民政務司遞来着遣發回籍者今將該難童託海寧輪船辦房送上求

貴商會帶至三保街春興號果欄交其堂兄大同遣回原里茲託海寧輪船辦房交上港銀紙肆拾叁元如遣發時請將該欵交與兩童為回里費用計每名值銀弍拾壹元五毫正凡各事宜務祈

照拂一切專此奉懇並希

示覆順請

台安

東華醫院謹啓 甲子九月十二日

附呈港銀紙四拾叁元正

致政府書函一九二四年　第一百八十八號
（東華醫院致政府書函一九二四年十月十七日）

第一百八十八號

活大人鈞鑒：敬稟者前奉一百六十一號

鈞諭遞來男童鄺照、程大妹、程合弟三名，並匯單三張共銀九十元，着每人發給川資卅元，查交其親屬領回等情。敝院經於本月初十日將男童鄺照，並匯單銀卅元由泗盛號担保，統交伊叔鄺儀敬領去；復於十二日將程大妹、程合弟二名，託海寧輪船辦房送交福州總商會遣發，每人匯單銀卅元，除費用外，亦統交福州總商會代給原人收領。又奉一百六十四號

鈞諭遞來男童鄭全一名，經于本月十八日託潮州輪船辦房送交汕頭存心善堂遣發矣。專此奉覆，並請

勛安

東華醫院董等頓　甲子九月二十日

西曆十月十七号

一九一零至一一年度董事局會議紀錄（東華醫院董事局一九一一年七月二十二日會議紀錄）

【資料說明】來自廣東省以外的難民，遣返所需川資較貴，故東華醫院將難民交由廣仁善堂代為遣送，足見東華與廣東慈善機構關係相當密切。

辛亥六月廿七禮拜六日會議事宜列左（一九一一年七月二十二日）

六、撫華道二百一十三號函，謂有任漢生，原籍四川人，跟官至廣西，卒於任，無所依靠，到港意欲過埠，但其人瘦弱又不能當工，又無親屬，至近惟湖北有相識之人。若遣回原籍及湖北，川資未免太昂，而水提李準乃伊同省人也。煩函知李準可否位置斯人，暫為留院，以待回覆。請公定，公議託省廣仁善堂代為遣發，即函知撫華道示覆，然後遞省。

東華醫院函件［東華致外界函件］一九二四至二六年（東華醫院致外函件一九二六年五月二十日）

【資料說明】廣州市的方便醫院是一個性質和東華醫院類似的慈善機構，不但醫治病人，亦提供救災、協助難民歸鄉的服務，方便與東華兩家醫院長期合作，彼此關係密切。此函件為東華醫院寫給方便醫院，請其幫助安頓患有瘋疾病人及遣送難民回里。

方便醫院

列位善長先生台鑒：敬啟者茲由院伴鄧海送上難民李八，羅定人、彭氏三，增城人、又瘋疾女子李氏娥，淡水人，共三名。該難民二名求

貴院代為遣發回里，至費用多少，請向來伴鄧海取足便是。又瘋疾女子李氏娥一口懇

貴院轉送衛生局驗看，如確係有瘋疾者，請送往瘋院安置，或送往石龍瘋院安置，至於使用若干，懇

貴院代為支轉，然後

示知，以便奉還也。諸事有勞，不勝銘感之至。專此。奉懇，並請

善安

東華醫院謹啟

丙寅　四　初九

方便醫院

列位善長先生台鑒敬啓者茲由院伴鄧海送上難民李八羅定人彭氏三增城人又瘋疾女子李氏娥洪水人共三名該難民二名求

貴院代為遣發回里至費用多少請向來伴鄧海取足便是又瘋疾女子李氏娥一口懇

貴院轉送衛生局驗看如確係有瘋疾者請送往瘋院安置或送往石龍瘋院安置至於使用若干懇

貴院代為支轉然後示知以便奉還也諸事有勞不勝銘感之至專此奉懇並請

善安

東華醫院謹啓

丙寅　四　初九

政府公函［華民政務司來函］一九三四年　第一百十五號
（政府致東華醫院書函一九三四年三月廿九日）

【資料說明】　廣州方便醫院位於廣州市西部，舊稱城西方便所，始創於一八九九年，由廣州商界發起，一九零一年易名為城西方便醫院，慈善性質與東華醫院相似。當東華遇到無法處理的難民會轉送往方便醫院，以減省經濟支出。函件說明華司轉介疑似有精神病之難婦，希望東華轉送至方便醫院處理。

第一百十五號

列位總理台鑒：啟者送上難婦李妹，五十九歲*，乃由中央警署轉來，投水被救的。此婦已在保良局住宿一月有餘，畧似神經，未能言明是何處人。請資遣廣州方便醫院發放是荷。此候

日祉

華民政務司啟　一九三四年*三月廿九日

東華醫院函件［東華致外界函件］一九二四至二六年
（東華醫院致爹祖船辦房信件一九二五年五月二日）

【資料說明】　東華醫院所提供之難民服務相當周詳，既要滿足難民返鄉需求，亦需盡量利用醫院的社會網絡，使返鄉的難民得到各方面的照顧。資料說明廣

西韋婦及其兩名子女因被匪徒拐賣，後被台山六村團防公所救回送往東華醫院安排遣返一事。東華發給當事人每人十元，並將當事人交與輪船辦房請代為送交廣西梧州廣仁善堂；另再去信梧州善堂，請其將韋氏等人遣返回鄉；該善堂在確實接到難民及成功連絡其親人到領後，知會東華醫院。東華在知悉難民平安抵埗後，亦去信與台山六村團防公所，回報先前送來之難民已安全返鄉。

爹祖船辦房

司事先生台鑒：敬啟者茲有婦人韋劉氏、女子韋阿四、小童韋阿伙三人，廣西昭平縣近竹村人氏，係因被匪擄賣，由台山六村團防公所起獲，送來敝院遣發回籍者。頃接伍君耀庭來函，藉悉

貴輪船免收水脚，允將韋劉氏三人載返梧州，慈善為懷，曷勝景仰。茲將韋劉氏三人送上，到祈

俟飭人帶至廣仁善堂遣發回籍，寔為

德便之至。專此。並請

台安

附呈代交梧州廣仁善堂一函

東華醫院謹啟乙丑四月初十日

東華醫院函件［東華致外界函件］一九二四至二六年
（東華醫院致梧州廣仁善堂一九二五年五月二日）

梧州廣仁善堂
列位先生大鑒：敬啟者茲有婦人韋劉氏三十四歲*、女子韋阿四十四歲*、小童韋阿伙二歲廣西昭平縣近竹村人，係因被匪擄賣，由台山六村團防公所起獲，送來敝院遣發回籍者。現經敝院每人發給費用拾元，託爹祖船辦房將韋劉氏三人帶上
貴堂，到祈妥為遣發回里。寔為
德便之至。專此。並請
善安
東華醫院謹啟乙丑四月初十日
附呈台山縣長執照一張

外界來函一九二五年（一九二五年四月十三日）

茲收到
爹祖輪船代東華醫院□來難民叁名並公函一件□照收。此致

東華醫院先生大鑒

梧州兩粵廣仁善堂緘

中華民國十四年四月十三日

東華醫院函件［東華致外界函件］一九二四至二六年

（東華醫院致台山六村團防公所一九二五年四月三十日）

台山六村團防公所

卓平、若思、利川先生台鑒：敬啟者由陳君倫宗將婦人韋劉氏、小童韋阿火、女子韋阿四三人帶來本港，已蒙萬益堂伍耀廷君交到敝院，據其遇事情形，至深憫惻，非得閣下出任維持，不堪設想也。現敝院每人發給費用拾員，共叁拾員，另船票三張，一俟梧州，船便即託梧州船辦房帶上梧州廣仁善堂遣發回籍。特此先函奉覆，希為荃察是荷。並請

台安

東華醫院總理　等頓

十四、四、三十

外界來函一九二五年（一九二五年四月廿一日）

東華醫院列位善長大鑒：

逕啟者前准

貴院遞來被擄難婦韋樓[13]氏、其女阿四、其子阿伙共三名，經由敝堂函飭其親屬來梧認領。頃據該難婦之兄樓發深，親由梧州四方街仁利號蓋章來堂具領，詢之該難婦亦云妥善無訛。是以交其帶回完聚。除將該領單存於敝堂外，相應函達，希為查照□。但據該親兄樓發深云，伊之丈夫已被匪劏開□段，今日□回其子存後，真乃各善長莫大之陰功。共語，知之。專此。請

上

善安

梧州兩粵廣仁善堂緘

中華民國十四年又四月廿一日

[13] 因為粵語「劉」、「樓」同音，故此封信將韋劉氏之「劉」誤植為「樓」。

東華醫院徵信錄（一九零七至零八年東華醫院徵信錄）

【資料說明】 一九零七至零八年的徵信錄第一次正式出現「難民項」，表示難民遣送的工作已經有其重要性。一八七三年遣送病難民人數為五十一人、一九零一年為三百八十五人，一九零七至零八年間已達二千四百九十三人，數量不斷增加。由於人數眾多，遣送過程繁複，分工亦有更為詳細。有關難民的資料出現逐月紀錄。在東華醫癒出院須遣返者記錄在「病房項」裡，並標明遣返者的「病民」身分，及其護送人等資料；需遣送的難民，船費與川資則記錄在「雜項」以及「難民項」內。是年記錄在「難民項」下的費用為二千九百七十元四角。

丁未十一月份病房項：

金山火船　病民　江標、王成、葉就、何英、李大、梁戟、劉耀、蘇坤，

護返送人三名返省銀五員六毫……

難民項：

大阪商船　難民　張公直、張倫生、朱吉、周昭齊、朱先、劉七、蔡馬振、曾麗貞、陳發、蔡洪排、蔡地　返汕頭　銀五員五毫……

給難民：　曹三、李華、李九銀三員；招棉銀三毫；蔡馬振、曾麗貞、陳發、蔡洪排……湯復五員；周明齊一員五毫；李美、陳煥卿、李致成、陳發四員；劉見一員五毫；李安、許南、杜洪五員；徐前、潘發二員四毫；黃六、楊谷、陳三、王火榮四員……

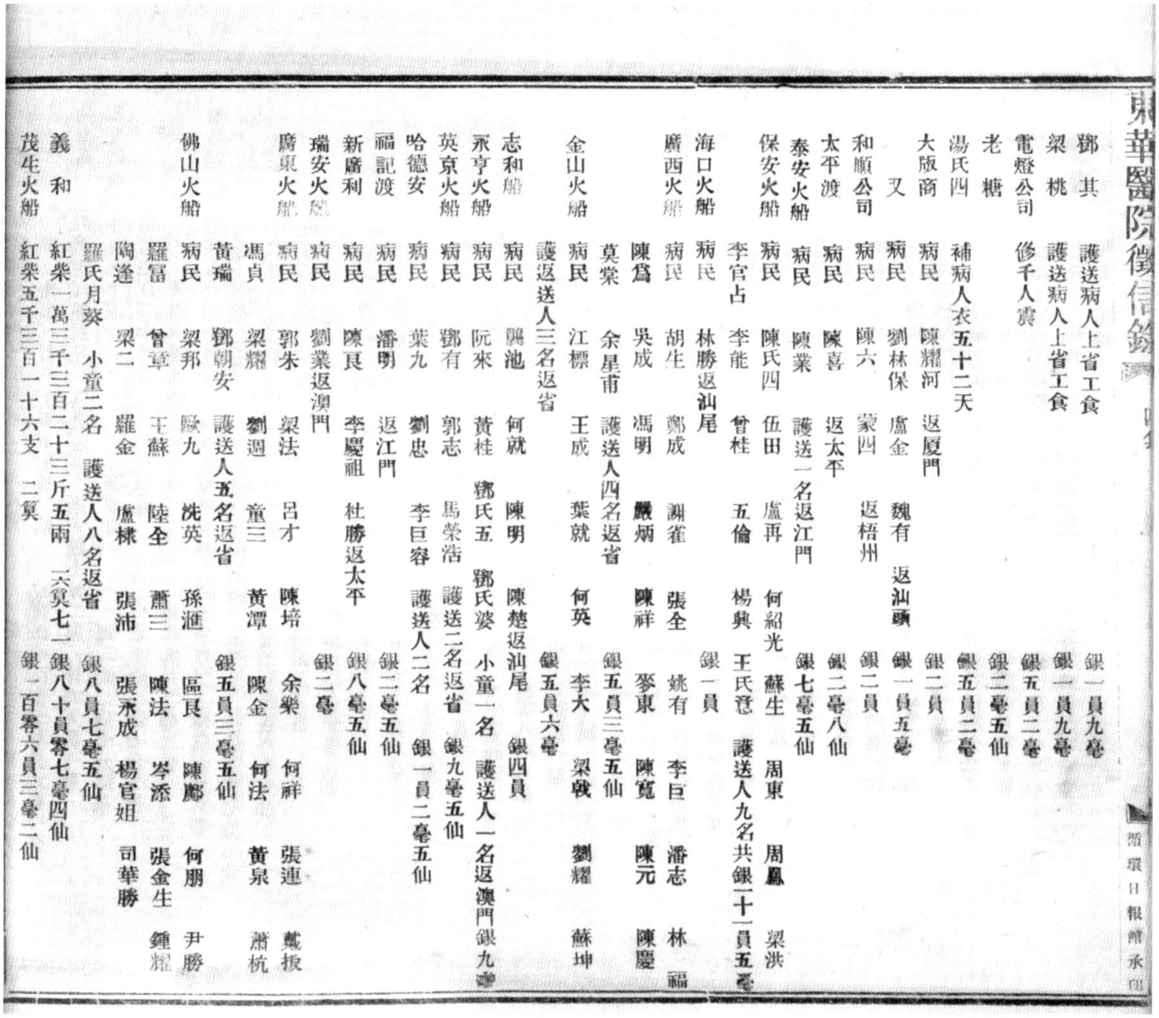

東華醫院徵信錄

鄧其　護送病人上省工食　銀一員九毫
梁桃　護送病人上省工食　銀一員九毫
電燈公司　修千人寰　銀五員二毫
老糖　銀二毫五仙
湯氏四　補病人衣五十二天　銀五員二毫
大阪商　病民　陳耀河　返厦門　銀二員
又　病民　劉林保　盧金　魏有　返汕頭　銀一員五毫
和順公司　病民　陳六　蒙四　返梧州　銀二員
太平渡　病民　陳喜　返太平　銀二毫八仙
泰安火船　病民　陳業　護送一名返江門　銀七毫五仙
保安火船　病民　陳氏四　伍田　盧再　何紹光　蘇生　周東　周鳳　梁洪
李官占　李能　曾桂　五倫　楊典　王氏意　護送人九名共銀一十一員五毫
海口火船　病民　林勝返汕尾　銀一員
廣西火船　病民　胡生　鄭成　謝雀　張全　姚有　李巨　潘志　林福
陳爲　吳成　馮明　嚴炳　陳祥　麥東　陳寬　陳元　陳慶
莫棠　余星甫　護送人四名返省　銀五員三毫五仙
金山火船　病民　江標　王成　葉就　何英　李大　梁戟　劉耀　蘇坤
護返送人三名返省　銀五員六毫
志和船　病民　龔池　何就　陳明　陳楚返汕尾　銀四員
永亨火船　病民　阮來　黃桂　鄧氏五　鄧氏婆　小童一名　護送人一名返澳門銀九毫
英京火船　病民　鄧有　郭志　馬榮浩　護送二名返省　銀九毫五仙
哈德安　病民　葉九　劉忠　李巨容　護送人二名　銀一員二毫五仙
福記渡　病民　潘明　返江門　銀二毫五仙
新廣利　病民　陳艮　李慶祖　杜勝返太平　銀八毫五仙
瑞安火船　病民　劉業返澳門　銀二毫
廣東火船　病民　郭朱　梁法　呂才　陳培　余樂　何祥　張連　戴振
馮貞　梁耀　劉週　童三　黃潭　陳金　何法　黃泉　蕭杭
黃端　鄧朝安　護送人五名返省　銀五員三毫五仙
佛山火船　病民　梁邦　歐九　冼英　孫滙　區艮　陳鄘　何朋　尹勝
羅富　曾草　王蘇　陸全　蕭三　陳法　岑添　張金生　鍾耀
陶逢　梁二　羅金　盧棣　張沛　張永成　楊官姐　司華勝
羅氏月葵　小童二名　護送人八名返省　銀八員七毫五仙
義和　紅柴一萬三千三百二十三斤五兩　六箕七一　銀八十員零七毫四仙
茂生火船　紅柴五千三百一十六支　二箕　銀一百零六員三毫二仙

循環日報館承印

一九零七至零八年東華醫院徵信錄病房項清楚列明醫癒返鄉者為病民而非難民

東華醫院函件［東華致外界函件］一九二六至二八年

（東華醫院致元安、兆安輪船公司信件一九二八年八月卅一日）

［資料說明］ 遣送難民的過程相當複雜，往往牽涉到許多民間或政府的機構，包括各國政府、華民政務司、方便醫院、各善堂或商會、客棧以及輪船公司等。由於須遣送難民數量龐大，所費甚鉅，除華司會補貼外，東華醫院亦時常獨力支援，民間亦有善心人士出錢出力幫助難民。以下函件為一九二八年東華醫院寄予各輪船公司，以感謝減收或免收難民船費。

元兆、安輪船公司

卓凡、埈年善長暨

列位先生台鑒：敬啟者昨由敝院主席鄧肇堅君面謁

台端，談及敝院遣發醫愈病人及難民回籍，荷蒙

俯允，搭由

貴公司輪船大艙晉省，嗣後概免收水脚費用。具見

閣下暨

列位先生熱心公益，見義勇為，董等不勝銘感，謹此肅函藉鳴謝悃。敬請

善安

東華醫院董事頓

戊辰　七　十七

東華醫院函件［東華致外界函件］一九二六至二八年
（東華醫院致太古洋行信件一九二八年四月廿四日）

太古洋行

執事先生台鑒：敬啟者敝院資遣難民回籍，多由　貴公司輪船遣發，向蒙減收船費，受惠良多。惟近來

貴公司着敝院與新全安棧直接購買，惟價目比原日託　貴公司購買時較為昂貴，茲特函達，懇求

貴公司轉致各輪船及新全安棧。嗣後敝院託

貴輪船遣發難民回籍，無論大小輪船，一律請將往上海船費減收三元五毫*，往北海船費減收

三元*，往海口船費減收弍元。素仰

列位先生熱心公益，慈善為懷，伏懇

俯如所請，則僑港貧民深感大德也。專此。並請

善安

東華醫院董事鄧肇堅等頓

戊辰　三　初五

東華醫院函件［東華致外界函件］一九二六至二八年
（東華醫院致航興輪船公司信件一九二八年五月十二日）

航興輪船公司
漢常先生台鑒：敬啟者敝院遣發海陸豐難民回籍，昨由
貴公司長安輪船遣去。荷蒙
閣下允將船票每名減收六毫，具見
先生熱心公益，見義勇為，董等實深欽佩。特此
肅函藉鳴謝悃，並候
善安

東華醫院董事鄧肇堅等頓
戊辰　三　廿三

東華醫院函件［東華致外界函件］一九三零至三一年
（東華醫院致巨港中華總商會信件一九三一年，日期不詳）

［資料說明］　函件說明遣送歸國華工的費用來源：一般由外國政府將費用交予香港華司，再由香港華司轉交東華醫院請代為遣返回里。東華去信印尼蘇門

答臘巨港中華總商會，詳述遣返經費的資助機制。

巨港[14]中華總商會
列位善長先生暨　領事館
咸章先生大鑒：敬啟者敝院所行善舉，原以醫藥為宗旨。如有華工由外埠遣發回籍者，當由該埠政
府担任川資等費用，因照本港華民政務司，然後交託敝院遣發，係由華民政務司向該埠政府照數繳
是也。□者發來華工第一批九十名敝院□□□□到貴處，明文致令華工到港諸多窒□□□由豊平船
發來華工第二批七十一名，係□華工携有
貴會証明書，要求敝院資遣回籍□□□□謂前經資送第一批九十名回國，茲再資遣第二批，共計
七十一名字樣，亦未有交託敝院遣發明文，未知
貴會有無發給內地川資……　用致令該華工到敝院要求，強以所難，貴□明其故如
貴會既有此善舉，應籌足川資等付返或轉達
貴埠政府知照本港華民政務司担任川資等費用，繳還方可舉行交託敝院遣□，否則敝院不能招接
也。專此奉達函請
台安
東華醫院主席

[14] 巨港位於今印尼蘇門答臘。

東華醫院函件［東華致外界函件］一九二一至二二年（東華醫院致惠育醫院信件一九二二年四月廿七日）

［資料說明］一九二二年東華派院伴護送難童到廣州惠育醫院，並請求該院協助難童回里以免迷路。

惠育醫院

列位先生台鑒：敬啟者本港華民政務司遞來男童劉記生一名，稱惠州古竹基村人，隨母李氏來港，母嫁後不知去向。經由敝院訪查，並無人知該童之親屬者。現據該童請求飭人帶至石龍廣興隆什貨店，便能自知回里。董等以該童年齡幼少，誠恐有迷路之慮，茲着院伴將該童帶上貴院，請向廣興隆什貨店查問清楚，代為遣發是所切禱。專此。即請

台安

東華醫院謹啟 壬四月初一日

政府公函［華民政務司來函］一九一三至一四年 一百四十六號（政府致東華醫院書函一九一三年九月廿五日）

［資料說明］倘須遣返難民屬殘疾人士或老弱婦孺，一般皆有護送人隨行，以確保安全。以下為數個須護送難民的例證。

一百四十六號

列位總理台鑒：星埠欲遣回盲目難民二名，一李鳳，揭陽人；一范昌，番禺人。擬請貴院派人送其回里，未知該兩難民川資費用，並護送人來回水腳共需若干，希見覆為荷。此候

日祉

九月廿五日

政府公函［華民政務司來函］一九一五至一七年　一百卌七號（政府致東華醫院書函一九一六年十一月廿七日）

［資料說明］　一九一六年護送殘廢難民例證。

一百卌七號

列位總理台鑒：前送上難民馮梁等六名，茲接庇能寄來銀票十八元，請飭人來取，代買船票□□□各難民為荷。此候

日祉

十一月廿七日

山打根遣回難民二名，丁□□，潮州人、黃六，潮州人，請資遣回里，列單來署，向劫行[15]取回。
現接般烏[16]護衛司來文云，欲遣廢疾難民□元一名，其人兩足全不能行，擬請　貴院遣人護送往惠州永安縣□□堂村，其費用則由般烏政府支給，可否之處希　示復為荷。

[15] 倡建東華醫院總理梁雲漢是呦洋行（仁記洋行）買辦。

[16] 般烏即現今之汶萊

政府公函［華民政務司來函］一九一五至一九一七年　四十八號
（政府致東華醫院書函一九一七年五月五日）

【資料說明】一九一七年護送一批殘疾難民實例。

四十八號

列位總理台鑒：現接庇能華民政務司來文，內開現有殘疾之人十一名，敬請　貴院遣送回里，能否辦到敬並須費用若干，請　示復，以便轉達為荷。此候

日祉

五月五日

鄧信　盲者　大埔[17]人　高□　不能行者　順德人

□保　癲者　東安　何坤　稍可行者　與寧

何伍	盲者	石城	謝生	不能行者	興寧
薛興	跛者	石城	黃勝	不能行者	揭陽
伍堂	跛者	清遠	鍾興	盲者	電白
梁生	盲者	新會			

[17] 此為民國時潮州府屬下之大埔縣。

政府公函［華民政務司來函］一九三五至三七年
（政府致東華醫院書函一九三五年十月卅一日）

【**資料說明**】護送失明人士，過程複雜，函件說明東華需代受助人安排川資、隨員及回國後安頓地方。

列位總理台鑒：第二八八號去函內之錢□即程一，今晨送署該人，目已失明。本司除令該錢□簽收星州政府給與之星幣廿五元外，特函請　貴總理飭一可靠員役隨彼赴省，轉懇廣州方便醫院設法與樂昌處之意大利教會接洽，令彼安抵家鄉，庶不致途中受騙也。此候

日祉

華民政務司啟

一九三五年十月卅一日

博愛

〔第四章〕

—興辦義學—

前言

源起

雖然東華的賑災及難民服務對社會有很大的貢獻，但最廣為香港人所熟悉的社會服務是醫療和教育，因為這兩項工作的受眾是本港市民，時至今天，仍有不少人受益。儘管如此，興辦義學在創院初期，卻非其發展重點，由於一八七零年代，全港的適齡入學者佔總人口的比例不高，以一八七一年為例，只有兩萬，佔總人口的百分之十七[1]。到了一八八零年，義學的發展在東華醫院領導的推動下，有突破性的進展。

文武廟義學是東華醫院最早管轄的教育機構，與上環荷里活道的文武廟，有深厚的淵源。一八四七年，由華商創建的文武廟，因強調其在華人社群中所擔當的仲裁角色而備受華人重視，文武廟值理梁雲漢、吳振揚等同時也是倡建東華醫院總理。文武廟因香火鼎盛，嘗產、司祝租銀，舖租收入，存款利息等不斷積累，一八七零年代，扣除支出，廟嘗每年盈餘數以千計，廟宇有慣例將部份歲入盈餘撥作慈善事業用途。一八八零年，六位曾於一八七零年代出任東華醫院管理層的紳商，倡議成立文武廟義學，並擔任創校值理，積極推動培育年輕人的道德修養，義學遂於一八八零年（光緒六年）在華人社區建立起來。

根據文武廟義學紀事錄所載：「現設義學之地，此地段原日乃中環書院的，迨於光緒六年，闔港紳董會商，倡建義學，故蒙中環街坊將此地段送出，闔港以為義學教讀之所，以垂久遠，茲特誌明，俾眾咸知」，說明興辦義學由紳商倡建，得到當時華人社群的支持。若從當時香港的人口增長狀況和人口結構，或可進一步了解學額需求增加的箇中原因。根據政府人口統計資料，一八八一年，全港人口有十六萬，較一八七一年的十二萬四千增加了三萬六千人（百分之二十九）[2]，其中二十歲以下的人口從一八七零年的二萬增至一八八一年的三萬一千，適齡入學人口增加了百分之五十二[3]，義學的需求自然因此增加。綜合上述，東華總理的辦學理念與熱誠、來自文武廟的經濟資助，加上香港適齡入學人口的增加，是促成東華興辦教育的三個關鍵因素。

義學管理

文武廟義學的六名倡建值理，在創校初期已肩負管理文武廟義學的重責，大小事務，諸如遴選教師，開設新館，管理學生，設計課程，維持日常運作等，皆事必親躬。文武廟義學設有十六條義學規條，對教師、學生、課程、學務等皆有所規定。

其中有關教師的規條共七條，對老師的個人品德，尤為重視：「義學首在擇師，必求品學兼優、精神充足者方可延聘，凡有沉湎於酒、嗜吸洋煙、及事務紛繁者，不得定聘」，對於老師的教學經驗及專業知識只用「優」來定義，並無具體說明。學生規條有九條，其重點如：「來義學讀書大半非為科名起見，如資質平常者，先讀孝經，次讀四書，如已讀完，無大出色者，則教信札，俾其謀生有路」，說明義學任務不在培育國家棟樑，而是希望藉基礎教育教導學生做人的基本道德修養，及基本謀生技能。義學規條更嚴格管束學生的行為舉止，例如強調跪拜禮儀、重責不受教的學生；對學生家庭背景也有所規範：「義學入塾生徒，其父母須守正業，身家清白者方准來讀，如係娼寮及賭博偏門生意子姪，一概不准入塾」，這都說明義學堅持傳統的道德標準。

至於學校管理，文武廟義學雖無明文規定管理層的選拔與任免，但歷來均由東華總理出任。一九零七年港府制定新政策，規定文武廟各產業皆須註冊，並需由專人負責，東華總理經商討後，決定充任文武廟嘗產的法定管理人，一九零八年政府正式頒定文武廟產權法令，說明東華醫院全面接收文武廟嘗產以及其所提供的各種服務，包括華人免費義學等，東華總理遂成為文武廟的管理人。經費方面，義學開支早年由廟宇提供，並非由東華或政府出資。一九二零年代前後，政府開始統一管理香港各官私立學校，並提供非定期的補助，但金額並不固定，一九二零年代約為義學全年總經費的一至兩成，到了一九三零年代則較有顯著的增加，佔約三成。

發展與擴張

從一八八零到一九三零年代的五十多年間，義學從塾館發展成十數間頗具規模的新式學校，義學最初只有二位塾師，六十名學生，到了一九三五年，已有二十七名教學人員及一千二百零六名男女學童。在教學內容方面，最初以儒學教材為藍本，進入二十世紀初期，則參考中國新式教育改革，滲入新教材，新舊課程一起並行；一九二零年代，學校加快現代化步伐，全面引入新式課程：教授科目包括中、英文，歷史、地理、算數、公民教育及德育。在免費教育方面，最初僅局限於男學童的初級小學；一九二零年初開設夜學，為全職人士提供免費教育機會，一九二零年代中期以後，夜校陸續加設第五及第六年級；一九三一年，更與辦女義學。在制度上，由於義學不斷擴張，學務繁重，一九一九年，學校增聘視學員，專責管理義學各項事宜；一九二九年，東華醫院設立專責教育的行政部門，教育部總理必須出席教育部會議，聽取義學視學員及教員的意見；義學更增設校務主任，制定章程，清楚規範校務主任的權責，以提高管理質素。

義學的教育宗旨，最初強調為貧民子弟提供謀生的基礎知識，到了一九一零年前後，開始注重培養優異學生，推薦卓越生入讀南華公學接受高級小學教育，至一九二零年代初期，更與官立學校制度銜接，推薦優秀學生參與政府免費學額遴選，提升學生的出路。然而，入讀官校的優秀學生只屬極少數，例如一九三一年全校學生共一千一百六十七名，僅有八名考取免費學額，未入選免費學額的一千一百五十九人，大多因經濟原因無法繼續升學而投身社會。因此，義學的服務仍舊只能局限於為貧苦子弟脫盲，提供一般謀生的基礎知識與技能。

綜觀一八八零至一九三零年代，義學從塾館發展成新式學校，教學內容從傳統儒學的理論，逐漸加入實用性較強的科目，關注學生往後在社會上謀生能力，學校積極與本地其他教育機構銜接，獲得社會認同。一九三一年創立的女義學，雖較香港或中國內地的女校為晚，不能算為創立女子教育之先河，但女學生人數在四年間增加了百分之四十三，代表女子教育不斷普及；一九三一年學校男學生總數為一千零五十二名，女學生為一百一十五名，比例為九比一，一九三五年男生總數為一千零四十二名，女生為一百六十四名，比例約為六比一。凡此種種，均顯示東華教育發展不斷配合香港社會需求，與時並進。

[1] 香港適齡入學的兒童有二萬五百六十二人，全港人口為十二萬四千一百九十八人。"Census of the Colony of Hong Kong", *Hong Kong Sessional Papers*, No. 30/91, p.379.

[2] "Return of the Population, and the Marriages, Births and Deaths", *Hong Kong Blue Book*, Hong Kong, Noronha & Co., 1871; "Census Returns of the Population of the Colony on 3 April 1881", *The Hong Kong Government Gazette*, Hong Kong Government, 8 June 1881.

[3] *Hong Kong Blue Book*, Hong Kong, Noronha & Co., 1871, p.253; "Census of Hong Kong, Including Military and Naval Establishments, 3rd April, 1881 and 20th May 1891", Census Report 1891, *Hong Kong Sessional Papers*, No. 30/91, p.378; "Census of the Colony of Hong Kong", *Hong Kong Sessional Papers*, No. 30/91, p.379.

文武廟徵信錄一九一一年（一八七零年代文武廟嘗廟及收入細目）

【資料說明】　文武廟自成立以來廟產盈餘頗豐，這些盈餘主要是廟祝租銀、上年度存款、利息、以及舖租收入等。在一八七零年代，除一八七六及一八七七年，因買地而入不敷支，其餘各年皆有盈餘，這筆盈餘順理成章為貧民興辦義學作好準備。從一八八零年文武廟收入項目可見，司祝租銀收入最多，其次為按櫃銀、舖租收入，以及按揭收入。

表II-4-1　文武廟廟嘗盈餘（1873-1880）

年份	盈餘（元）
1873	6,713
1874	7,049
1875	1,825
1876	因投皇家地段紙數千元故該年入不敷出
1877	因投皇家地段紙數千元故該年入不敷出
1878	672
1879	815
1880	3,203

表 II-4-2　文武廟收入細目（1880）

收入	元	備註
收李泰恆司祝租一年銀	2,586	
收楊蘭記舖租銀十二個月	1,268	月租 105 員
收竹林園租九個月	44	月租 5 圓算
收李泰恆庚年 12 月 24 日又再承充司祝按櫃銀	2,000	
12 月 24 日李泰恒還戊年十二月廿日揭項	500	
收李泰恆還揭項五百圓息銀	71	
9 月 16 日收昌盛金舖銀	136	
收俊昌榮交存項截息銀	35	
上年存銀	815	
合共	**7,455**	

文武廟徵信錄一九一一年（文武廟歷年總支出及義學支出細目）

［資料說明］ 目前可考有關文武廟資產與文武廟義學經費的史料，涵蓋年份為一八八零至一九一零年。從下表得知，在一八八零至九零年代，文武廟義學的支出約佔文武廟支出的一至二成不等，並不算多。然而，進入二十世紀以後，文武廟義學支出約佔文武廟所有支出的三至四成不等，究其原因，為義學規模因應社會需求不斷擴張。

表 II-4-3　文武廟歷年總支出及義學支出（1880-1910）　單位：元

年份	總支出	義學支出	比例
1880	4,257	500	12%
1881	2,830	397	14%
1882	3,520	362	10%
1883	3,315	369	11%
1884	2,277	393	17%
1885	11,903	460	4%
1886	13,752	485	4%
1887	6,546	537	8%
1888	2,880	362	13%
1889	4,426	437	10%
1890	4,739	405	9%
1891	2,020	376	19%
1892	15,652	686	4%
1893	8,950	1,070	12%
1894	10,135	1,086	11%
1895	13,798	1,321	10%
1896	4,538	1,205	27%
1897	7,338	1,726	24%
1898	9,335	1,696	18%
1899	6,782	1,697	25%
1900	8,792	1,703	19%
1901	5,799	1,738	30%
1902	16,664	1,912	11%
1903	7,552	2,086	28%
1904	10,253	3,689	36%
1905	8,055	3,014	37%
1906	8,726	3,163	36%
1907	8,431	2,903	34%
1908	15,701	3,495	22%
1909	9,485	3,923	41%
1910	10,473	3,198	31%

文武廟徵信錄一九一一年(文武廟義學紀事錄)

【資料說明】 適齡學童的上升,增加了學額的需求,文武廟廟嘗盈餘為創辦貧民義學準備了充裕資金,而真正使義學得以在一八八零年正式成立者,乃六位倡建中環義學值事,分別為梁雲漢、馮普熙、李萬清、陳玉樓、招成林、黃羽儀六人[1],這六位一八七零年代的東華醫院總理,包辦了成立義學的各項事宜,如義學選址、義學學務、教師任用、學生遴選等;並制定了義學規條十六條以為規範。文武廟義學正式在一八八零年成立,一八八二年文武廟義學紀事錄說明了義學創立的過程,如何由紳董會商倡建、中環街坊支持學校選址、往後義學發展的考量、以及教師的送關制度。

一、現設義學之地,此地段原日乃中環書院的,迨於光緒六年(一八八零年),闔港紳董會商,倡建義學,故蒙中環街坊將此地段送出,闔港以為義學教讀之所,以垂久遠。茲特誌明,俾眾咸知。

一、光緒六年倡建之義學,係中環一環,以港地廣人稠,本應上、中、下環及西營盤多設義學,惟上環乃是富地,尚可免設,而西營盤清貧者多,理宜多設一間,或將上環之額設上太平山,可否?尚須酌量,但四環添設義學,宜與 皇家取出地段建造,方能久遠。

一、義學老師原議送關書一年為率,間有品學平常,並無違犯規條而性情柔懦,他本屬斯文中人,在值事者尤難啟齒開除,合無議定例,以是年十月初一日,請老師循例自先告辭,俾值事易於酌奪;應留下年復館,期以十一月初一日送關,若無送關,則該老師便是不留下年復館,請自行打點退位,俾得彼此冠冕。[2]

光緒八年（一八八二）歲次壬午臘月吉日　　值事等謹識

[1] 此六位為一八八零年文武廟義學的倡建推手，皆於一八七零年代擔任東華醫院總理：李萬清為一八七二年首總理及一八七三年協理；陳玉樓又稱陳日樓，為一八六九年倡建協理及一八七七年總理；梁雲漢為一八六九年倡建總理、一八七二年協理、一八七七年首總理；馮普熙為一八六九年倡建協理、一八七二年總理及一八七三年協理；招成林為一八六九年倡建協理、一八七三年東華醫院首總理及一八七四年協理；黃羽儀為一八七二年值理、一八七三年總理及一八七四年協理，可推想東華醫院管理層對文武廟義學有一定的影響力。

[2] 為免尷尬，教師需每年自行請辭，由值事定奪是否續聘。（一八八二文武廟義學紀事錄）

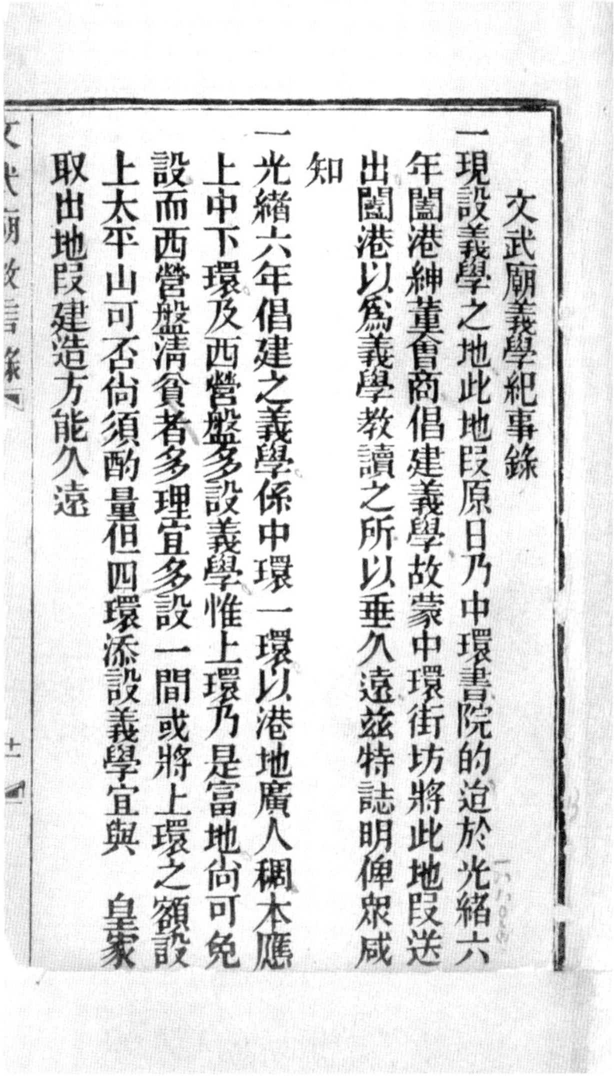
文武廟義學紀事錄

一現設義學之地此地段原日乃中環書院的迨於光緒六年闔港紳董會商倡建義學故蒙中環街坊將此地段送出闔港以為義學教讀之所以垂久遠茲特誌明俾眾咸知

一光緒六年倡建之義學係中環一環以港地廣人稠本應上中下環及西營盤多設義學惟上環乃是富地尚可免設而西營盤清貧者多理宜多設一間或將上環之額設上太平山可否尚須酌量但四環添設義學宜與　皇家取出地段建造方能久遠

一九一一年文武廟徵信錄記述了義學創立的過程

文武廟徵信錄一九一一年（義學規條——教師）

【資料說明】光緒六年（一八八零）草擬的義學規條共十六條，對教師、學生、課程、義學管理皆有所規定，其內容反映時人對教育的觀念。與教師相關的規條共有七條，並沒有對教師的資格與知識背景作出明確的要求，反而對教師的品德修為加以規範：教師須人品端方，不得沉湎於酒或嗜吸鴉片等等。對於學生的規管，十分注意禮儀，必要時學校可體罰學生。

一、擬本港文武廟書院設作義學，延請名師一位教授生徒，以叁拾人為率，如多，另請一位，以分其任。

一、義學首在擇師，必求品學兼優、精神充足者，方可延聘。凡有沉湎於酒、嗜吸洋煙及事務紛繁者，不得定聘。例先將館內規條送閱，願受聘者，方送關書。

……

一、塾師定議正月中旬啟館，十二月初旬散館。年中除清明、端午、中秋、冬節停教外，倘有要事，至多停教拾天，如遇科歲考期[3]，務祈專託一位妥當親朋代為權理，以免生徒荒疏，仍須示知權理者台銜，庶得彼此週知。其塾師二位，如有事行開，仍留回一位在館統理，幸勿兩位仝時離館，庶免學徒滋鬧。

一、議每月致送修金拾兩，連工人及膳用在內。另每年送茶水傢伙銀四兩，必須僱工人一名在館打掃地方、伺候茶水等用；如不僱工人者，每月扣回銀壹兩伍錢。工人非公事，不得須臾離館。

……

一、義學老師非祇教四書，並教禮儀、揖讓、拜跪、動靜應對；進退要循規矩，倘不遵教訓，即行重責，使孩童知有畏懼，異日方可成材。

……

一、塾師必擇人品端方，通融練達者，方可聘請。關書本擬一年，茲於不得已中，公議修金按月致送，即有悮[4]，請仍可隨時另聘，以免兩悮。

……

一、凡各親友到探老師，無事不宜久坐，因恐有悮公事，識者自諒。以上所議各條，凡請業師必先將館規呈閱，俟察明合意，方可送關。此係體恤清貧子弟起見，全仗教導有方，使生徒日臻進境，俾闔港諸人知不是有名無實，則厚幸也。

李萬清　陳玉樓

光緒六年歲次庚辰倡建中環義學值事梁雲漢　馮普熙謹啟

招成林　黃羽儀

[3] 當時的塾師，一般都是等待考取功名的書生，科考。

[4] 關書即聘書，因受聘者須通過考核，過關者會獲發關書延聘；悮同「誤」。

文武廟徵信錄一九一一年（義學規條——學生）

【資料說明】 義學規條內與學生相關的規條共有九條，內容說明義學專為貧苦且身家清白之學生而設，對學生資質並無限制，亦無性別限制，但當時入學之學生皆為男性，直到一九三零年女學成立時，方予女學生入讀。

一、學生擬定拾歲至拾五歲止，方准來讀。其父兄必須開列姓名、年歲、住止[5]，到值事處掛號；仍要殷實人保薦，俟值事查明，合例者定期入塾。[6]

一、此舉原為清貧子弟而設，苟有力能延師者，幸勿濫進。如有冒濫，值事查知，即將該童遣出，再以清貧者頂補。[7]

……

一、學生資質平庸，准其讀兩三年為額，使知文字便可營生，免阻後人之進[8]；而義學原聘請塾師二位，每位教授生徒叁拾人，共限陸拾人為額，倘人數過多，擬同衆執籌，以昭畫一。[9]

……

一、生徒自進塾後，務要循規蹈矩，奮志攻書，如有不遵教訓、及非家中有要事並不告假而逃學至五日以上者，該塾師通知值事，即令其出塾，再以清貧者頂補，不得狥情，以昭公道。

……

一、館中晨早功課外，宜講四書，下午即講孝經及陰隲果報諸書，使其知善所從人。

一、來義學讀書大半非為科名起見，如資質平常者，先讀孝經，次讀四書，如已讀完，無大出色者，則教信札，俾其謀生有路。

一、義學啟館後，值事等每月分巡查察，如受教勤學者，酌為獎勵，倘或懶惰不循規矩，經業師嚴加訓誨仍不遵從，且無愧奮者，便是廢材，即交回父母出塾，乃見賞罰有方，咸知受教之益。

一、進塾讀書，各生徒必須穿鞋，並要衣服潔淨，如或身體污穢、赤脚無鞋者，不准入塾，以肅觀瞻。

……

一、義學入塾生徒，其父母須守正業，身家清白者方准來讀；如係娼寮及賭博偏門生意子姪，一概不准入塾。[10]

[5] 或為「扯」。

[6] 此規條限制學生的入學年齡，必須在十至十五歲之間，也規定入學者須人事擔保，證明殷實者方能入學。

[7] 說明文武廟義學為免費學校，目的為清貧子弟提供入學機會。

[8] 規定資質平庸之學生在學年限，使其知文字即可離校，目的是將義學資源留給其他資質更優異之學生。

[9] 從文武廟徵信錄得知，一八八零義學第一年成立之時，有兩名教師（姓岑與黎），薪金合共二百四十兩，符合義學規條第七條所說，教師每月「修金十両」，一年正好一人一百二十両。

[10] 學生家庭背景的限制：家長不可以從事娼寮或賭博事業。可見時人視此為不良行業，對於職業有貴賤的差別竟延續至下一代，可見家庭背景對個人的重要影響。

一九零三至零四年度董事局會議紀錄（東華醫院董事局一九零四年三月二日、三月十五日會議紀錄）

【資料說明】 自創立以來，東華醫院已擔任文武廟義學的實際管理人，義學管理事宜不但會在東華醫院董事局會議中提出討論，總理亦須定時巡視學校，以盡監督之責。以下史料出自一九零四年東華醫院董事局會議，記載總理們親往義學視察啟館、討論增設義學、招考義學先生等事宜，說明東華總理管理義學的職責。

元月十六日會議事宜列左（一九零四年三月二日）

一、議文武廟義學十八日啟館，公舉黃伯偉翁往中華書院張徐館、陳培階翁往西營盤潘館、招晝三翁往大笪地潘黎館、郭耀垣翁往灣仔許館……

元月廿九日會議事宜列左（一九零四年三月十五日）。

主席周少岐翁云：茲議再設義學一間，請各位定奪。

朱鏡雲倡議云：宜照舉行。昨禮拜允執籌入塾，人浮於額者頗眾。

凌幼植翁和之云：朱君所說甚是，且廟嘗歲入有餘，最宜興辦學塾，以免貧人子弟多屬向隅。僉謂照行，遂公舉梁炳南翁、招晝三翁兩位辦理開館及覓館所各事宜。

又議廿七日禮拜招考義學先生，到應考者十一人，經凌幼植、陳翼雲兩位先生評定，首名倪樹屏先生，二名吳鑄雲先生。

周少岐翁倡議：首名即具關敦請，二名俟覓實館所乃送關。

梁炳南翁和之。眾皆允洽。

一九零三至零四年度董事局會議紀錄（東華醫院董事局一九零四年六月十九日會議紀錄）

【資料說明】 總理不但需要管理義學的日常運作，更要兼顧制定義學課程的內容；這份資料說明新書須上廣州購辦，教育內容以承襲內地為主。

五月初六禮拜日會議事宜列左（一九零四年六月十九日）

一、議義學改良以收實效。周少岐翁曰：茲閱各館老師改良課程，計張、徐、黎、吳、倪館之外，潘、潘、許三館恐未能振刷。[11]

周少岐翁倡議：由六月初一起，照改良新法教讀，每月擬送脩金貳拾元，以奬其勞。並公議即由省選辦新書，該價值到時另議，或照原價，或折低價，以便清貧子弟購办，統交帳房陳翼雲專理。

胡海籌翁和議。眾皆允合。

[11] 從塾師人數可知，至一九零四年，東華已有八所義學，若以每所三十人計，則有學生三百二十人。

一九零五至零六年度董事局會議紀錄

（東華醫院董事局一九零六年三月十一日會議紀錄）

【資料說明】總理對於義學大小事宜皆相當關注，事必躬親。此篇關於修理義學書桌事宜，可反映東華參與義學管理的具體情況。

丙午二月十七禮拜日會議（一九零六年三月十一日）

一、議潘館請置竹簾，公議照辦。

一、議何館之書案經潘懿伯先生往查，稱說此書案凹凸不平，枱腳浮動，不堪寫字，公議着木匠修好。

政府公函［華民政務司來函］一九一五至一七年　第一百卅四號

（政府致東華醫院書函，日期不詳）

【資料說明】一九零八年東華醫院在法理上正式接收文武廟廟嘗及文武廟的管理權，東華醫院對文武廟須全權負責，政府亦認定東華醫院的權責，故遇有對文武廟義學有所批評，必先向東華滙報。此資料為華司轉來有關教育司巡學信函，糾舉各義學的種種弊端，並責成東華醫院改進。此信沒有標明年份，推測應為一九一六年。

一百卅四號　　　　　　　　　　　　　　　十一月廿二日

……

茲接教育司來文云，往查

貴院所設義學多未妥善。一、往查油麻地廟之學校時，適十一點四字鐘，其教員陸鴻潔不在堂，學生無人管束；二、大道西六十八號崔館三樓之學校教員在堂請客吸烟，堂規極為腐敗；三、往查大道西鄭館四樓之學校，學生不守規則；四、大道東一百六十八號羅館之學校教員在堂會客，不遵時間表辦理，且該教員不諳算學，堂內極為污穢；五、河裡活一百廿二號A張館，學校地方污穢；六、河裡活一百廿四號之學校學生不守規則；七、河裡活一百廿四號學校學規極劣；八、河裡活二百五十一號學校尚無大不合；十、樓梯街凌館十號學校教法亦無大不合，但尚未妥善；惟油麻地廟街及大道東一百六十八號兩間學校形同虛設等。由准此請

貴院查照，認真整頓為荷。

一九二三至二四年度董事局會議紀錄（東華醫院董事局一九二四年三月廿二日會議紀錄）

【**資料說明**】一九二零年代，東華十分重視巡查義學，是次會議東華總理檢討義學的監督不週，強調須加強巡學督導。

甲子二月十八禮拜六晚會議事宜列左（一九二四年三月廿二日）

十一、鄧肇堅翁曰：查義學教員葉流芳由正月啟館，至今未有講書，在同人責任上，於教員勤惰、學童功課，理應時常巡視。

易紀儔翁：請將義學校址、教員姓名抄送各總理，以便時常按址前往巡視。

眾贊成。

一九二九至三零年度董事局會議紀錄（東華醫院董事局一九三零年三月廿八日會議紀錄）

［**資料說明**］　東華總理相當重視巡學，儘管東華已在一九一九年聘請視學員負責義學管理，一九三零年代總理仍須親身監察巡視義學事宜。

庚午二月廿九日禮拜五會議事宜列（一九三零年三月廿八日）

十五、黃潤棠翁曰：教育部總理巡視各議學雖屬皮毛工夫，但仍望各位每月至少巡視各義學一次，該日期須由總理隨時酌定。

眾贊成通過。

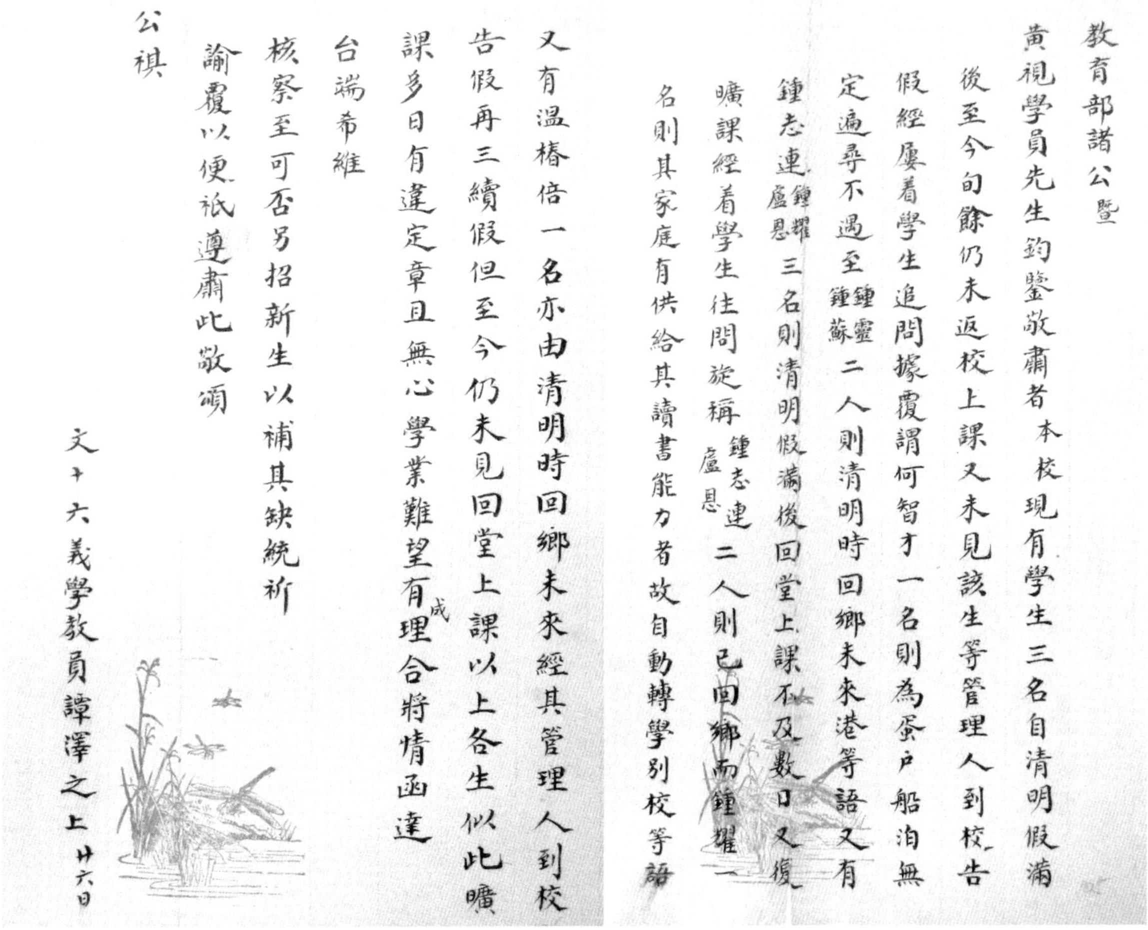

教育部諸公鑒
黃視學員先生鈞鑒敬肅者本校現有學生三名自清明假滿後至今旬餘仍未返校上課又未見該生等管理人到校告假經屢着學生追問據覆謂何智才一名則為蛋戶船泊無定適尋不遇至鍾靈鍾蘇二人則清明時回鄉未來港等語又有鍾志連鍾耀盧恩三名則清明假滿後回堂上課不及數日又復曠課經着學生往問旋稱鍾志連盧恩二人則已回鄉而鍾耀一名則其家庭有供給其讀書能力者故自動轉學別校等語又有溫椿倍一名亦由清明時回鄉未來經其管理人到校告假再三續假但至今仍未見回堂上課以上各生似此曠課多日有違定章且無心學業難望有成理合將情函達
台端希維
核察至可否另招新生以補其缺統祈
諭覆以便祗遵肅此敬頌
公祺
文十六義學教員譚澤之上 廿六日

一九二零年代一位東華義學教員去信港府教育當局及視學員，要求開除數名曠課多時的學生，以便招收其他學童填補空缺。

文武廟徵信錄一九一一年（一八八零年文武廟進支總數附錄）

【資料說明】 文武廟義學經費來源為文武廟廟嘗，以下資料為文武廟成立第一年光緒庚辰六年（一八八零年）支出表，該年義學經費為叁百陸拾玖兩弍錢柒分玖厘（折合港員五百），支出項目包括義學兩位老師之薪水及茶水銀、以及義學設施的添購，佔文武廟總支出（叁千零陸拾伍兩叁錢壹分陸厘）的百分之十二。

光緒庚辰六年支數列：

一支庇厘頓活頓狀師代做誓詞取新地紙事等費銀伍拾伍員，七二銀*叁拾玖兩陸錢正

一支交伍秩庸狀師信問譚樵山欠項費銀伍員七二銀*叁兩陸錢正

一支交還李泰恒舊按櫃銀弍千員七二銀*壹千肆百肆拾兩

一支十二月十五日揭交李泰恒揭項銀柒百員七二銀*伍百零肆兩正

一支納各處地稅共銀壹百陸拾玖兩肆錢壹分伍厘

一支迎接城隍菩薩亭宇金豬寶燭串炮等共銀弍拾肆兩伍錢柒分弍厘

一支交值事賀神誕共銀柒拾兩正

一支均泰修整舖五間及公所城隍廟共工料銀陸拾肆兩弍錢陸分弍厘

一支城隍廟交綠衣銀壹拾伍員七二銀*壹拾兩零捌錢正

一支中華保險公司火燭嘗舖十二間燕疏銀捌拾員零陸毫肆仙七二*伍拾捌兩零陸分

一支投廟司祝茶烟標紅共銀肆錢弍分捌厘

一支李泰恒再新充司祝立合同士担銀拾壹員七二*銀柒兩玖錢弍分正

一支六環更練銀捌拾陸兩肆錢正

一支公議獎賞老更三十七名共銀壹百零陸兩伍錢陸分正

一支鉅昌更練衣服銀伍拾壹員捌毫七二銀*叁拾柒兩式錢玖分陸

一支譚相看公所工銀肆拾叁兩式錢正

一支公所燈油費用共銀肆兩叁錢玖分式厘

一支神前金花紅等銀壹拾捌兩捌錢柒分式厘

一支担坭糞銀捌兩陸錢肆分正

一支大利葵荐共銀柒兩零式分正

一支義學岑、黎老師修金銀式百肆拾兩正[12]

一支義學兩老師節儀茶水共銀壹拾叁兩柒錢陸分正

一支義學置檯椅□筆墨修整工料執坑費等共銀壹百零陸兩伍錢壹分玖厘

共支銀叁千零陸拾伍兩叁錢壹分陸厘

[12] 在一八八零年義學開始時，只有二位老師，姓黎與岑，年薪為一百二十兩。

following objects only : —

(a) To provide for the upkeep of the Man Mo Temple and the maintenance of the customary religious observances thereof.
(b) To keep the buildings belonging to the fund in good repair, or for the purpose of altering, adding to, pulling down or rebuilding the said buildings or any of them or of erecting any new or additional buildings for the purposes of this Ordinance.
(c) Subject to the approval of a special meeting of the Chinese community of Hongkong to be convened by the Directors of the Tung Wa Hospital to be publicly advertised and to be held in the last month of each Chinese year, to pay out of the surplus revenue of the said fund an annual subscription of not less than 2,500 dollars to be applied to such of the purposes of the Tung Wa Hospital as the Directors thereof may direct.
(d) To maintain free schools in Hongkong for the purpose of giving an education in Chinese to persons of Chinese race.
(e) To assist any charitable or philanthropic institution of benefit to the Chinese community of Hongkong.

9. The Directors of the Tung Wa Hospital shall have power to make regulations for their procedure in the transaction of business under this Ordinance and generally for all matters relating to the administration and discipline of the Temple and the Temple Fund: Provided always that a copy of such regulations shall be furnished to the Colonial Secretary, and every such regulation shall be subject to disallowance at any time by the Governor-in-Council.

10. The Directors of the Tung Wa Hospital shall :—

(1) keep a separate account of the Man Mo Temple Fund and cause proper books of account of such fund to be kept, which shall be open during the first month of each year of the Chinese calendar to the inspection of any person interested therein, and at any time to the inspection of any person whom the Governor-in-Council may appoint in that behalf; and,
(2) within one month after the expiration of every year of the Chinese calendar, transmit to the Colonial Secretary a true statement of the assets and liabilities of the Man Mo Temple Fund and an account of its receipts and disbursements during the previous year; such statement shall include a schedule of all messauges, lands, tenements, hereditaments, mortgages and other investments included in the fund, and such statement shall, if required, be verified upon oath before a Justice of the Peace by two members of the Board.

11. In case it is at any time shown to the satisfaction of the Governor-in-Council, that the Tung Wa Hospital has ceased, or neglected, or failed to carry out in a proper manner the objects and purposes of this Ordinance or to fulfill the conditions thereof or that sufficient funds cannot be obtained by voluntary contributions or otherwise to defray the necessary expenses of maintaining the said Temple, or that the Man Mo Temple Fund is insolvent, or in case the Tung Wa Hospital shall cease to exist as a corporation, it shall be lawful for the Governor, with the advice of the Legislative Council, by an Ordinance to be passed for that purpose to repeal this Ordinance: Provided always that 6 months' notice of the Governor's intention to introduce such an Ordinance into Council shall be previously given to the Tung Wa Hospital unless it has ceased to exist as a corporation.

12. In the event of the repeal of this Ordinance all the property and assets of the Man Mo Temple Fund shall become vested in the Crown, subject to the rateable payment thereout of the just debts and liabilities of the said fund to the extent of such property and assets and in such manner as may be provided by the repealing Ordinance or by any order to be made in that behalf by the Governor-in-Council.

13. Nothing in this Ordinance shall affect or be deemed to affect the rights of His Majesty the King.

東華接收文武廟義學管理權

【資料說明】 東華總理同意接管文武廟後，政府於一九零八年正式頒佈文武廟條例，規定所有屬於文武廟的產業、物業、現金等，悉數移交東華醫院管理，但文武廟產業並不屬於東華，其所有收支皆須對公眾及政府公開。若管理不善，政府有全權收回東華的管理權。文武廟嘗產管理權在法理上移交東華醫院後，文武廟義學管理權亦歸屬於東華醫院，在本條例中第八款，8(d) To maintain free schools in Hongkong for the purpose of giving an education in Chinese to persons of Chinese race 說明文武廟嘗產可為華人提供免費義學。自此之後，東華醫院管轄文武廟義學被合法化。

一九零六至零七年度董事局會議紀錄（東華醫院董事局一九零七年五月十一日會議紀錄）

【資料說明】 東華醫院總理一向負責管理文武廟，故一九零八年東華正式接管文武廟廟嘗及其轄下義學，只能說東華醫院管理文武廟的角色被合法化，其實管理機制並沒有太大改變。由於東華對文武廟的管理權已得到政府認同，故政府也開始對義學有所關注，東華變成政府與民間義學之間的橋樑。這個讓民間義學間接由政府管轄的特色，可說是東華接管文武廟義學的重要功能。

丁三月廿九日下午三点鐘集眾在東華醫院會議（一九零七年五月十一日）

主席馮華川起而言曰：今日請列翁到議，因文武廟嘗業昔年蒙闔港街坊公推弟與巢慶祺翁、鄧勵堂翁、李南川翁四位權理，經已多年，茲　皇家于嘗業章程有須更改之處，照國家例，要將物業注冊方為妥當，然注冊之法有二款：一款則立自立料值理料理文武廟嘗業；二款則請東華醫院當年值理料理文武廟嘗業，如何之處，請為卓奪。

劉鑄伯翁倡議，潘仁存翁和議：請馮華川翁、巢慶祺翁、鄧勵堂翁、李南川翁將文武廟嘗業請　皇家定例交東華醫院當年值理管理嘗業收租及文武廟應辦一切事宜。

二、所有收租銀口出入數目，另列一盤，不可與東華醫院數目混雜。

三、每年除應辦之事，所餘之貲，先定撥交東華醫院銀式千五百元作善事，但此數每年尾要請街坊聚議方作實。

"For the transfer of the properties of the Man Mo Temple to Tung Wa Hospital",

The HongKong Government Gazette,
No. 10 of 1908, 5 June 1908

WHEREAS the several leasehold hereditaments and premises set out in the schedule hereto were granted to or became vested in certain persons as trustees for and on behalf of the Chinese Community of Hongkong or for and on behalf of a Chinese Temple in Hongkong situate upon some of the said hereditaments and premises and known as " The Man Mo Temple" ; AND WHEREAS the said persons or the greater number of them are now dead or cannot be found; AND WHEREAS the said hereditamants and premises and the affairs of the said Temple have for many years been managed by the Directors of the Tung Wa Hospital and it is desirable to vest the said hereditaments and premises and the Temple in the Tung Wa Hospital under and subject to the conditions and provisions herein-after contained : —

1. The Man Mo Temple Ordinance, 1908.

2. All the messuages, lands, tenements and hereditaments described in the schedule and all other properties and monies now belonging to or in the possession or under the control of the Man Mo Temple shall be and become and remain and continue vested in the Tung Wa Hospital, as to the said lands for the unexpired residue of the several and respective terms of years created by the Crown leases of the said lands respectively, but subject to the payment of the Crown rent or due proportion of the Crown rent reserved by such leases respectively, and subject to the observance and performance of the covenants and conditions and subject to the provisions respectively contained in such Crown leases so far as the same relate to the several hereditaments and premises comprised in the schedule.

3. It shall be lawful for the Tung Wa Hospital at any time hereafter (with the consent in writing of the Governor) to purchase or otherwise acquire, hold, take and enjoy any messuages, lands, tenements and hereditaments whatsoever in this Colony for the purposes of this Ordinance.

4. It shall be lawful for the Tung Wa Hospital (with the consent in writing of the Governor) to sell, exchange, mortgage, or in any manner dispose of, or (without such consent) to let or demise for any term not exceeding 3 years any of the messuages, tenements, lands and hereditaments hereby vested in or hereafter acquired by the Tung Wa Hospital for the purposes of this Ordinance, and also to do any other act, matter or thing in relation to any such messuages, lands, tenements and hereditaments which the Tung Wa Hospital shall deem necessary or expedient.

5. Upon any such sale, mortgage or disposition of any of the said messuages, lands, tenements and hereditaments the signature of the Governor endorsed upon the deed or other document effectuating such sale, mortgage or disposition, shall be sufficient evidence that the consent required by the last section has been obtained.

6. Subject to the provisions of the Trustee Ordinance, 1901, the Tung Wa Hospital may lend any moneys which are subject to the provisions of this Ordinance on the security of mortgage of any leasehold messauges, lands, tenements or hereditaments and may exercise all the ordinary rights, powers and privileges of a mortgagee as to foreclosure or sale of the mortgaged property or otherwise.

7. All the messuages, lands, hereditaments and premises, properties and monies by this Ordinance transferred to and vested in the Tung Wa Hospital, and all other properties and monies acquired by Tung Wa Hospital under or by virtue of the provisions of this Ordinance, or hereafter given or bequeathed to the Tung Wa Hospital for the purposes of this Ordinance, shall form a separate fund, which is hereinafter referred to as the "Man Mo Temple Fund".

8. The Man Mo Temple Fund shall be used for the

一九一二至一三年度董事局會議紀錄

（東華醫院董事局一九一三年一月廿九日會議紀錄）

【資料說明】 一九一三年政府新頒佈的教育法令規定了九人以上的私人學校均須向政府註冊，政府會派視學官至學校監督，人數超過九人的東華自然能不例外。這法令開啟了政府對華人教育的關注，並逐漸向民間學校提供小額的經費補貼。資料說明提學府（教育署）津貼東華義學七百零九元，是義學教育史上的第一筆政府補助款，但只是非定期補助。

壬子十二月廿三晚會議事宜列左（一九一三年一月廿九日）

三、提學府交來津貼欵銀七百零九元[13]*，昨經袁英山翁到提學府詢究此事，據云此欵原係津貼本院以增設義學者，如撥賞各先生，例不過二成五之數。

陳廉孚翁倡議：照二成五撥出，賞給各先生。

林少薇翁和議，眾贊成。

[13] 此筆撥款年份為一九一三年，現存文武廟徵信錄的收支紀錄最晚僅到一九一零年，故無法比較七百零九元在全部義學支出的重要性。但若以一九一零年的標準考量，當年義學塾師年薪為二百五十五元，義學全年支出為三千一百九十八元，估計提學府所撥七百零九元，約佔義學全年總支出百分之二十。

文武廟及其後方的二間東華義學，分別為香港第一免費小學（左）及香港第五免費小學（右）。

政府檔案——一九一九年東華義學受補助的紀錄

【資料說明】 一九一九年，東華義學中的七間義學正式被納入政府補助名單，接受補助。一九一九年「香港藍皮書」內所載政府對七間東華義學的經費補助是文武廟義學首次接受政府補助的紀錄。值得注意的是當時的義學皆為男校，全無女學生。

"Return of Primary schools",

Hong Kong Blue Book
1919, p275.

表 II-4-4　東華義學學校規模及接受政府資助記錄（1919）

義學地址	學生人數	平均出席人數	學校經費（元）	政府補助（元）	政府補助比例
荷里活道 122A	36	32	449.7	128	28%
皇后大道東 184 號	36	33	769.4	165	21%
太原街 14 號	45	40	745.4	160	21%
正街 3 號	46	40	832.4	120	14%
樓梯街 2 號地下	36	31	864.83	93	11%
樓梯街 2 號一樓	36	34	864.83	102	12%
荷里活道 124 號	69	52	1,063.28	260	24%

政府歷年補助東華義學概覽

［資料說明］列表利用現存徵信錄整理歷年政府對東華義學的經費補助，可見義學的總支出到了一九三零年代，有長足增長，而政府的補貼也有所增加。

表 II-4-5　政府歷年補助東華義學概覽（1919-1935）

義學地址	1919	1922	1927	1930	1931	1932	1933	1934	1935
荷里活道 122A	128	–	–	–	–	–	–	–	–
皇后大道東 184 號	165	480	–	–	–	–	–	–	–
太原街 14 號	160	–	–	–	–	–	–	–	–
正街 3 號	120	–	–	–	–	–	–	–	–
樓梯街 2 號地下	93	–	–	–	–	–	–	–	–
樓梯街 2 號一樓	102	–	–	–	–	–	–	–	–
荷里活道 124 號	260	–	–	–	–	–	–	–	–
中華書院	–	840	–	–	–	–	–	–	–
東邊街 24 號	–	480	–	–	–	–	–	–	–
皇后大道東 143 號	–	480	–	–	–	–	–	–	–
義學總支出金額（元）	–	–	–	22,067	34,553	27,500	32,000	32,000	25,000
政府總津貼金額（元）	1,028	2,280	7,000	6,320	6,600	8,820	9,120	8,880	8,880
政府津貼比例	–	–	–	29%	19%	32%	29%	28%	36%

一九二零至二一年度董事局會議紀錄

（東華醫院董事局一九二一年五月十五日會議紀錄）

【資料說明】政府資助東華轄下的中華書院擴建工程費二萬元，並定下合同，規定東華辦學需遵照政府指示，若有違反協定，政府有權將中華書院收回管理。

辛酉四月初八禮拜日會議事宜列左（一九二一年五月十五日）

二、李亦梅翁曰：中華書院工程，前蒙政府撥助二萬元，今華民政務司遞來合同一紙帋，據合同措詞，謂該書院專司理教育事業，所有办法聽由政府督責，如有不合之處，政府可以將該書院完全取回，或取回一部份；如東華医院將政府撥助之二萬元交還，則合同可以取消等語。弟經將合同交與劉鑄伯君、周少岐君，察為二位亦表同情，弟倡議允照合同辦法為合。黃活泉翁和議，眾贊成。

政府公函［華民政務司來函］一九二一至二二年　第一百零一號

（政府致東華醫院書函一九二一年七月十五日）

【資料說明】函件為政府敦促東華派員往署領取中華書院的資助經費，其他資料顯示政府同意撥助兩萬元，但函件內提及的金額為二萬五千元，多了五千元，可能與其他補助一併計算，但箇中原因則不得而知。函件未註明年份，推測應為一九二一年。

一百零一號

列為總理台鑒：茲由　皇家發給文武廟義學助款二萬五千元銀則一張，請　李亦梅、黃廣田二位先生於明日十一點鐘來署簽名為荷。此候

日祉

七月十五日

一九二三至二四年度董事局會議紀錄

（東華醫院董事局一九二四年十一月廿二日會議紀錄）

〔資料說明〕　一九一九年，有七間東華義學接受政府補助，一九二二年則有四間，分別是擁有一百一十七名學生的中華書院，受補助金額八百四十元、而共有三十五名學生的東邊街二十四號書院、三十一名學生的皇后大道東一百四十三號書院及二十五名學生的皇后大道東一百八十四號書院則各接受四百八十元補貼[14]。資料並提及漢文視學官認為油蔴地北街義學成績不佳，政府將津貼減至每月拾元即全年有一百二十元補貼。一個教員在一九二零年的月薪為三十五元。

甲子十月廿六禮拜六晚會議事宜列左（一九二四年十一月廿二日）

二、漢文視學官來函，謂油蔴地廟北街義學成績不美，詳奉教育司批將該校津貼減至每月拾元，

又以本院義學教員薪水應分等級較為妥善。請公定。

馬持隆翁曰：請即函覆漢文視學官，油蔴地廟北義學成績既屬不美，本院自當將該校教員辭退，另選妥員充任。至於義學教員薪金一層，原係本院舊規，一律如是，如係教授成績優美者，於歲終例奬時更加增奬勵便是。

眾贊成通過。

[14] "Report of the director of education For the Year 1922", *Administrative Reports For the Year 1922*, Appendix O..

一九二六至二七年度董事局會議紀錄
（東華醫院董事局一九二七年二月六日會議紀錄）

【資料說明】一九二七年之學務總結，提及政府每年津貼十七間義學共七千元左右，平均每間每年四百一十二元。

丁卯元月初五禮拜日會議事宜列（一九二七年二月六日）

五、李海東翁曰：本院原為留醫施藥，繼而由廟嘗款辦學。現查文武廟廣福祠等所有收入，俱歸辦義學之用，故本院有兼辦義學之舉，此亦一慈善事業也。計共有義學十七間，政府每年津貼七千元*左右，查廟嘗款每年除支去，尚有餘款數千元，可否將餘款撥出一半，約四千元*，為整理各校、加課英文、增半夜義學、及添設男女義學各一間之用，並議定該女義學由視學員與伍于瀚翁磋商辦理。
伍于瀚翁和議，眾贊成通過。

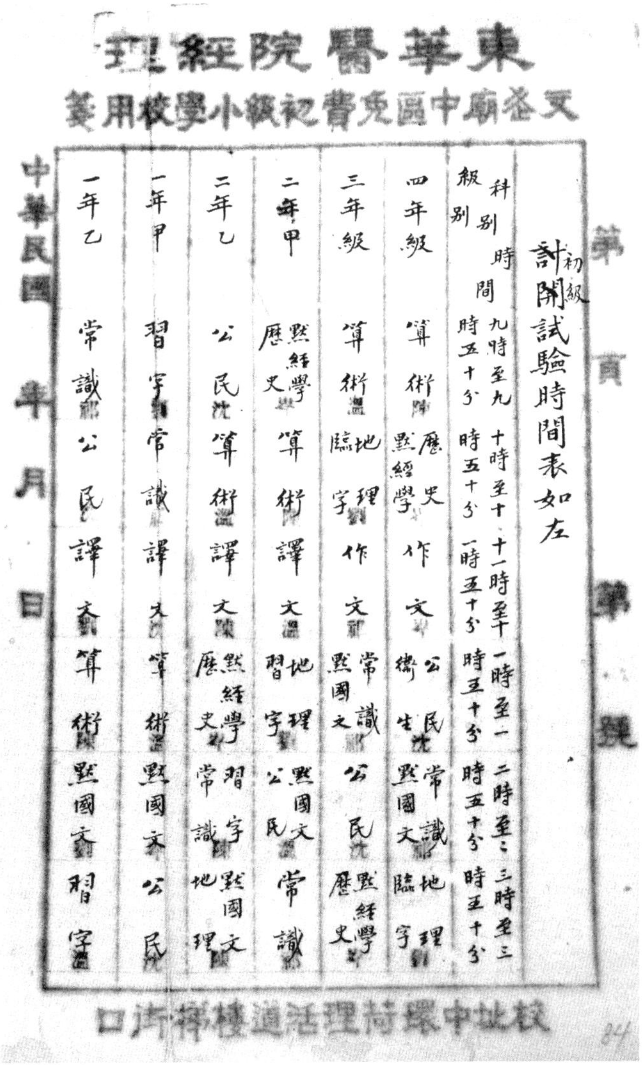

東華醫院經理

文武廟中區免費初級小學校用箋

第　頁　第　號

訂初級開試驗時間表如左

科別／時間／級別	四年級	三年級	二年甲	二年乙	一年甲	一年乙
九時至九時五十分	算術	算術	默經學歷史	公民	習字	常識
十時至十時五十分	默經學歷史	臨字地理	算術	算術	常識	公民
十一時至十一時五十分	作文	作文	譯文	譯文	譯文	譯文
一時至一時五十分	公民衛生	常識默國文	地理習字	默經學歷史	算術	算術
二時至二時五十分	常識默國文	公民	默國文公民	習字常識	默國文	默國文
三時至三時五十分	地理臨字	默經學歷史	常識	默國文地理	公民	習字

中華民國　年　月　日

校址中環荷理活道樓梯街口

一九二九年東華其中一間義學的考試時間表，除一般學科外，學生亦須考經學。

一九三零至三一年度董事局會議紀錄（東華醫院董事局一九三一年三月廿七日會議紀錄）

【資料說明】 政府補助義學每年並無固定金額，一九三一年政府聲稱經費不足，宣佈減少義學津貼。根據徵信錄記載，一九三一年政府總共津貼義學六千六百元，較一九三零年的六千三百二十元為多。

辛未二月初九日禮拜五會議事宜列（一九三一年三月廿七日）

十八、顏成坤翁宣佈：教育司來函，是年各義學津貼減少一千四百六十元*，曾向教育司要求照舊辦法，據云因政府政費不敷，規定一律減改[15]，至要求照舊，則實難辦到云。

[15] 意謂減少。

東華醫院壬申年徵信錄（一九三二年東華醫院廣華醫院東華東院院務報告）

【資料說明】 義學經費主要來自各廟宇及香港政府補貼，由東華醫院總理創辦的總理女義學經費，則由東華醫院當年總理負擔。一九三二年義學總支出為二萬七千五百元，政府補助八千八百二十元，佔總支出約百分之三十二。

己、學務

學校之經費

本院義學經費，除總理女義學係由當年總理担任外，其餘均由文武、洪聖、天后、廣福祠等廟嘗欵支給，並蒙政府津貼補助，計是年經費共銀約二萬七仟伍佰員，由政府補助共銀約捌仟八佰弍拾員。

一九零三至零四年度董事局會議紀錄（東華醫院董事局一九零四年十一月二十日會議紀錄）

【資料說明】 文武廟義學紀事錄第三條，規定東華義學教師任期滿後需自動辭職，再由總理決定去留。准予留任者將獲致發新聘書續任，不予留任者准其恭辭，並由新教員替補。是次會議續聘的塾師有五位，辭退者三位，故需重新聘任三位塾師填補。各塾師所任教塾館均由抽簽決定。

十月十四禮拜日會議事宜列左（一九零四年十一月二十日）

一、議義學張秋琴先生援例恭辭，公議仍復敦請，即當眾抽簽，掣得[16]館在西營□□鹹魚街口。

一、議義學徐蓉鏡先生援例恭辭，公議仍復敦請，即當眾抽簽，掣得館在文武廟側中華書院。

一、議義學黎泰階先生援例恭辭，公議仍復敦請，即當眾抽簽，掣得館在大笪地大福號三樓。

一、議義學倪樹缾先生援例恭辭，公議仍復敦請，即當眾抽簽，掣得館在樓梯街。

一、議義學吳鑄雲先生援例恭辭，公議仍復敦請，即當眾抽簽，掣得館在大笪地大福號頂樓。

一、議義學潘浣香先生援例恭辭，公議如其所請，并公議乙巳年敦請黃粹先生，抽簽掣得館在卅間。

一、議義學潘蓉洲先生援例恭辭，公議如其所請，并公議乙巳年敦請黃公佐先生，抽簽掣得館在灣仔。

一、議義學許典常先生援例恭辭，公議如其所請，并公議乙巳年敦請陳鼎元先生，抽簽掣得館在中華書院。

[16] 抽、拉、拽之意，《辭海》，中華書局，香港，一九八六，頁五八一。此處「掣得」即「抽籤抽得」之意。

一九零四至零五年度董事局會議紀錄（東華醫院董事局一九零五年四月卅日會議紀錄）

【資料說明】油蔴地義學塾師黃公博請其弟代為授課，有違義學規條，被東華醫院總理去信譴責。黃公博雖未被馬上辭退，但下年亦不獲送關留任。

乙巳三月廿六禮拜日會議（一九零五年四月卅日）

一、議油蔴地義學黃公博先生館，俱是伊弟教授，有負街坊重託。公議即行信請公博先生躬親掌教，照義學規條辦理，不許全委伊弟代教。眾皆謂合。

一九一零至一一年度董事局會議紀錄（東華醫院董事局一九一一年七月十五日會議紀錄）

【資料說明】義學導師需嚴守紀律。出勤、教授課程內容、上課時間、對塾館管理等均受東華董事局監察，違反紀律者，會被開除。

辛六月二十禮拜六日會議事宜列左（一九一一年七月十五日）

二、議灣仔黃伯議讓先生，義學館學童鄧其慶隨其母到院投訴，并查淂該館將騎樓牆與隔鄰吳葦蓀館打通合教，又受學童儀物教夜書，則每名學童收燈油銀一元五毛*，經總理到查，見其交託大學生背書，并由陳世英管理上學日記，兼有女學生在房學習，又帶同樓下英文學童溷光到院領取加冕慶典紀念牌，殊屬有違館例，公議開除。即登告白，于本月廿八日正午招考充補此缺。

一九一四至一九一五年度董事局會議紀錄（東華醫院董事局一九一五年三月四日會議紀錄）

乙卯元月廿九日禮拜日會議事宜列左（一九一五年三月四日）

五、文武廟各義學先生來函，謂教授時間表與及先生執照，請向教育司呈報，以便照行，請公定。公議不用呈報，至先生執照則照上年，由先生自往領取。

一九二三至二四年度董事局會議紀錄（東華醫院董事局一九二四年五月廿四日、六月廿一日會議紀錄）

【**資料說明**】此為違規教員梁輔蘭被開除事件。由於教員梁輔蘭收學童脩金且強令學童挑水，有違規例，故被開除。其後須另選新教員替補，甄選程序為先考筆試，考核導師學養；而後由總理面試，測試導師說話聲線及表達能力，再確定聘任與否。

甲子四月廿一禮拜六晚會議事宜列左（一九二四年五月廿四日）

三、易紀儔翁曰：前者義學教員梁輔蘭私收學童脩金，一不合也；強令學童挑水，二不合也。破壞規例，寔屬不成事體，有此大過，斷不能徇情，若不斥革，恐有循循相因之慮，且同人十四位受街坊重託，若辦理不妥，有碍名譽，弟倡議將義學教員梁輔蘭開除，登報招考充補遺缺。

唐學廷翁和議，眾贊成。

甲子五月二十禮拜六晚會議事宜列左（一九二四年六月廿一日）

六、義學教員梁輔蘭遺缺前經登報招考，現取錄閏字卷文亮甫先生。公議請文亮甫明晚來院詢問履歷，試其言語聲音如何，然後定奪。

一九二六至二七年度董事局會議紀錄（東華醫院董事局會議紀錄附錄）

【資料說明】東華義學聘請教師的送關底稿樣本。

己巳年送關書稿

己巳年敬延

□□□先生在□□□□□義學主任教授各科學，每月敬送脩金銀□拾□元，膳費在內。通年薪水費銀壹拾柒元五毫，所有一切權責照本院定章办理。此訂

東華醫院總理鄧肇堅等謹訂

戊辰年十一月廿五日

如無寄宿者加寫「另每月送住宿費艮拾元」

向例年中各費列

贄敬　一元*

席金　二元*

新教員補置爨費一次過　十元*

舊教員補置爨具費一次過　二元*

以上各費正月開學時送交

通年薪費　十七元*五毫

通年儀禮　十二元*

以上二者暑假前送一半　寒假時送足

每月拜聖　二毛*

端午　中秋　冬至　各節每送節敬一元*

孔子聖誕配送祭聖菓品香燭金

每年補假二十天　如不告假者送銀十八元*
如告假一天扣銀九毛，在十八元*內扣去

一九二九至三三年度教育部會議紀錄（教育部一九二九年二月十七日）

【**資料說明**】黃泥涌文十五校擴建，須增聘一名教員。聘請之程序，為先由視學員推薦，送往政府漢文視學官批准，經批准後方由東華醫院教育部總理會見，若總理滿意，才正式確定聘用。篩選共經三道程序，須受三方監管，可稱慎重。

二月十七晚七時半舉行教育部第三次會議

聘請區逸樵教員議案

黃泥涌文十五校由政府發給新校舍一所，學額增多，須添聘教員一名教授。前經議決着視學員推薦，隨由視學員薦出區逸樵一名，先帶往謁見漢文視學官，經蒙批准，視學員遂函請教育部總理於三月初一晚七時賁院，俾區君依時晉見，適值清明時節各總理多回鄉省墓，故是晚到院者祇得何爾昌總理一人，與區君接洽後亦能滿意，旋於初二日具關書聘請區君為文十五校教員。

黃可立誌

一九三五至三六年度董事局會議紀錄（東華醫院董事局一九三五年四月十二日、四月十九日、六月廿八日會議紀錄）

【資料說明】 體罰在當時被視作管教學生的正當方法，義學規條內亦有言「義學老師非祇教四書，並教禮儀、揖讓、拜跪、動靜應對，進退要循規矩，倘不遵教訓，即行重責，使孩童知有畏懼，異日方可成材」。以下案例為教員沈幹長屢次毆打學生，並遭學生控告。然而東華總理並未因此開除沈老師，僅口頭斥責，可見儘管對學生施以嚴重體罰，亦不會被開除。然而，沈氏在約滿後，並未獲得重新聘用。

乙亥三月初十日禮拜五會議事宜列（一九三五年四月十二日）

（四）、李拜言翁宣佈：昨委查東區義學教員沈幹長毆打學童司徒永雄事，經向學童羅家祥查詢，據謂當時見其打一掌，被枱椅壓傷鼻樑云，並同時查出有李金賢、楊維新數名亦被毆打，現又有梁炳超到院投訴，謂被沈幹長先生肆意毆打，體有傷痕，經各位察看，係屬實情，似此于法理上亦所不合。

公議先致函沈幹長教員，嗣後對於低能學生務須盡心教導，不得再行任情毆打，並公推冼主席再向沈教員斥責，然後再行定奪。眾贊成通過。

乙亥三月十七日禮拜五會議事宜列（一九三五年四月十九日）

三、冼主席宣佈：關于沈幹長教員毆打學童事，昨禮拜一經親向沈教員誥誡，嗣後務須盡心教導，不可再行毆打，經允為接納。查各教員關書至六月期滿，屆時再行討論便是。

乙亥五月廿八日禮拜五會議事宜列（一九三五年六月廿八日）

五、杜其章翁宣佈：現據趙善偕同學童趙炳泉來院，訴稱於廿一號因譯文被沈幹長扑責致身體受傷，經察視傷痕猶在，應如何辦法，請公定。

公議即致函責成，並聲明如有學童親屬控告及不合法律事情，本院概不負責。眾贊成通過。

六、公議本院經理各義學教員是年下半年關書除沈幹長教員一名免送外，其餘一律照送關書，由夏曆六月份起至十二月尾止。眾贊成通過。

一九零三至零四年度董事局會議紀錄（東華醫院董事局一九零四年七月十日、十一月六日會議紀錄）

【**資料說明**】以下兩份資料分別記錄義學獎勵及懲處學生事例：一為不聽教誨而校方無法與家長聯繫，被逐出塾館的學生，另一為獎賞義學學童之個案。獎學金款項由文武廟及東華醫院總理承擔。

五月廿七禮拜日會議事宜列左（一九零四年七月十日）

一、議義學倪館之學童陳耀邦不遵教訓，經傳該父數次，總不到院，公議即逐出塾。

九月廿九禮拜日會議事宜列左（一九零四年十一月六日）

一、議助賞　文武廟義學各義學童。公議除文武廟撥出欵銀伍拾元外，其餘總理照派。

一九零五至零六年度董事局會議紀錄（東華醫院董事局一九零六年十一月四日會議紀錄）

【資料說明】 獎勵學童之物品，有絲巾、扇子等日常用品；也有筆、墨等文具。

丙午九月十八禮拜日會議（一九零六年十一月四日）

一、議獎賞義學各學童。公議照向例由文武廟項撥出艮八拾元獎賞，另總理加賞照舊：絲巾一条、扇一把、墨一条、筆二枝。

一九零八至零九年度董事局會議紀錄（東華醫院董事局一九零九年一月十日會議紀錄）

【資料說明】 義學學童的就學年限，舊條例規定不能超過十五歲，新條例則規定不能就讀超過五年，學童如有超越此限者，需經董事局批准。

戊申十二月十九禮拜日會議事宜列左（一九零九年一月十日）

七、義學向章讀至十五歲止，又新例自入學日准讀五年，茲倪館劉瑞鏞年已十有七、張館鍾樹基已逾五年、油蔴地張館盧合全、陳館關選等六名或資質蠢鈍或不遵館規，以上數名准否復館，請為卓奪。公議行信問實該館塾師，然後定奪。

一九二三至二四年度董事局會議紀錄（東華醫院董事局一九二四年五月廿四日會議紀錄）

【資料說明】一九二四年義學發生教員梁輔蘭私收學生賺取外快之事件，東華義學及後制定新的學生管理機制，學生須將私人照片存檔以防假冒，並規定若再發生類似事件，教員將被辭退，學生也會被開除學席，兩者皆受懲罰。

甲子四月廿一日禮拜六晚會議事宜列左（一九二四年五月廿四日）

二、阮文邨翁提議：嗣後每年各義學啟館，學童一律影相存據，以防學童假冒，及教員舞弊之患。其影相法：將得籌學童姓名標貼院外，先由該童到院詢問，屬寔即發給憑據一張交該童往相店攝影小照，攜照到院領取入塾票。該校教員則憑票憑相收納學童，如有學童未經影相及未領入塾票而教員擅自收入校內肄業者，立將教員斥革，並將學童退學。馬持隆翁和議，眾贊成通過。

一九二八至三零年度教育部會議紀錄（一九三零年四月二日）

【資料說明】 此為教員寫給視學員黃可立函件，申述三名學生退學之原因，反映了當時義學學童的一般背景，皆甚清貧，因生計問題或乏人照料而無法就學。

可立先生大鑑：敝校學生郭永達、梁國才、陳潤福三名自欲退學，現於本月陽曆廿四號補入學生黃達明壹名，又於廿九號補入學生毛潔明壹名，該生年歲、籍貫、住址□寫學籍簿填入便是。至郭永達學生等三名退學理由用特併函逐名具報，又送上三月份上學日記表壹張，□□查收是荷。專此，敬請

大安

弟民生敬上

陽曆四月二號（即三月初四日）

茲將學生自行退學理由逐名開列具報。

計開：

郭永達　因父故，无力僑港，遷回鄉居，不能就讀。已將該學額取銷，補入別人；

梁國才　因家計貧難，傭工賺食，自行退學。已將該學額取銷，補入別人；

陳潤福　因年尚幼稚，且該寓離校地較遠，往返乏人照料，情願不就讀。請將該學額取銷，另補別人。

可立先生大鑒　敝校學生鄭永達梁國才陳潤福三名自行退學現於本月陽曆廿四號補入學生黃達明壹名又於廿九號補入學生毛潔明壹名該生年歲籍貫住址俟寫學籍簿填入便是至鄭永達學生等三名退學理由用特併函逐名具報又送上三月份上學日記表壹張祈為查收是荷專此敬請

大安

弟民生敬上　陽曆四月二號（即三月初四日）

茲將學生自行退學理由逐名開列具報

計開

鄭永達　因父故其力僑港遷回鄉居不能就讀　已將該學額取銷補入別人

梁國才　因家計貧難傭工賺食自行退學　已將該學額取銷補入別人

陳潤福　因年尚幼稚且該寓離校地較遠往返乏人照料情願不就讀　請將該學額取銷另補別人

信函原件圖

一九零七至零八年度董事局會議紀錄（東華醫院董事局一九零八年六月十四日會議紀錄）

【資料說明】東華義學採用新課程教授學生，由於儒學之四書五經仍相當受社會推崇，因此議定不廢四書。

戊申五月十六禮拜日會議（一九零八年六月十四日）

一、議潘寅存翁來函，詳述四書為萬世不磨之道，似不宜刪去，求將義學課程參正。公議函知茂之翁，因街坊嘖有煩言，不欲廢去四書之故，抑仍照舊章程。眾皆舉手。

一九零七至零八年度董事局會議紀錄（東華醫院董事局一九零八年七月十九日會議紀錄）

【資料說明】新課程已規劃好，亦已購置新書，然因決定不廢四書，故議兼授新舊兩種課程。

戊申六月廿一禮拜日會議（一九零八年七月十九日）

一、議義學章程。今春改用新章，續接潘寅存翁來函，以廢《四書》不便，故公議仍用舊規。惟是各館書籍現已多照新章購買，若再令照舊章另行購買，則貧寒之學童多有難行者，可否變通辦理？所有書籍，無論照新舊章俱可，但仍不廢《四書》每日兼讀。可否之處，公議照行。

一九二一至二二年度董事局會議紀錄（東華醫院董事局一九二二年十二月十日會議紀錄）

【資料說明】義學課程內容不斷朝向現代化教育發展，學校需要繪製油蔴地一帶地圖作為地理科目的教材。

壬戌十月廿二禮拜日會議事宜列左（一九二二年十二月十日）

十四、擬將油蔴地一帶繪畫地圖，為各義學教授之用，請公定。公議由本院函請工務司將全圖借來，照該全圖之油蔴地則繪畫便是。

一九二四至二五年度董事局會議紀錄（東華醫院董事局一九二五年一月十二日會議紀錄）

【資料說明】一九二零年代中期，義學積極修訂課程內容，熱心人士每有自編教材供學校使用。附件為視學員林生五編訂香港官制及廣東地理例子，可見教學課程自由度相當大，而董事局為選定教材的最高決策者。

甲子十二月十八禮拜一晚會議事宜列左（一九二五年一月十二日）

二十、視學員林生五提議，謂：義學三年級學生例須教授香港官制及廣東地理，惟香港官制向無成書，廣東地理又無善本，經僕先後各編輯一卷，分給各校教授，已蒙視學官許可。但各學生須費抄寫之勞，以致阻礙時間，曾請前任總理准予發印釘裝成書，分給各校之三年級學生應用，未蒙議決。茲將該兩書底稿各一本附呈察閱，請公定。

公議照行。

一九二五至三四年度教育部會議紀錄（文武廟第十義學二年級每星期授課課程表）

【資料說明】 一九二零年代中期東華義學的授課科目，除了傳統的經學、歷史及認字、默寫外，更加入新學制的實用科目如算術、地理及普通知識等，其中學習算術的時間僅次於默寫，受到一定重視。課程內容已具今天學習的規模。

國文　五小時

習字　六小時

默寫　六小時

譯文　二小時

認解	三小時
算術	五小時
地理	二小時
歷史	二小時
經學	二小時
普通知識	一小時
修身	二小時

文武廟第十義學二年級□科書□□□

科目：	書名：	冊數	出版所
國文	香港簡明漢文讀本	第三、四冊	商務印書館
修身	共和新修身	第三、四冊	仝上
算術	共和新算術	第三、四冊	仝上
經學	孝經		
歷史	歷史啟蒙	前編	上海新學會
地理	香港新地理教科書		
	香港全島圖		
普通知識	各國國旗圖		
習字	七級字課	第二種	□學書局

一九一八至一九年度董事局會議紀錄

（東華醫院董事局一九一九年二月十五日、六月廿八日會議紀錄）

〔資料説明〕 由於義學工作太過繁重，總理無法兼顧，故聘請視學員負責學務，分擔總理的工作。視學員一般負責管理義學內大小事宜，並須將學務定時向東華總理匯報。而總理亦須定期巡學，以為監督。

己未正月十五禮拜六日會議事宜列左（一九一九年二月十五日）

一、文武廟義學館分設本港及油蔴地，共有十二間，另廣華醫院天后廟義學館一間，請派員專司巡學之職。

翰屏翁倡議：聘請專員巡學，酬金由總理派數，請由列翁選舉荐出，下禮拜六日定寔。

樹棠翁和議。

己未六月初一禮拜六日會議事宜列左（一九一九年六月廿八日）

二、本院經理之義學共有十三間，前議增多五間，由廣福祠餘款設二間，洪聖廟餘款設一間，文武廟添設一間，油蔴地天后廟添設一間。因各總理或未有時常巡視，故自行捐資聘請視學員一位，及世光翁派一代表日巡各校，已有半年之久。茲因增加義學數間，需人辦理。

世光翁倡議：再聘請視學員林伯聰先生一位，駐院料理義學各務，以專責任。每月酬金連舟車費共銀叁拾弍元。[17]

杜四端翁和議。

[17] 一九一九年，視學員月薪三十二元，收入相當不錯。

一九二二至二三年度董事局會議紀錄（東華醫院董事局一九二三年十一月廿四日會議紀錄）

【資料說明】 儘管義學已聘任視學員專責維持學務，總理亦會巡學監察，以確保義學運作良好。

癸亥十月十七禮拜六晚會議事宜列左（一九二三年十一月廿四日）

十三、霍兆桂翁倡議：各義學教員甲子年關書一律照送，惟須着林生五先生轉飭各教員約束學童上課，免致虛耗光陰。前兩天弟到中華書院義學館查察，見上課學童多係不足原定額數，似此不得不嚴加約束也。

黃屏蓀翁曰：弟又巡視各義學館，見學童課本間有不通句語，而教員亦不删改者，須着林生五先生轉飭各教員留心删改各學童功課，並約束各學童勤力習字。

眾贊成通過。

一九二三至二四年度董事局會議紀錄（東華醫院董事局一九二四年十二月廿七日會議紀錄）

【資料說明】及至一九二四年，東華義學總數已增至十七間，弊端漸生，儘管義學已聘請視學員，仍有許多改進之處。故東華醫院總理對視學員仍有所要求。

甲子十二月初二禮拜六日會議事宜列左（一九二四年十二月廿七日）

（八）、易紀儔翁曰：本院代理各廟義學十七間，其中諸多弊端。本院視學員每月祇查學一次，其館內不足學額，又不提議招補新生，虛耗辦學費用。今已限定視學員每星期內，各校必須巡視一次，到校簽名為據，請新總理留心查察。

一九二七至二八年度董事局會議紀錄（東華醫院董事局一九二八年一月十六日、一月十八日會議紀錄）

【資料說明】義學教學工作由教員領導，教員管理又靠視學員督導，故視學員之任免至關重要，不勝任者將被辭退，並須立即替補，以免學務荒馳。視學員月薪為五十六元，較一般教員為高。

丁卯十二月廿四禮拜一晚會議事宜列（一九二八年一月十六日）

（十七）、鄧肇堅翁曰：上任總理謂，對於本院視學員有不滿意者，請討論之。

劉星昶翁曰：上任所經理學務既謂成積甚劣，弟以為該視學員應整頓之。

黃頌陶翁曰：辦學以教員為重，惟視學員之重要亦甚於教員，故不能不研究以善其後。

鄧肇堅翁曰：請各位定一去留。

伍耀庭翁倡議：將本院視學員林生五先生於一九二八年元月廿九號以前離去本職，並將二月份酬金五十六元照為支給及通信林生五先生知照。

劉星昶翁和議，眾贊成通過。

丁卯十二月廿六禮拜三晚會議事宜列（一九二八年一月十八日）

（八）、鄧肇堅翁曰：視學員經已辭退，應覓人充補。弟頃晤馮平山君，據謂報效一位義務視學員到院，担任巡視各義學，每星期到一、二次。素仰馮君熱心學務，此次派人到院担任義務，我同人理宜贊助。

遂公議致函謝馮君，並請其派來担任可也。又本院視學員公議登報定期戊辰年元月初十上午十一点鐘招考，每月酬金五十六元，舟車費在內。

一九二七至二八年度董事局會議紀錄（東華醫院董事局一九二八年十二月卅日會議紀錄）

【資料說明】視學員負責監管學校運作，工作量龐大，辛苦程度比義學塾師更甚，故有視學員願辭退視學之職，改任教員。

戊辰十一月十九日禮拜日會議事列（一九二八年十二月卅日）

（三）、劉星朝翁曰：本院視學員楊廷憲先生對弟謂，對於視學之職，自問過於疲勞，畧有欠缺，拟宣佈辭職。茲查楊視學員性質和厚，教授有方，最合當教員之職。弟倡議准楊廷憲先生辭視學之職，然後聘用楊廷憲先生充補溫鑑鏗先生之缺。伍華翁和議，眾贊成通過。

一九二八至三零年度教育部會議紀錄（日期不詳）

【資料說明】根據一九二九年頒發的校務主任規條第九條「校務主任於每月月終，應將校務情形及整頓意見提交報告」與視學員。函件即為一校務主任呈交予視學員匯報校務的報告，內容包括學校師生的出席狀況以及學校整體設施的實況等。

可立視學先生鈞鑒：　敬啟者本校二月份內辦理之情形，除將十三日開校務會議，議決案件呈報遵行外，餘如每日放學集合訓話十分鐘、每晚追查學生曠課理由、設立高級學生讀書會、成立高、初兩級學生自治會，分科教授，注重啟發，管理學生，注重嚴厲，凡此經已實行。至於是月上課日共十三天，學生人數高級一百一十七人，初級二百七十五人。平均每日上課者，高級一百零九人以上，初級二百六十三人以上。教員告假者譚德培一次（十八日全日），教員遲到者劉慶煃一次（十五日下午）。貿易部溢利共二十七元八角五仙，至初小校牆壁潮溼殊常，水喉迄今未有水到，對于衛生方面，不無妨礙，應如何設法整頓，還請

指示遵依是幸。專此。併候

公安

中小校校務主任羅振

一九二八至二九年度董事局會議紀錄（東華醫院董事局一九二九年一月廿六日會議紀錄）

【資料說明】　一九二九年東華總理實施分部責任制，當年共有八部，負責義學的部門為教育部。教育部總理並無說明確職權所在。

戊辰十二月十六日禮拜六會議事宜列（一九二九年一月廿六日）

（五）、總理分職牌，羅文錦翁倡議：分為八部，余焯生翁和議，眾贊成通過。

（財政部）：何世奇翁倡議：舉羅文錦翁、何爾昌翁、梁猷生翁三位。馬詩傳翁和議。眾贊成通過。

（庶務部）：莫達煊翁倡議：舉何爾昌翁、陳子衡翁、林裘謀翁、梁猷生翁、馬為煖翁、馬詩傳翁六位。余焯生翁和議，眾贊成通過。

（西藥部）何爾昌翁倡議：舉梁毓麒翁、何世奇翁、郭琳爽翁、羅文錦翁、莫達煊翁、羅竹齋六位。馬詩傳翁和議，眾贊成通過。

（中藥部）羅文錦翁倡議：舉余焯生翁、何爾昌翁、莫達煊翁、陳炳翁、馬詩傳翁、梁毓麒翁六位。馬為煖翁和議。眾贊成通過。

（教育部）何世奇翁倡議：舉羅竹齋、郭雙鰲翁、關溫伯翁、何爾昌翁、余焯生翁、郭琳爽翁、梁毓麒翁七位。陳子衡翁和議，眾贊成通過。

（糾察部）梁毓麒翁倡議：每月輪值總理四位担任，週而復始。羅竹齋翁和議。眾贊成通過。

一九二九至三三年度教育部會議紀錄（一九二九年三月七日）

【資料說明】 自一九二九年東華醫院正式分部管理，並成立教育部專司義學事宜，教育部遂設常務會議，討論義學管理事項，及聽取視學員作日常簡報等等。較重要事宜一般仍由東華董事局會議討論定案。此為成立教育部以後第一份教育部會議紀錄，內容提及校舍修葺、課程內容、日常校務、以及義學改革等。

己巳年正月廿六（一九二九年三月七日）晚七時本□教育部第一次會議。到會者如下：

何爾昌　羅竹齋

梁毓麒　郭琳爽

關溫伯

主席羅竹齋翁　書記 黃可立

首由羅竹齋先生宣佈，連□教育部各總理巡視各義學，對於校舍、教具等認為應該改革之点，尚為本□特召□會議，請公訂改良辦法。旋議決各項如下：

（一）、中華書院四樓文□□四校……　用玻璃門封頂，對於該項工程，請林裘謀君查察辦理；

（二）、樓梯街式號地下□校（三）、樓上文六校先由庶務員鄧海視察該兩校左邊有無適宜校地，可以容納四級學生者，以一個禮拜為期，如能覓到，可將該兩校連同文八校、文十二校合組一完備各級學校，如覓不到，再行商議；

（四）、灣仔太原街十四號之校文十一校（一）開天□（二）騎樓□漏（三）整門口地板□□□□；

（五）、筲箕灣文十六校（一）整星鐵小便所（二）整窗門布半截

（六）、灣仔太和街十五號四樓洪一校修整書枱；

（四）、（五）（六）三款交庶務員鄧海辦理。

（七）、西營盤文四校、文七校、文十校、廣二校合辦一完備分一、二、三、四年級之學校，遷往德輔道西二百四十六、二百四十八、二百五十、二百五十二門牌三樓一連四便。交庶務員即通知住客限一日□取回應用，其原有校所亦擇適當時期□租；

（八）、灣仔文十三校、洪一校俟擇到適宜校址即行遷徙；

（九）、各校由本院頒發鏡鑲孔聖像一個，懸諸校中，每逢朔望日，由教員率學生向像前行禮，不設香燭，其餘一切神位不得設立；

（十）、凡四年級以上學校由本院發給本港日報乙份，以符教育司新訂學制；

（十一）、英文教員譚□□提議四年級增加…… 所管義學五年級以上已授英文，至四年級則毋庸教授；

（十二）、視學員黃可立提出記分條例，各校學生每月各科總成績表、教員住眷報告表、教員請假單概照辦理。

黃可立誌

位於駱克道的東華三院香港第四免費小學

一九二八至二九年度董事局會議紀錄（東華醫院董事局一九二九年六月十五日會議紀錄）

【資料說明】 東華西區免費小學增設校務主任主持學校日常校務，校務主任需向視學員及東華董事局負責。

己巳五月初九禮拜六會議事宜列（一九二九年六月十五日）

三、何爾昌翁曰：西區義學設一校務主任，訂有章程，已呈各位察閱。是否有當，請公定。

羅文錦翁提議：加多第十款：「以上所議規則如有未盡妥善，隨時可由當年總理公議刪改或增加，以臻完備。」其餘九款公議照行。

啟者：本院管理之文武廟西區免費初級小學設有校務主任一名，自應妥訂規程俾資遵守。玆將規程草稿印就呈閱。為

閣下對於該草稿內容有欲增刪改削之處，請於下次會議時提出討論，務使成為完善之規程，是所切盼。此頌

公祺

東華醫院教育部啟　五月初三日

校務主任規程（一九二九年羅文錦主席任內己巳總理修訂頒行）

（一）、本院辦理之完備學校特設校務主任一名，掌理全校，進行事宜；

（二）、校務主任常川駐校，每日除担任教授兩小時外，其餘時間仍在校主理各事，且助本校各級教員管理所不逮為；各級教員因事告假時，並須暫行代課；

（三）、校務主任職掌約為左：

（甲）、各級教員執務狀況及停課調課等事宜

（乙）、各級教授管理、訓練、護育事宜

（丙）、各級學生出席狀況

（丁）、各級學生操行及成績狀況

（戊）、學校衛生事宜

（己）、學校設備事宜

（庚）、□各學生家庭事宜

（辛）、公物及各種表冊之保管

（壬）、□承視學支配教課及時間表事宜

（癸）、□承視學辦理各學生升級、降級、退學等事宜

（四）、校務主任辦理校務，須遵照政府教育法令及本院關於管理義學之規程，不淂有所抵觸。

（五）、校務主任對於校內一切事宜，認為有應行興革之点，得隨時報告本院視學員合力整□之。

（六）、校務主任對於校內進行事宜，認為有召集各級教員會議之必要時，淂隨時召集之。其召集

日期及議決案件須報告本院視學員存核。遇有重要事件，並須徵求本院視學員意見，然後施行。

七、校務主任對於各級教員淂適宜指導之。

八、校務主任對於各級教員認為有忝職守時，淂隨時報告本院視學員，由視學員轉呈本院教育部總理處理之。

九、校務主任於每月月終，應將一月內該校之辦理情形及整頓意見作一報告，並繳交本院視學員存核，其繳交日期不淂逾下一月十號外。

十、以上所議規則如有未盡妥善，隨時可由當年總理公議刪改或增加，以臻完備。

戰前之文武廟西區免費小學校

一九一九至二零年度董事局會議紀錄（東華醫院董事局一九二零年十一月廿六日會議紀錄）

【資料說明】　可以成為全日制學生對於清貧子弟而言，是一件相當不容易之事，儘管義學是免費，入學卻代表家中少一個掙錢糊口的勞動力。有鑑於此，一九二零年東華義學興辦夜學，為有志向學的全職人士提供夜間的教育服務。

庚申十月十七禮拜五晚會議事宜列左（一九二零年十一月廿六日）

七、鄭雁名翁來函提議：請在中華書院及各義學館設立半夜學堂，以便各舖戶後生等輩得以學習，請公定。

李文啟翁倡議照行，余斌臣翁和議。

一九一九至二零年度董事局會議紀錄（東華醫院董事局一九二零年十二月十日會議紀錄）

【資料說明】　夜學塾師之酬金和日學塾師一樣，每月三十五元，另附一元五角津貼。

庚申十一月初一禮拜五會議事宜列左（一九二零年十二月十日）

三、義學教員明年兼教夜學，辛酉年脩金多少，請公定。公議每位先生定脩金三拾五元，兼教夜學高等先生亦一律照每月三十五元，火軍費在內[18]，另每月加燈火銀一元五角。

[18]「寸」即「算」。一九二零年塾師月薪三十五元不算太多，但也不少。該年東華醫院中醫師薪水約為四十五至五十元。「火軍」疑為「火車」之誤植。

致政府書函一九二零至二一年

（東華醫院致政府函件一九二零年十二月十三日）

【**資料說明**】一九二零年年底東華中華書院申辦夜學，呈上簡章予香港教育司審批。

第一百五十九號

夏大人鈞鑒：敬啟者前奉一百六十號

鈞諭。已悉一切。玆奉上夜學簡章一紙，希為

察收。合否之處并求

簽妥，轉詳

教育司卓奪，俾得明年開辦是荷。耑此，即請

勛安

東華醫院董事等頓　庚十一月初四日
西十二月十三日

中華書院附設夜學簡章：

一、校址　中華書院內設東華醫院代理各義學內。

二、宗旨　專為工商界現在服務而年長失學者，施以工商業必須之智識，藉以養成通材為宗旨。

三、資格　工商界入學，凡年在十四歲以上，至廿二歲為止，無論已學未學，如有志就學者，皆得肄業，惟當遵守規則，服從校訓。

四、保證　學者入校肄業，必須店舖蓋章，保證其人係在該店服務者，否則要有殷寔人[19]担保方准入學，并須習滿一年，不得半途而廢，至棄前功。

五、學級　分高、初兩級教授。

六、學科　國文、信札、歷史、地理、數學、珠算、□□。

七、時間　七點至九點。

八、免費　肄業各生，學費、堂費一律豁免。

九、獎勵　各生為學有得，專心肄業，於期考試驗時得列前矛者，本校當分別等第，呈請東華醫院各總理酌給獎品，以資鼓勵。

十、招補　學童中如有資性頑鈍而懶散不向學，教師認為不堪教誨者，得由教師令其退學，招補新生，以免妨礙學務。

[19] 即身家清白且具有經濟實力者。

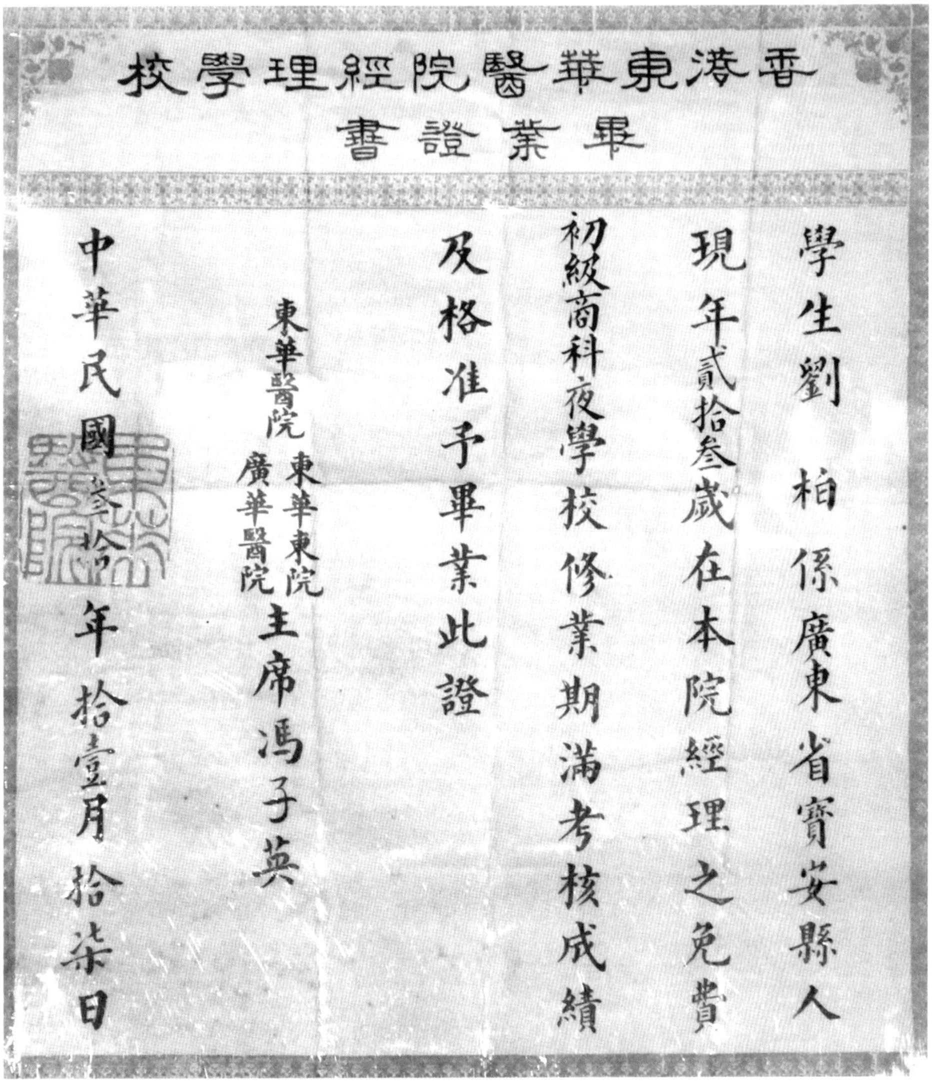

香港東華醫院經理學校

畢業證書

學生劉　柏　係廣東省寶安縣人

現年貳拾叁歲在本院經理之免費

初級商科夜學校修業期滿考核成績

及格准予畢業此證

東華醫院　東華東院　廣華醫院　主席馮子英

中華民國叁拾年拾壹月拾柒日

一九四一年東華三院免費初級商科夜學畢業證書

一九三零至三一年度董事局會議紀錄（東華醫院董事局一九三一年三月廿日會議紀錄）

【資料說明】一九三一年東華擬在西營盤、灣仔、油蔴地增設女義學，然因經費問題，先在西營盤試辦一所，察看實際運作情況，方再續辦。

辛未二月初二日禮拜五會議事宜列（一九三一年三月廿日）

（四）、顏成坤翁曰：本院經理各義學皆屬男校，對於女學尚付缺如。現林卓明先生提議增設女義學，先在西營盤、灣仔、油蔴地各設一所，由潘曉初先生和議，惟對於財政應有討論。查上任總理由文武庙款項置業三間，已支長四千餘元，祇有洪聖庙、廣福祠存有萬餘元。

譚雅士翁倡議：先在西營盤方面創辦女義學一間，試察其費用若干，然後再行繼續舉辦。林卓明翁和議，眾贊成通過。

一九三零至三一年度董事局會議紀錄（東華醫院董事局一九三一年七月卅一日會議紀錄）

【資料說明】一九三一年東華開辦的首間女義學只設一、二年級，因恐人數不足，遂開複式班，所謂複式班，是指同一班有不同年齡及不同程度的學生，老師需在同一課室內兼顧各級學生。女義學所聘用的女教師和其他男教員待遇平等，實屬難得。

辛未六月十七日禮拜五會議事宜列（一九三一年七月卅一日）

（四）、顏成坤翁曰：女義學校址已租妥大道西三百八十五、三百八十七樓兩層，應如何進行，請公定。

潘璧聯翁倡議：定名為「東華醫院經理廣福祠女子免費初級小學校」，設一、二年級。如二年級人數不足，則辦複式班，並登報定期七月初三招考女教員二名，薪金照男教員，一律每月四十五元，以符平等之義。

黃禹侯翁和議，眾贊成通過。

東華醫院辛未年徵信錄（一九三一年東華醫院廣華醫院東華東院院務報告）

【資料說明】　東華總理興辦女校主要是希望透過教育，協助女子克盡母職。一九三一年東華共開辦女校兩所，一所經費由廣福祠廟嘗支出，名為「廣福祠女義學」，另一所由東華醫院總理們出資，故名為「總理女義學」。

（二）、女校之加設：

本院辦理義學歷數十年，然皆汲汲於男校之擴張，對於女校未遑兼顧。董等以為女子乃國民之母，非受教育決不克盡其天職。而環顧本港一隅，其及時入學女子因經濟關係而未能入校者，實繁有徒。董等因是倡設女義學兩所，以圖補救。其址如下：

(甲)廣福祠女義學　該校在大道西三八五至三八七號四樓內。教員二名，學生一、二年級共六十五名。年中經常各費則由廣福祠嘗款支給。

(乙)總理女義學　該校在灣仔軒鯉詩道二零一號四樓內。教員一名，學生一年級共五十名。其校具之購置及是年經費之支出，均由董等担任，與其他義學之仰給廟嘗者不同，故名之曰「總理女義學」。同人等能力有限，既不揣棉薄以開其先，尤望後任總理之繼續維持，使蒸蒸日上也。

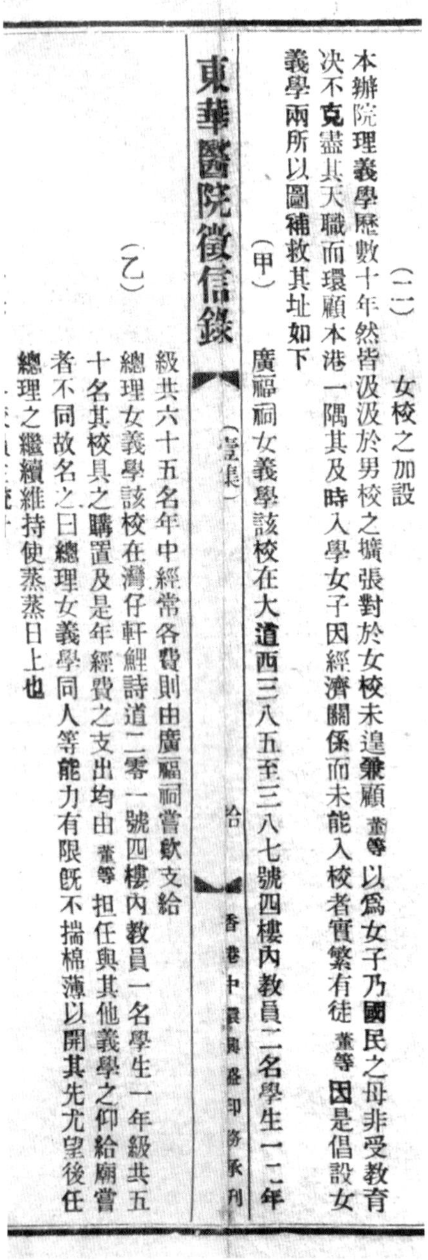

(二)女校之加設

本辦院理義學歷數十年然皆汲汲於男校之擴張對於女校未遑兼顧董等以爲女子乃國民之母非受教育決不克盡其天職而環顧本港一隅其及時入學女子因經濟關係而未能入校者實繁有徒董等因是倡設女義學兩所以圖補救其址如下

(甲)廣福祠女義學該校在大道西三八五至三八七號四樓內教員二名學生一二年級共六十五名年中經常各費則由廣福祠嘗款支給

(乙)總理女義學該校在灣仔軒鯉詩道二零一號四樓內教員一名學生一年級共五十名其校具之購置及是年經費之支出均由董等担任與其他義學之仰給廟嘗者不同故名之曰總理女義學同人等能力有限既不揣棉薄以開其先尤望後任總理之繼續維持使蒸蒸日上也

東華醫院徵信錄（壹集）　拾　香港中華書局印務承刊

徵信錄原件圖

一九三一至三二年度董事局會議紀錄（東華醫院董事局一九三二年九月十六日會議紀錄）

【資料說明】 一九三二年灣仔增設女義學一間，提供三、四年級教育，以彌補僅能提供一、二年級教育的西營盤女義學之不足。

壬申八月十六日禮拜五會議事宜列（一九三二年九月十六日）

（五）、陳廉伯翁曰：前議決增設女義學一間，至該地點應設在何處，請公定。

黃克競翁倡議：該女義學地點應設在灣仔地方，因東區已設有一、二年級女校一所，現增設之女校應定為三、四年級，以複式班教授，淂以培育人材。

鄺子明翁和議。眾贊成通過。

一九零四至零五年度董事局會議紀錄（東華醫院董事局一九零五年一月八日會議紀錄）

【資料說明】文武廟義學一向僅設在香港島地區，一九零五年鑑於九龍半島清貧子弟不斷增加，總理議定將城隍街書館擴遷至九龍半島，並命名為「文武廟油蔴地免費義學」，為東華在九龍地區成立的第一間義學。

甲辰十二月初三禮拜日會議（一九零五年一月八日）

一、議太平山　文武廟處義學館，一連四間，似嫌太密，於別雰清貧子弟，常有向隅之憾，公議將城隍街書館撤去，改遷對海油蔴地或旺角。眾皆謂合。

一九一八至一九年度董事局會議紀錄（東華醫院董事局一九一九年四月廿六日會議紀錄）

【資料說明】由於學額不足，東華一直有擴建義學之議，一九一九年四月二十六日的討論是關於增建義學應由孔聖會辦理，抑或由文武廟興辦。這場討論雖未有定案，但可以看出時人十分推崇以儒學作為教育之本。

己未三月廿六禮拜六日會議事宜列左（一九一九年四月廿六日）

一、孔聖會來函，求將文武廟右旁直通後進之餘地撥出為該會建築開辦義學并孔聖廟堂之用，請公定。

鑄伯翁曰：是日所議者，弟寔處於中立之地。查文武廟所設義學每年執籌入塾常有向隅之憾，竊以為世道之盛衰與及人心之邪正，端在乎教育之普及與否以為衡。今日世風之壞，不知伊於胡底，若非多設義學為之教育，則貧而失學者每落為匪類，情殊可憫。查文武廟右旁直通後進之餘地，久就荒蕪，極為惋惜，倘文武廟能將此地自行建設辦理，固屬甚善，或送與孔聖會建設辦理，又或由文武廟自行建設，連現有之義學一同交託孔聖會辦理，如此俱係為貧民教育起見。弟忝為醫院顧問，又係孔聖會同人，故謂處於中立之地。要之，增設學堂無論何人建築，是不容緩之事，若設學堂，必立孔聖為師表，以便學徒崇拜[20]。如本醫院之立神農皇事同一例証，係建築孔聖廟以崇祀典也。

杜四端翁曰：鑄伯翁之說，弟極為拜服，至於文武廟所設之義學，經有一十二間，茲欲增設學堂似宜仍由文武廟款自行建設為合。

何澤生翁謂：文武廟右旁之義學，館地低濕，非合衛生之道，亟宜整頓。如將右旁直通後進之餘地建築學堂，似應留回正廟後便之地，免至逼壓該廟。

李亦梅翁曰：孔聖會所設之義學，責有專員，若教員之勤惰與及學童之功課，概歸管轄，故辦理甚為妥善。

何世光翁曰：是任董等聘有彭先生為視學員，另有伍先生時常代弟到各館巡視，所有學務推舉梁樹棠翁辦理。因樹棠翁曾當教育大名家，亦以資熟手也。

主席何世光翁倡議：將文武廟右旁直通後進之餘地整頓一切。

家寶翁和議。

杜四端翁倡議：將文武廟右旁直通後進之餘地自行整頓，即加增義學。

蔡興翁和議。

[20]「拝」即「拜」。

一九一八至一九一九年度董事局會議紀錄（東華醫院董事局一九一九年五月十日會議紀錄）

【資料說明】一九一九年五月十日董事局會議討論學校學額嚴重不足的情況，例如掛號入學者一千三百六十四名中，僅有二百四十三人可以抽得就讀義學之機會，入選機率僅為百分之十八，反映香港適齡學童學額嚴重不足。

己未四月十一禮拜六日會議事宜列左（一九一九年五月十日）

一、文武廟所設義學雖有十二間，仍屬不敷所用，致令清貧子弟失學者人數甚多，情殊可憫。擬將文武廟右旁直通後進之餘地增建學堂，由文武廟自行建設辦理，又或送與孔聖會建設辦理，又或由文武廟自行建設，連現有之義學一同交託孔聖會辦理。如何之處，請公定。

主席何世光翁曰：本日請街坊各位會議，因孔聖會來函，欲得文武廟之餘地以為辦學之用。

查東華醫院所經理之義學原有十三間，計文武廟所設者十二間，油蔴地天后廟一間。今年已定增多五間，由廣福祠餘款設二間，洪聖廟餘款設一間，文武廟添設一間，油蔴地天后廟添設一間，現在正籌地點。又因各總理或未有時常巡學，故自捐資聘請視學員一名，再由弟處派一代表日巡各校，以匡不逮。計是年來院掛號入學者一千三百六十四名，學額僅得二百四十三名[21]，其不得入學者有一千一百二十一名，甚至有多數學生因執籌不中，無從向學，而至痛哭者；又有為父母攜子來院懇求收學而至下淚者。似此情形殊屬可憫。本院當年總理遂懇請政府多設義學，以免清貧子弟有養而無教，他日長成，難以謀生，或至落為匪類。此事亦由定例局兩紳劉君鑄伯及家父，暨陳君啟明提倡於前，想政府當有處置也。茲查得文武廟後便有空地一段，該地最合建築學校之用，如能辦到，則可多收學生，不致如目前之憾事。至於將來建築之法，將文武廟右邊起建直達後街，其文武廟正座之後，不建上蓋，或用為學童運動場，如此辦法乃係化無用為有用，既不碍於文武廟，又得良好校地教育貧民。本院當年總理，鄙見如此，未審諸君之意若何，尚望賜教。

劉君鑄伯曰：文武廟後便應否建築學堂問題，前次會議已決定辦法。僉謂辦學為當務之急。查近年學費加增，讀書二字大非容易，且貧者一家數口，朝夕困難，縱縮食短衣，恐無餘力以供子弟之學。試觀歷年文武廟掛號及孔聖會掛號求學者，每因額滿見遺不下三四千之數。故處今時代，多辦義學寔為當務之急。鄙見以為，各位今日應先行決定是日所議之第一問題，即應否以文武廟餘地為舉辦之用，一經取決，方繼續議第二三條，從容磋商為妙。至應否交與孔聖會担任辦理一層，為最閒無關緊要之點。弟乃孔聖會會長，深知肩責極重，且會員無不有自己之事業。孔聖會因係公眾街方之團体，而文武廟亦係公眾街方之物業，如文武廟欲得孔聖會幫助，鄙人等當欣然為之幫忙。若全將各學務交與孔聖會辦理，則孔聖會責任更重，況孔聖會非有餘資，所賴者，同人中之熱心家捐助而已。且孔聖會所現時所辦之義學不下廿餘間，油蔴地方面現又要從事加增，故我同人只對於巡學一層已防有鞭長莫及，奚能再担任別項義務以加重其負担乎？今年新任總理辦事如此認真，辦學尤稱毅力，其熱心公益不獨本會同人欣喜，想各街坊亦為之鼓舞不置也。弟今日倡議應以文武廟之餘地為建置學校辦學之用。

何主席遂以劉君之議付表決。杜四端翁和議，眾贊成通過。

何君世光曰：第二款學地係由東華醫院自行建設辦理，抑或送與孔聖會建設辦理，請公定。

劉君鑄伯倡議：當以東華醫院自行建築為合。何君世光和議，并謂：現時雖係民國，惟華人習俗仍未盡泯，若與孔聖會辦理，恐有未合。遂由主席舉出陳君啟明、何君世榮、周君東生、李君亦梅、袁君萼芬、李君榮光為分任值理。

陳君啟明曰：弟見得孔聖會所辦之義學極有把握，大有蒸蒸日上之勢。如交與孔聖會辦理，必大有可觀。因東華醫院年年瓜代[22]，非年年有老學究為之主持，而孔聖會則有之，故倡議由孔聖會辦理為合。

郭桂芳君和議。

李葆葵君改議，謂：孔聖會義學已有廿餘間，沿門勸捐困難已極，而視學員只由李亦梅、李右泉巡視各校一日兩遍，其勞苦可知，若再加多十餘間，奚能担任？

劉君鑄伯曰：待建築學堂落成後，如東華要人幫忙，吾等方可為之。遂倡議將第三款及陳君啟明之議取銷。

謝家寶君和議。眾贊成通過。

劉君鑄伯曰：未散會之先，弟有一言敬告，望各位總理趕速辦去，以明年能開學為佳。

杜四端君亦以劉之言為然。遂決議即行建築。

[21] 以十三間學校有二百四十三名學童計，平均一間為一百九十人。

[22] 瓜代，「瓜熟時受代也」，任職期滿，由別人接替之意。

一九二六至二七年度董事局會議紀錄（東華醫院董事局一九二七年二月六日會議紀錄）

【資料說明】 一九三零年代，義學規模不斷擴張，從以下會議記錄可見當時的義學相當簡陋，同一層樓設有三間義學，義學管理仍參照舊制由塾師主導的理念，故每間學校只有教員一名，班數亦不多，講授德育是學校主要的教育宗旨。

丁卯元月初五禮拜日會議事宜列（一九二七年二月六日）

（六）、李海東翁又曰：中華書院四樓向辦義學三間，但查其校地甚宜併為規模較大之學校，分班教授，添聘教員一名，共四教員，加學額至足數。又擬由第四年級添多英文一科，俾生徒增多智識，並令其樂意再多讀一年。又擬加多講解兩論一科，於德育極有裨益。又擬添設夜學一班，每晚七点至九点止，由四位教員中，揀擇一位担任教授，酌量增加脩金多少。又各義學每星期考試作文一次，每校選十名，奬勵多少銀物，此可以鼓勵教員，於貧民子弟亦淂有微益。又擬在各義學選出教員數名，每逢星期日仍在義學三兩處演講先哲脩身之學兩點鐘，俾工商各界得增長道德。各位以為如何？

伍于瀚翁曰：以李主席所提議，弟極為贊成，惟須費許多精神，方能辦到也。

公議先行加添男義學一間、女義學一間，其餘俟再為商量辦理便是。

一九二六至二七年度董事局會議紀錄（東華醫院董事局一九二七年二月十三日會議紀錄）

【資料說明】經磋商後東華董事局擬於中華書院增設男女義學各一間、夜學一班，並講授先哲修身等道德課程。

丁卯元月十二禮拜日會議事宜列（一九二七年二月十三日）

（三）、李海東翁曰：經上期敘會，議決加添男女義學各一間。茲又將中華書院四樓加設半夜義學一班，及星期日設宣講先哲脩身兩点鐘，該教員擬聘溫先生担任，每月致送脩金弍拾伍元。

公議照行。

一九二六至二七年度董事局會議紀錄（東華醫院董事局一九二七年十二月四日會議紀錄）

【資料說明】東華義學以提供一至四年級的初級教育為主，其中又以一、二年級之教育為重要。中華書院在一九二七年前後加設了第六年級，當時又稱高等小學第二年，進一步提供高等小學教育。東華總理因議決加設第六年級提出六項建議，而師資是增設新班的關鍵之素。

丁卯十一月十一禮拜日會議事宜列（一九二七年十二月四日）

（五）、李海東翁曰：現學務分任值理獻議事列下：

（一）戊辰年增設第六年級（高等小學第二年）一班，設於中華書院；

（二）陳館現設於中華書院者改設於西營盤；

（三）高等小學校師兩名加級薪水每月每名十五元*；

（四）登報考取校師兩名補杜公輔、文奎兩缺；

（五）登報考取高等小學校師，函邀現有各校師赴考；

（六）戊辰年高等小學加聘英文先生、增教英文、數學。

以上六款應否照行，請公定。公議照行，並登報定十一月廿四禮拜六考選教員共三位。

一九二六至二七年度董事局會議紀錄（東華醫院董事局一九二八年一月十五日會議紀錄）

【資料說明】 義學規模擴張，加設第五年級，作為當時高級小學之第一年；科目方面則加設英文。義學擴充的經費，主要由總理籌集，政府所提供的津貼不足以應付所需。

丁卯十二月廿三禮拜日會議事宜列（一九二八年一月十五日）

今年加設第五年級一班，及增設半夜免費義學，及於高級生加教英文，添耗約千餘元，惟蒙政府津貼每季約叁百元，故所增用有限。前期議案有決加設女義學一間，又在銅鑼灣加設男義學一間，如以為可行，照辦可也。

一九二七至二八年度董事局會議紀錄
（東華醫院董事局一九二八年八月八日、九月廿六日會議紀錄）

【資料說明】 東華醫院與政府合作，以擴大教育服務範圍。一九二八年接收黃泥涌蒙養學堂。

戊辰六月廿三禮拜三會議事宜列（一九二八年八月八日）

（二）、鄧肇堅翁曰：接華民政務司第一百四十六號函，謂政府在黃泥涌建設學堂一所，欲交本院管理，未知允否等語。查黃泥涌居民日多，本院亦應設立義學，現政府建設之學堂，弟以為本院應答允代為管理。

李耀祥翁曰：先函問政府管理章程如何辦法，若本院可能辦到，即照代為管理。

眾以為然。

戊辰八月三十日禮拜三[23]會議事宜列（一九二八年九月廿六日）

（三）、鄧肇堅翁曰：黃泥涌村蒙養學堂，經灼文先生將存款數尾銀一千零八十二元一毫四仙由華民政務司署第一百七十七號函轉來，已撥入文武廟項內。該蒙養學堂由戊辰九月初一起，嗣後歸本院辦理，改名為「東華醫院文武廟第十五義學」。昨十二日，弟與伍華先生、馮鏡如先生，及義務視學員陳照薇先生前往該校察視，查該教員未經試驗，未悉合格否？已請其於一星期內呈請教育司批准，函知本院，然後照用。今逾期仍未見復，可否暫時招考教員一名，脩金每月四十元，俟新校舍落成，然後再加聘教員二名，共三名。

馮鏡如翁倡議：登報定期八月廿八日上午十一点鐘在本院大堂試驗，關書送至是年底止。

劉星昶翁和議。眾贊成通過。

[23] 原件日期錯誤，該年並無農曆八月三十，從文中內容得知，正確應為農曆八月十三日星期三。

一九二六至二七年度董事局會議紀錄（東華醫院董事局會議紀錄，日期不詳）

【資料說明】 此為己巳年（一九二九年）各補助義學規模概覽，此年東華義學尚未實行整頓，因此總共有二十一間義學，大部份位於香港島中環、灣仔、西環，九龍的義學較少。

表 II-4-6　1929 年東華轄下各補助學校規模

校名	教員	校址	學額	年級
文武廟第一義學	楊廷憲	中華書院四樓	25	六年級
文武廟第二義學	林屏翰	中華書院四樓	50	五年級
文武廟第三義學	李子光	中華書院四樓	25	四年級
文武廟第四義學	潘澤民（梁廷用）辭職	西營盤正街十一號四樓	36	四年級
文武廟第五義學	張漢槎	灣仔大道東 184 號三樓	36	四年級
文武廟第六義學	潘子卓	樓梯街二號二樓	49	三年級
文武廟第七義學	區壽祺	西營盤正街八號二樓	40	三年級
文武廟第八義學	陳獻廷	中華書院四樓	50	二年級
文武廟第九義學	馮承汝	大道西六十八號四樓	44	二年級
文武廟第十義學	陳其英	大道西三零八號四樓	36	□年級
文武廟第十一義學	羅振萍	灣仔太原街十四號三樓	44	□年級
文武廟第十二義學	沈幹長	樓梯街四號二樓	42	一年級
文武廟第十三義學	龔幹銅	灣仔永豐街十號 A 二樓	36	二年級
文武廟第十四義學	李民生	油蔴地天后廟南書院	50	二年級
文武廟第十五義學	陳宗敏、葉藹然（楊星舟）辭職	黃泥涌	75	一二三年級
文武廟第十六義學	譚桂芬	筲箕灣	65	一二三年級
廣福祠第一義學	柳仲宜	樓梯街二號地下	36	一年級
廣福祠第二義學	陳少泉	德輔道 248 號三樓	49	一年級
洪聖廟第一義學	祁毓榮	灣仔太和街十五號四樓	34	三年級
天后廟第一義學	尹文光	天后廟北書院左邊	36	三四年級
天后廟第二義學	李履常	天后廟北書院左邊	36	二年級

一九二九至三零年度董事局會議紀錄

（東華醫院董事局一九三零年五月十六日會議紀錄）

［資料說明］ 一九三零年東華籌辦東區義學，計劃在灣仔新填地一帶將三幅土地合併，興建四間四層樓宇，除可省回先前每年一千九百二十元的義學館租金外，將地下及二樓作嘗產出租，更可彌補籌建及日後營運經費。

庚午四月十八日禮拜五會議（一九三零年五月十六日）

（三）、梁弼予翁曰：建築東區義學一事，日前李右泉先生對弟謂，政府現有一地在灣仔新填地，約弍千餘尺，可求政府出讓，至相連之地乃陳廉孚、李右泉君物業；兩君允肯出讓，每尺約計回價銀八元五毫元左右，大約三段地合併，共地約四千餘尺，約價艮三萬八千元，建築四間四層樓屋宇，約建築費艮二萬四千元，約共需費六萬二千元。將三四樓六層用作東區校舍，弍樓、地下出租，每月約得租銀三百八十元，除各費外，每年可得租艮三千八百元，另省去現租校舍每月租艮一百六十元、每年一千九百二十元。兩處統核，每年可得回租銀五千七百二十元。照此情形計算，先得空氣充足之良好校舍，非特各學童有適宜衛生，且于各教員得專科教授之效。至建築購地等費，由文武廟義學存款支出，如不敷足，則由本院或東院作為購置物業墊給，亦可得回週息八厘，稍資彌補，不至虛糜公款，一舉兩善，是否可行，仰請公定。

譚煥堂翁倡議，應即進行購置地段，增建東區義學之用，並推舉主席先生與李右泉先生向政府請求免費給地，或再廉價讓出，否則照此價亦應購置。

鄧肇堅翁和議。眾贊成通過。

東華醫院庚午年徵信錄

（東華醫院及東華東院一九三零年報告書——東區義學籌備始末）

【資料說明】 這份資料說明了東區義學籌備始末。義學於一九三一年正式開幕，一如一九三零年規劃，新建樓宇三、四樓為義學，地下及二樓出租，租金所得彌補籌建及營運經費。

（丙）購地建築東區文武廟義學校舍

中區西區文武廟義學校舍，經一千九百二十九年總理羅文錦等任內，次第新建及改建矣。至東區義學，分設數處，地方隘陋，不適于用，弼予等遂召集大會議決，撥用文武廟存欵，另建一新校舍。乃購入內地段二仟七百八拾九、二千七百九十、二千七百九十一號數——洛克道吉地一幅，計面積叁千肆百叁十弍尺弍寸五。延蕭浩明則師繪圖，建昌號承造，共建中式舖叁間，樓分肆層，於一千九百三十一年元月十七日，蒙華人代表周壽臣爵士主持開幕。該校叁樓、肆樓用作壹、弍、三、四年級課堂，及教員休憩所、辦公室；地下、二樓出租。全年除差餉外約得租銀叁仟元，以資彌補經費。準壹千九百三十壹年春季開始招生授課，計用去地價，及手續費三萬壹千肆百五十壹元肆毫伍仙，建築工程裝修等費弍萬玖仟壹佰陸拾陸元肆毫壹仙，合共陸萬零陸佰壹拾柒元捌毫陸仙。

東華醫院庚午年徵信錄

（東華醫院及東華東院一九三零年報告書——學校數目）

【資料說明】 一九二九年東華義學開始推行改革，至一九三零年增多一所東區義學後，共有九所義學。重整後的義學，更有系統易於管理。

（甲）學校數目：

壹仟九百二十八年，本院經理義學，計共二十一所；每所只設一級，約容學生三十至四十餘名。迨去年實行改併，成立中西兩區小學校，每校計設四級；是年復成立東區小學校。統計現在校數，共有九所，即中區弍所、西區一所、東區一所、黃泥涌一所、筲箕灣一所、油蔴地三所是也。以數言，學校似較前為少，以質言，學生反較前為多。因每區所設之完備學校，其課室之面積，比前廣大，是以學生加增也。

東華義學學校數量統計

表 II-4-7　東華義學學校數量統計（1880-1935）

年份	學校間數
1880	1[24]
1897	6
1904	8[25]
1908	9
1919	13[26]
1920	18[27]
1927	17[28]
1928	21[29]
1935	12[30]

[24] 第一所文武廟義學，設於荷里活道文武廟側，又稱中華書院。

[25] 一九零四年六月十九日討論課程改良的會議，提到八所義學，故得知當時共有八所義學。

[26] 一九一九年東華醫院致政府信云「文武廟義學十二間、油蔴地天后廟義學一間，每間教員一位，以教三十六人為率」，故得知當時共有義學十三間，每間約為三十六人，學生約共四百六十八人。又一九一九「香港藍皮書」只記錄了八間東華義學，每間人數為三十六～六十九人不等，年補助經費為二百一十八～一千零六十三元不等，佔各間義學總經費的百分之二四～二八。

[27] 一九二零年東華醫院致政府書函提及東華共有十八間義學。

[28] 一九二七年東華董事局會議中提到共有義學十七間。

[29] 一九三零年徵信錄提及一九二八年未整頓前的義學校共有二十一所。

[30] 是年義學校數量減少乃因實行合併，故校數減少，然學生實際上有所加增。

位於必列啫士街的東華三院香港第一小學校

文武廟義學塾師名單（光緒二十三年至光緒三十四年，西元一八九七至一九零八年）

［資料說明］ 現時可考的文武廟塾師名單始自光緒丁酉二十三年（一八九七），當時有六位塾師，年薪共七百四十兩。按例一位塾師主持一個館，故塾師人數亦代表義學間數。

表 II-4-8 文武廟義學塾師任期（1897-1908）

塾師姓名	1897（6位）	1898（6位）	1899（6位）	1900（6位）	1901（6位）	1902（6位）	1903（6位）	1904（6位）	1905（8位）	1906（8位）	1907（8位）	1908（9位）
譚獻南	V	V	V	V								
林綺園	V	V	V									
梁昆池	V											
胡箕疇	V	V										
梁葵舫	V	V	V	V								
潘浣香	V	V	V	V	V	V	V	V				
霍拔宸		V	V	V								
潘蓉洲			V	V	V	V	V	V				
黎泰階				V	V	V	V	V			V	V
張秋琴					V	V	V	V	V	V	V	V
李弼余					V	V						
彭祝霖					V	V						
許典常							V	V				
徐蓉鏡							V	V	V	V	V	V
倪樹艸								V	V	V	V	V
吳鑄雲								V				
黃公博									V			
黃粹									V			
駱子貞									V			
鄭蔚緣									V	V	V	V
陳鼎元									V			
何嶧桐										V	V	
羅介眉										V	V	V
潘仁泉										V		
黎松隱										V	V	
張春棠												V
潘春堂												V
陳文海												V

光緒丁酉二十三年

譚獻南老師　林綺園老師　梁昆池老師

胡箕疇老師　梁葵舫老師　潘浣香老師

光緒戊戌二十四年

譚獻南老師　林綺園老師　霍拔宸老師

胡箕疇老師　梁葵舫老師　潘浣香老師

光緒己亥二十五年

譚獻南老師　林綺園老師　梁葵舫老師

霍拔宸老師　潘浣香老師　潘蓉洲老師

徵信錄原件圖

文武廟義學塾師任期（一八九七至一九零六）致政府書函一九二零至二一年

（東華醫院致政府函件一九二零年十二月□日）

【資料說明】一九二零年東華義學共有十八間學校，六百一十八名學生，平均每校三十四名學生。

第一百五十號

夏大人鈞鑒：敬稟者昨奉一百五十三號

鈞諭詢及文武廟義學學生名數，竊查敝院所設義校共一十八間。內由文武廟嘗款設立者十三間，共有學生四百一十名；由廣福祠嘗款設立者二間，共有學生九十名；由天后廟嘗款設立者二間，共有學生八十八名；由洪聖廟嘗款設立者一間，學生三十名。統共學生六百一十八名，謹

具函复達，伏祈

察照為荷。耑此。敬頌

勛綏

東華醫院董事等頓啟 庚十月□日

西十二月□日

一九三六年歲次丙子刊東華醫院廣華醫院東華東院院務報告書（紙本，無檔案編號）（一九三五年東華醫院三院院務報告書）

【資料說明】一九三一年，東華義學共有一千二百零六名學生，其中男生一千零四十二名，女生一百六十四名，比例約為六比一，反映當時男生受教育機會較女生多。

學務

本港文武等廟嘗款設立之義學，向歸本院經理。秉熹等接事以後，對於前哲慘淡經營蒸蒸日進之學務竭力維持，故成效亦略有可觀。茲將辦理情形分數如下：

（一）學校統計

本院經理之義學計有高小一、初小十一，合共十二所，其中男校佔九，女校佔三。至地址則分設於中環、西營盤、灣仔、黃泥涌、筲箕灣、油蔴地六處，分述如左

（子）中環

（1）文武廟免費高級小學校一所，在必列者士街卅七號地下

（2）文武廟中區免費初級小學校一所，在樓梯街文武廟側

（丑）西營盤

（1）文武廟西區免費初級小學校一所，在德輔道西二百四十六號至二百五十二號三樓

（2）廣福祠女子免費初級小學校一所，在大道西三百八十五號至三百八十七號四樓

（寅）灣仔

（1）文武廟東區免費初級小學校一所，在駱克道一百九十四號至一百九十八號三樓、四樓

（2）洪聖廟女義學一所，在駱克道三百零二號四樓

（3）東華醫院總理女義學一所，在軒里詩道二百零一號四樓

（卯）黃泥涌　文武廟黃泥涌區免費初級小學校一所，在黃泥涌景光街

（辰）筲箕灣　廣福祠第一義學一所，在南安坊

（巳）油麻地

（1）廣福祠第二義學一所，在天后廟南書院

（2）天后廟第一義學一所，在天后廟北書院

（3）天后廟第二義學一所，在天后廟北書院

（二）員生統計

本院義學教職員共廿七名，分述如下：

視學員一名　黃可立君

校務主任兼教員三名　張漢槎君　潘子逴君　沈幹長君（下學期改林世欽君）

男教員十九名　女教員四名

男學生一千零四十二名　女學生一百六十四名

（三）學生之成績

本院定例，每年上下學期，分日調集各校學生到院攷[31]試，藉以審查成績。是年上學期考試各生平均分數在九十分以上者二百廿九名，在八十分以上者四百八十二名，各班平均分數在八十分以

上者二十班，在七十分以上者五班。下學期考試各生平均分數在九十分以上者二百二十五名，在八十分以上者五百四十六名，各班平均分數在八十分以上者廿班，在七十分以上者五班。至本院義學學生是年考獲　政府英文免費學額者共四名，漢文免費學額者共二名。

（四）學校之經費

本年各義學之經費共銀二萬五千餘元

內蒙　政府補助者共八千八百八十元

（五）本年之改革

本年學務改革之大端厥為將高級小學改辦初級女校一事，緣貧苦學生升至高級，年事已長，往往存一面讀書一面覓工之心，既謀得工作，輒中途退學，似此情形於教育結果未免稍遜，且平民學校重在救濟文盲，與其開辦高小，毋寧多辦初小之為愈。加以本院女義學分設東西兩區，中區獨付闕如，教澤亦嫌未普及，是以秉熹等毅然將中區高級小學校改為文武廟女子免費初級小學，同時將原有之三個課堂擴充為四個課堂，計可容女生一百八十名，對於女子教育不無少補也。

[31] 同「考」。

一九零九至一零年度董事局會議紀錄（東華醫院董事局一九一零年一月十五日會議紀錄）

【資料說明】　由於二十世紀初東華義學僅設初級學校，故欲深造者，需轉讀其他高級學校。當時香港高級義校有南華公學，故東華義學學生若成績優異欲繼續升學者，可由總理推薦至南華公學，免學費繼續精進學業。

已酉十二月初五禮拜六日會議事宜列左（一九一零年一月十五日）

八、文武廟義學館每年將考取甲班前列者，選八名撥往南華公學肄業，是否照行？請公定。公議甲班前列有願往肄業者可照舊撥往。

東華醫院函件［東華致外界函件］一九一零至一一年（東華醫院致南華公學信件一九一一年一月十六日）

【資料說明】　東華每年將推薦八名優秀學童給南華公學甄選，被選拔者可獲取南華公學免費學額。

南華公學

伯毅先生大人鈞鑒，敬啟者：昨奉　華翰拜悉一切，仰閣下時雨春風，滿門桃李，又蒙免收學費，使清貧子弟得以琢磨成器，不勝銘感。昨董等聚會，公議仍照常將文武廟義學考錄之甲班學童選拔八名，屆時送上

貴校試驗，以副　閣下樂育英才至意，并議每年仍由文武廟項撥捐

貴校銀壹百元以充學費。此區區之數原有瀆於高明，奈以近年文武廟項入不敷出，故不能增撥。諸求見諒，是所拜禱

專此。并請

台安

東華醫院董等頓　庚十二月十六日

一九一一至一二年度董事局會議紀錄

（東華醫院董事局一九一二年三月二日會議紀錄）

［資料說明］　由於總理推薦優秀學生升讀南華公學之舉，遭到坊間質疑，故從一九一二年開始便不選義學高材生入讀南華公學，義學學生若有意願需自行投考。

壬子正月十四禮拜六日會議事宜列左（一九一二年三月二日）

三、南華公學來函，請在所屬義學塾內，挑選高材生八名，造具各生名冊，于十八日午前十点鐘

到校考驗，聽候取錄入學，請公定。公議是年不再挑選送去考驗，如義學館學童欲往肄業者，請自求考驗可也。

東華醫院函件［東華致外界函件］一九二三至二五年
（東華醫院致政府書函一九二四年十月廿八日）

【資料說明】 東華義學將優秀生推薦給政府官立學校免費學額備選；使民間義學和官立教育接軌。從信中之推薦名單，可見學生入學年齡有相當大的差異。最早入學者為當時十二歲的四年級生謝兆梓，其入讀一年級時為九歲、當時十二歲的四年級林福鴻，入讀一年級時亦為九歲；最年長入學者為十五歲的三年級生郭澤，入讀一年級時為十三歲；十六歲的李木□，入學一年級時也是十三歲。當時東華義學教育最高提供至四年級。

嘉大人鈞鑒：敬肅者前奉

鈞諭飭將敝院義學學生選送

鈞署，以備選入官立英文學校免費肄業等，因具見體恤貧兒，培育人才之至意，至為欽感。茲謹將

各義校三、四年級學生每校每級選送二名，合共一十八名開列姓名，履歷於後，呈奉

察核伏祈

查照是荷，謹此併頌

鈞綏

東華醫院總理馬持隆頓首　甲十月初一日
西十月廿八

計開

中華書院四樓葉玉麟館

簡應祥　番禺人十三歲　在港出世　四年級生
謝兆梓　番禺人十二歲　在港出世　四年級生
麥德榮　香山人十三歲　居港四年　三年級生
郭　澤　開平人十五歲　在港出世　三年級生

西環卑利乍街六十三號四樓梁廷用館

黃成績　東莞人十四歲　在港出世　四年級生
林　蘇　新會人十四歲　在鄉出世　四年級生
周　深　新會人十五歲　在鄉出世　三年級生
黃　森　東莞人十四歲　在港出世　三年級生

大道東一百八十四號三樓張漢槎館

周羣材　開平人十三歲　居港五年　四年級生
林福鴻　台山人十二歲　在港出世　四年級生
馮繼昌　海豐人十三歲　居港五年　三年級生
黃廣祺　南海人十三歲　在港出世　三年級生

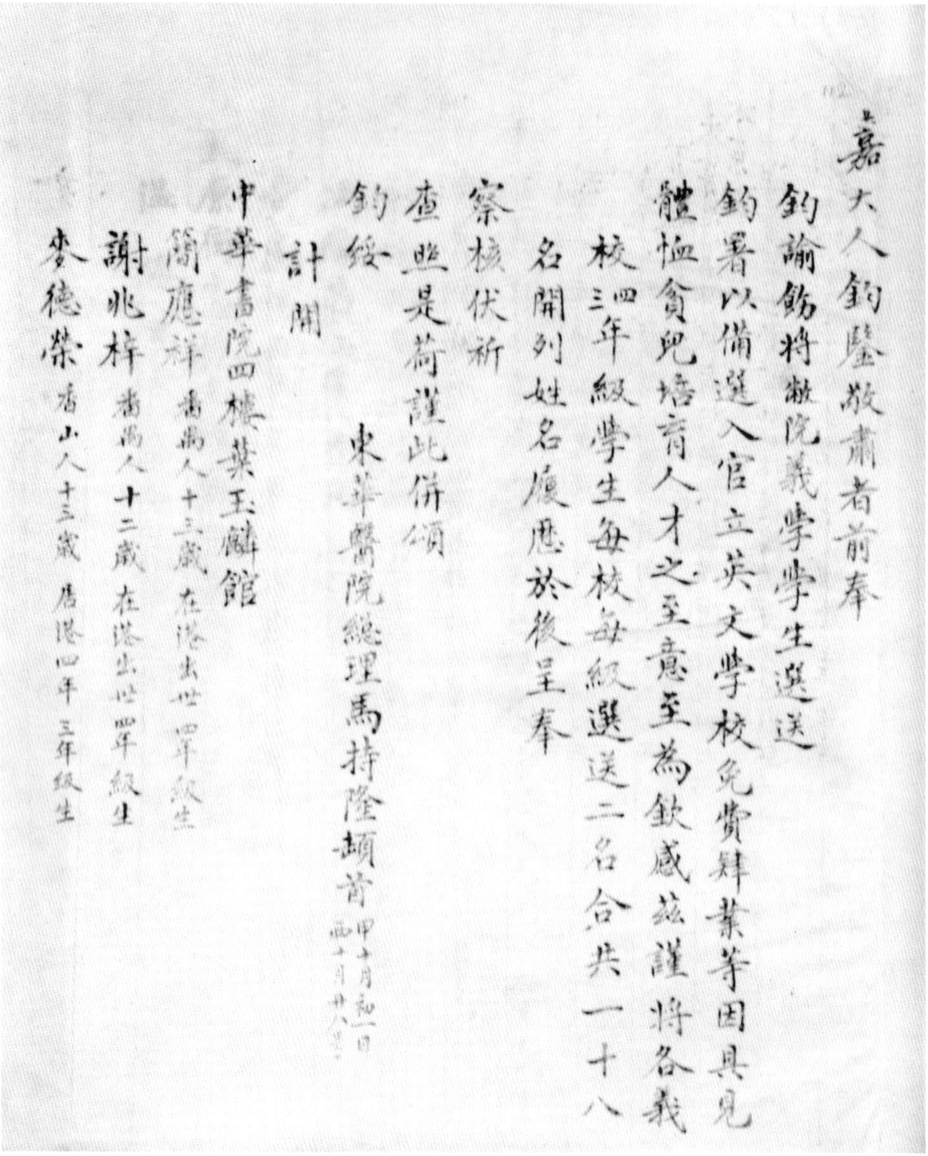
嘉大人鈞鑒敬肅者前奉
鈞諭飭將敝院義學學生選送
鈞署以備選入官立英文學校免費肄業等因具見
體恤貧兒培育人才之至意至為欽感茲謹將各義
校四三年級學生每校每級選送二名合共一十八
名開列姓名履歷於後呈奉
察核伏祈
查照是荷謹此併頌
鈞綏
東華醫院總理馬持隆頓首 甲十月初一日 西十一月廿八号
計開
中華書院四樓葉玉麟館
簡應祥 番禺人 十三歲 在港出世 四年級生
謝兆梓 番禺人 十二歲 在港出世 四年級生
麥德榮 香山人 十三歲 居港四年 三年級生

信函原件圖

太原街十四號三樓羅振萍館

溫　勝　寶安人十四歲　居港四年　三年級生

郭錦洪　番禺人十四歲　在港出世　三年級生

油蔴地天后廟北□黃□□林□□合館

李木□　惠陽人十六歲　在港出世　四年級生

鍾　騷　東莞人十□歲　居港六年　四年級生

湯錦泉　新會人十□歲　□港□□　□年級生

杜秀□　□□人□□歲　□港□□　□年級生

一九二七至二八年度董事局會議紀錄（東華醫院董事局一九二八年十月廿四日會議紀錄）

［資料說明］　東華每年選送義學學生兩名到漢文師範升學，並給予獎學金。

戊辰九月十二禮拜三會議事宜列（一九二八年十月廿四日）

（四）、鄧肇堅翁曰：接漢文中學校長李景康先生來函謂，昨年總理議決每年選送義學學生兩名往漢文師範肄業，每名津貼四十元，係直交與該生領取。現據教育司擬請本院將每年津貼學生費用每名四十元之款項，於歲首送繳該校長，代分別支給學費及書籍，不宜逕交學生，並請考選數名於十一月七號前往覆考等語，請公定。
公議將資助費每名四十元照交漢文師範學校校長收貯，代為分別支給。
劉星昶翁推舉馮鏡如先生向各義學考選數名，屆時前往覆考。
眾以為合。
是年曾考定選義學生兩名送往漢文中學肄業，每名每年給學費連書籍銀四拾元，請繼續發給為望。又接到義學教員來函求加薪，奈因交代在即，未能考查，請由下任總理定奪。

東華醫院辛未年徵信錄
（一九叁一年東華醫院廣華醫院東華東院院務報告）

【資料說明】 東華教育之宗旨主要為貧苦子弟提供基礎教育，並非培育高等教育專材。然而，眾多學生中，極少數的出類拔萃者可以藉考取政府免費學額繼續精進學業。此份資料顯示，一九三一年政府提供三十名免費英文學額裡，東華義學學生考取了六個名額，佔五分之一；政府提供漢文免費學額四名，東華義學生有兩名考取，佔了一半的名額。

（四）學生之成績

本港教育司署向例每年考選各助獎學校高材生，送往各英漢文學校免費肄業。計今年政府考選英文免費生三十名之中，本院學生考獲六名；政府考選漢文免費生四名之中，本院學生考獲二名。

一九三五至三六年度董事局會議紀錄

（東華醫院董事局一九三六年一月三日會議紀錄）

【資料說明】　擴充初小程度之義學服務，宗旨為普及平民教育，並非發展高等教育。

乙亥十二月初九日禮拜五會議事宜列（一九三六年一月三日）

（七）、冼主席宣佈：查本院經理之義學，計有男校九間，高小占一間；女校三間，以中國普通平民教育，祇辦初小學校，至高小已入貴族學校。現本院經理之義學，應擴充初小級以普及平民教育。查所辦之高小校學生約一百二十名，中文教員二名，每月脩金需一百二十元[32]；英文教員一名，脩金七十元，合共一百九十元。若辦初小四間，教員脩金不過一百八十元，另校內費用多二、三十元，則可教育貧民子弟至二百名。目下女義學僅得三間，未免太少。應在中區增設女義學一間，以期普及。現倡議由丙子年起取銷辦理高小學校，將該費用移辦初小女義學四級。

吳澤華翁和議，並推舉冼主席及杜其章翁與黃可立視學員磋商辦理一切，眾贊成通過。

[32] 此時中文教員薪資一個月六十元。

跋

綜合一八七零年代至一九三零年代東華三院的檔案資料，醫院的發展特徵及其與香港整體發展的相互關係，可歸納為如下：

一、一八七零年東華醫院的成立，象徵着香港地方勢力的興起。政府把解決華人社區公共衛生問題的重任，委托與華人精英，他們代政府處理華人社群的棘手問題，穩定社會，同時也是連繫政府與民間的橋樑。華人精英的組成是與時並進的，一八七零年代指的是認同清政府及傳統文化的華商，二十世紀初，挾專業知識的留學生逐漸冒升。

二、東華醫院據醫院條例成立，按規條營運，開創地方組織依法辦事、管理制度化的先河。「徵信錄」每年將營運機制和善款處理方法公開，是機構管理制度化、透明化的實證，醫院不斷強調公眾的知情權、運作公正不苟，法規的訂立改變了傳統地方組織的運作模式，成為本地及中國其他慈善機構的楷模，為華人地方組織營運建立新標準。

三、東華醫院的領導層是新文化的倡導者。總理從維護傳統，排斥新事物，到評估其可行性，多以實用角度出發，總理間彼此理念上的衝突，最終在以大局為重的前提下取得共識。醫院從早期收容臨危病人，到一九三零年代搶救生命，雖經歷了半個多世紀，但正因他們不盲從政令，新理念經過思考，再在社會上推行，有一定的說服力，這過程也描述了香港社會在不同年代文化轉型的特徵，港人以務實的態度包容中西文化的精神。

四、東華醫院的領導層是傳統文化的守護者。施善目的為積福積德，辦學為普及仁義理念，總以傳統「仁」的價值觀念為本；管理按傳統價值觀念而行：如崇奉神農氏、重視祭祀、實行家長式管理、收治病人強調道德操守，招收學生重視身家清白，關注被拐賣男孩接受教育的機會，卻為女性擇配等，都表現了濃厚的傳統文化色彩。

五、東華醫院透過華人慈善服務，建立龐大的華人社會網絡。十九世紀末、二十世紀初，面對中國政局動盪，華人往海外尋找機會，使香港成為華工與中國的聯繫的樞紐。國內連年不斷的災荒，東華為全球華人提供支援，身處海外者透過東華施賑，表達對故鄉的關懷，使東華變成了華人網絡的核心，也讓香港成為全球華人網絡的樞紐。

讀歷史的人，常強調鑑古知今。十九世紀末香港發生瘟疫，時人處理疫情的手法，如隔離病人、採用血清治療等，而瘟疫後，政府改革東華醫院組織，對二零零三年的「沙士」有多少啟示？一九三五年香港經濟大衰退，在衰退前，總理積極投資地產，將現金投放在高風險的投資項目上，遇到世界經濟不景，中國政局不穩，地產貶值，醫院負責纍纍。今天港人面對「金融海嘯」的衝擊，能否借鏡一九三五年香港經濟衰退，時人解決經濟危機的經驗？這裡每一個故事都是真人真事。有些讓人難以置信，但卻如此真實。譬如小孩被多次拐賣，實在令人髮指；賑災的物品，竟是吃飯剩下的「飯皮」；災難的死傷者動輒數十萬，災民易子而食，哀鴻遍野；總理不顧個人安全，親身運送賑災物品，中途遇到撞船、壞車、槍劫、兵變、滯留等意外，仍堅持完成任務；一九二三年署名「小婦人」的善長，將畢生積蓄四萬多元，全數捐予廣華作施贈中藥之用，她的善行感召了社會大眾，使施贈中藥得以推行。這些故事記載了人性脆弱的一面，也表揚了人類捨己為人的精神，社會仰仗先賢關愛別人的高尚情操，奮力邁向前路，這不正是歷史的預示能力嗎？

文獻目錄

第一章　濟急扶危

八月廿六日會議紀錄） P.062

・一九二一至二二年度董事局會議紀錄（東華醫院董事局一九二二年七月廿日、八月廿八日會議紀錄） P.064

・外界來函一九一八至一九年（東華醫院外界來函一九一八年十一月廿日） P.065

・外界來函一九二八至二九年（東華醫院外界來函一九二九年三月廿日） P.067

・同治甲戌十三年徵信錄（一八七四年東華醫院徵信錄序） P.070

・東華醫院函件［東華致外函件］（東華醫院致外函件一九零六年九月廿一日） P.070

・東華醫院函件［東華致外界函件］一九二六至二九年（東華醫院致外函件一九二六年十月二日） P.071

・一九一七至一八年度董事局會議紀錄（東華醫院董事局一九一八年四月三日會議紀錄） P.074

・華字日報（東華醫院啟事一九一八年三月二日） P.074

・致政府書函一九二二至二三年（東華醫院致政府書函一九二二年八月廿四日） P.075

・一九二二至二三年度董事局會議紀錄（東華醫院董事局一九二三年三月十一日、三月廿日會議紀錄） P.076

・東華醫院函件［東華致外界函件］一九二四至二六年（東華醫院致外函件一九二五年七月十九日） P.078

・一九一四至一五年度董事局會議紀錄（東華醫院董事局一九一五年七月十三日會議紀錄） P.080

・一九一四至一五年度董事局會議紀錄（東華醫院董事局一九一五年七月廿五日會議紀錄） P.081

・東華醫院函件［東華致外界函件］一九一五年（東華醫院致外函件一九一五年七月，日期不詳） P.081

・一九一四至一五年度董事局會議紀錄（東華醫院董事局一九一五年九月十九日、十月三日會議紀錄） P.082

・一九一四至一五年度董事局會議紀錄（東華醫院董事局一九一五年十月十日會議紀錄） P.083

・一九一四至一五年度董事局會議紀錄（東華醫院董事局一九一五年十二月十二日會議紀錄） P.084

・一九三零至三一年度董事局會議紀錄（東華醫院董事局一九三一年七月七日、八月七日會議紀錄） P.086

・一九三零至三一年度董事局會議紀錄（東華醫院董事局一九三一年十月十六日、十一月十三日會議紀錄） P.090

・一九零七至零八年度董事局會議紀錄（東華醫院董事局一九零八年七月廿四日會議紀錄——籌款總數） P.092

・一九零七至零八年度董事局會議紀錄（東華醫院董事局一九零八年七月廿四日會議紀錄——購米平糶） P.093

・一九零七至零八年度董事局會議紀錄（東華醫院董事局一九零八年九月三日、十一月七日會議紀錄） P.094

・一九零七至零八年度董事局會議紀錄（東華醫院董事局一九零八年十一月十七日會議紀錄） P.095

・一九二三至二四年度董事局會議紀錄（東華醫院董事局一九二四年七月廿三日會議紀錄） P.096

・一九二三至二四年度董事局會議紀錄（東華醫院董事局一九二四年十二月十二日會議紀錄） P.098

・一九二七至二八年度董事局會議紀錄（東華醫院董事局一九二八年九月二日會議紀錄） P.099

・一九三零至三一年度董事局會議紀錄（東華醫院董事局一九三一年九月四日、十月廿三日、十二月廿五日會議紀錄） P.099

・一九三一至三二年度董事局會議紀錄（東華醫院董事局一九三二年二月廿六日、三月六日、四月廿二日、八月五日會議紀錄） P.101

・一九三五至三六年度董事局會議紀錄（東華醫院董事局一九三六年十二月廿八日會議紀錄） P.103

・一九一八至一九年度董事局會議紀錄（東華醫院董事局一九一九年七月三十日會議紀錄） P.104

・一九一八至一九年度董事局會議紀錄（東華醫院董事局一九一九年八

月九日、八月廿三日、九月五日、九月九日會議紀錄）P.105

・政府公函[華民政務司來函]一九三四年（政府致東華醫院書信一九三四年，日期不詳）P.108

・致政府書函一九三七年（東華醫院致政府書函一九三七年十一月十六日）P.108

・一九一四至一五年度董事局會議紀錄（東華醫院董事局一九一五年七月十八日會議紀錄）P.110

・一九一四至一五年度董事局會議紀錄（東華醫院董事局一九一五年八月八日會議紀錄）P.111

・東華醫院函件[東華致外界函件]一九一五年（東華醫院致外函件一九一五年七月十九日）P.112

・一九三一至三二年度董事局會議紀錄（東華醫院董事局一九三二年二月十二日會議紀錄）P.113

・一九三二年南強日報（東華沿門勸捐賑籌表）P.113

・外界來函一九二二至二三年（東華醫院外界來函一九二二年十二月八日）P.116

・致政府書函一九二二至二三年（東華醫院致政府書函一九二二年九月廿一日）P.118

・一九零三至零四年度董事局會議紀錄（東華醫院董事局會議紀錄，一九零四年，日期不詳）P.118

・一九三一至三二年度董事局會議紀錄（東華醫院董事局一九三二年三月十一日會議紀錄）P.120

・東華醫院函件[東華致外界函件]一九三三至三八年（東華醫院致外界函件一九三七年八月十六日）P.121

・東華醫院函件[東華致外界函件]一九一零至一一年（東華醫院致外界函件一九一一年二月十一日）P.125

・外界來函一九二五至二九年（東華醫院外界來函一九二八年九月廿一日——千里達中華會館自發捐助濟南災事）P.126

・東華醫院函件[東華致外界函件]一九二四至二六年（東華醫院致外界函件一九二六年四月十七日）P.128

第二章　贈醫施藥

・一九一四至一五年度董事局會議紀錄（東華醫院董事局一九一五年三月廿一日會議紀錄）P.138

・一九二二至二三年度董事局會議紀錄（東華醫院董事局一九二三年三月廿八日、三月卅一日會議紀錄——免費為花柳病者注射針藥）P.138

・一九二二至二三年度董事局會議紀錄（東華醫院董事局一九二三年六月十三日會議紀錄）P.142

・一九二二至二三年度董事局會議紀錄（東華醫院董事局一九二三年六月十六日會議紀錄——花柳藥費來源爭論）P.143

・一九二二至二三年度董事局會議紀錄（東華醫院董事局一九二三年六月廿三日會議紀錄）P.145

・外界來函一九二三年（東華醫院外界來函一九二三年六月廿三日——友興行羅君反對施贈花柳藥針）P.149

・政府公函[華民政務司來函]一九三零至三一年　第一七九號（政府致東華醫院信函一九三一年八月十二日）P.152

・一九三零至三一年度董事局會議紀錄（東華醫院董事局一九三一年四月廿四日會議紀錄）P.153

・同治癸酉十二年徵信錄（一八七三年東華醫院徵信錄）P.154

・一九二五至二六年度董事局會議紀錄（東華醫院董事局一九二六年五月廿二日會議紀錄——瘋疾者概不收留）P.154

・一九一一至一二年度董事局會議紀錄（東華醫院董事局一九一二年七月十三日會議紀錄）P.156

・外界來函一九一九至二零年（東華醫院外界來函一九二零年八月初六日——方便醫院介紹芳村醫院收留癲人辦法）P.156

・一九二三至二四年度董事局會議紀錄（東華醫院董事局一九二四年一月廿七日會議紀錄——惠愛醫院來港募捐）P.157

・一九二四至二五年度董事局會議紀錄（東華醫院董事局一九二五年五月廿三日會議紀錄——惠愛醫院來港募捐）P.159

・致政府書函一九二四至二六年　第一百三十六號及第一百四十三號

第三章　安置難民

- 政府公函［華民政務司來函］一九二三至二四年　七十號（政府致東華醫院書函，日期不詳）P.293
- 一九三五至三六年度董事局會議紀錄（東華醫院董事局一九三五年十月十八日會議紀錄）P.294
- 東華醫院函件［東華致外界函件］一九三零至三一年（東華醫院致外函件一九三一年三月十一日）P.295
- 致政府書函一九三九至四一年　第三十一號（東華醫院致政府書函一九三九年三月四日）P.296
- 致政府書函一九三九至四一年　第三十三號（東華醫院致政府書函一九三九年三月十一日）P.297
- 致政府書函一九三八年　第九十一號（東華醫院致政府書函一九三八年六月十六日）P.299
- 致政府書函一九三八年　第一百三十二號（東華醫院致政府書函一九三八年十月十三日）P.300
- 致政府書函一九三八年　第一百六十三號（東華醫院致政府書函一九三八年十二月十六日）P.301
- 東華醫院協助政府處理難民問題（"Relief Measure", *Hong Kong Adminishative Report*, 1938, Appedix II, pp63-64）P.303
- 東華醫院徵信錄（一九二七年東華醫院徵信錄——難民船費）P.306
- 外界來函一九一八年（東華醫院外界來函一九一八年一月廿九日）P.308
- 政府公函［華民政務司來函］一九二四至二五年（政府致東華書函一九二四年十二月十二日）P.309
- 東華醫院函件［東華致外界函件］一九二一至二二年（東華醫院致廣仁善堂函件一九二二年五月一日）P.310
- 政府公函［華民政務司來函］一九二三至二四年　一百卅七號（政府致東華醫院書函九月，日期不詳）P.310
- 政府公函［華民政務司來函］一九二三至二四年　一百十九號（政府致東華醫院書函一九二三年十一月廿二日）P.311
- 東華致外界函件（難民事宜）一九二五至三五年（東華醫院致外界函件一九三一年十月八日）P.312
- 東華致外界函件（難民事宜）一九二五至三五年　第八號（東華醫院致外界函件一九三零年代）P.318
- 致政府書函一九二四至二六年　第九十六號（東華醫院致政府書函一九二五年六月十一日）P.320
- 致政府書函一九二零至二一年　第一百二十二號（東華醫院致政府書函一九二一年七月廿八日）P.322
- 東華醫院函件［東華致外界函件］一九二一年（東華醫院致政府書函一九二一年七月卅一日）P.323
- 政府公函［華民政務司來函］一九二三至二四年　六十四號（政府致東華醫院書函一九二四年五月，日期不詳）P.323
- 東華醫院函件［東華致外界函件］一九二四至二六年（東華致外界函件一九二四年五月十四日）P.324
- 致政府書函一九二四年　第一百八十一號（東華醫院致政府書函一九二四年十月八日）P.325
- 東華醫院函件［東華致外界函件］一九二四至二六年（東華醫院致潮安輪船公司信件一九二四年十月十一日）P.326
- 東華醫院函件［東華致外界函件］一九二四至二六年（東華醫院致汕頭存心善堂信件一九二四年十月十六日）P.326
- 政府公函［華民政務司來函］一九二九至三零年　第二百七十八號（政府致東華醫院書函一九二九年九月廿五日）P.328
- 東華醫院辛未年徵信錄（一九三一年東華醫院廣華醫院東華東院院務報告）P.330
- 政府公函［華民政務司來函］一九三三年　第三百九十四號（政府致東華醫院書函，日期不詳）P.332
- 政府公函［華民政務司來函］一九三四年　第七十六號（政府致東華醫院書函，日期不詳）P.333
- 政府公函［華民政務司來函］一九三四年　第八十三號（政府致東華醫院書函，日期不詳）P.333
- 致政府書函一九三八年　第一百零八號（東華醫院致政府書函一九

第四章　興辦義學

策劃編輯　李安
責任編輯　許麗卡
書籍設計　嚴惠珊

書名　施與受——從濟急到定期服務
編著　何佩然
策劃　東華三院
出版　三聯書店（香港）有限公司
香港鰂魚涌英皇道一零六五號一三零四室
Joint Publishing (Hong Kong) Co., Ltd.
Rm. 1304, 1065 King's Road, Quarry Bay, Hong Kong
發行　香港聯合書刊物流有限公司
香港新界大埔汀麗路三十六號三字樓
印刷　中華商務彩色印刷有限公司
香港新界大埔汀麗路三十六號十四字樓
版次　二零零九年三月香港第一版第一次印刷
規格　大十六開（216mm × 280mm）五百頁
國際書號　ISBN 978.962.04.2098.6

Published in Hong Kong